den Königl: Schloße zu Berlin.

ALTE ABENTEUERLICHE REISEBERICHTE

Nasreddin Schah

Ein Harem in Bismarcks Reich

Das ergötzliche Reisetagebuch des Nasreddin Schah

Herausgegeben von Hans Leicht

Mit 24 zeitgenössischen Abbildungen

Thienemann
Edition Erdmann

Textgrundlage dieses Buches ist die deutsche Erstausgabe, die 1874 in Leipzig unter dem Titel »Reisetagebuch des Nasreddin Schah« erschien.

CIP-Kurztitelaufnahme der Deutschen Bibliothek

Naṣr-ad-Dīn ⟨Īrān, Šāhan-šāh⟩:
Ein Harem in Bismarcks Reich: d. ergötzl. Reisetagebuch d. Nasreddin Schah / hrsg. von Hans Leicht. – Stuttgart: Edition Erdmann in K. Thienemanns Verl., 1983.
(Alte abenteuerliche Reiseberichte)
Einheitssacht.: Rūznāma ⟨dt.⟩
ISBN 3-522-60570-5

(alte ISBN 3 7711 0106 9)

Umschlag- und Einbandgestaltung: Hilda und Manfred Salemke
Herstellung: Wilhelm Röck, Weinsberg

INHALT

Vorwort

»Entdeckungsreisender mit veränderten Vorzeichen« — so könnte man den persischen Schah Nasreddin nennen, der in der zweiten Hälfte des vergangenen Jahrhunderts als erster Monarch des Mittleren Ostens drei Reisen durch die wichtigsten Länder der »Ungläubigen« Europas unternahm. Heute sind Staatsbesuche, nicht zuletzt im Zeichen der Entwicklungshilfe, aus afrikanischen oder asiatischen Ländern schon zum Gegenstand einer alltäglichen Routine-Berichterstattung der Nachrichten-Redaktionen der Fernsehsender geworden. Damals aber gehörte ein mit Schmuck überladener orientalischer Kaiser, umgeben von einer Schar buntgekleideter Vezire, Bediensteter und Frauen seines Harems, selbst beim Publikum der verwöhnten Hauptstädte zum Gesprächsthema des Jahres.

Irans Kadscharen-Schah Nasreddin betrat 1873 in Astrachan europäischen Boden, um dann über Moskau und Petersburg nach Berlin, London, Paris, Wien und anderen Städten der für die damalige Weltpolitik wichtigen Staaten zu reisen. Anknüpfung und Vertiefung diplomatischer Beziehungen, Aufnahme wirtschaftlicher Kontakte und persönliches Kennenlernen der politischen und sozialen Situation für mögliche Reformen im eigenen Land waren die Hintergründe seiner Staatsbesuche.

Wie dieser absolute Herrscher, bei dem der »Leibhenker« noch die wichtigste Stütze seiner Macht war, dieses Europa gesehen hat, konnte man bald darauf in der Veröffentlichung seines »Ruz-name«, seines Reisetagebuchs, lesen. Ein halbes Jahrzehnt nach seinem Aufenthalt in Berlin, Potsdam und Wiesbaden, im Jahre 1878, erschien die erste, vom damaligen Übersetzer lebhaft verfärbte deutsche Ausgabe, in der die »germanischen Recken« am kaiserlichen Hof, wie Kronprinz Wilhelm, Bismarck und Moltke, fast bis zur Karikatur glorifiziert wurden.

Da es sich bei den Eindrücken des Schahs nicht nur um köstliche Anekdoten über den noch immer weibertollen Marschall Wrangel, Königin Victoria von England oder den französischen Staatspräsidenten Mac Mahon und ergötzliche Schilderungen vom Zarenhof, von einer turbulenten Sitzung der Nationalversammlung in Versailles oder der schweizerischen »Republik der Käsemacher«, sondern auch um einen Reisebericht über das europäische Leben der »guten, alten Zeit« handelt, entschloß sich der Verlag zu einer Neuausgabe dieser amüsanten wie aufschlußreichen Kuriosität. Vor der historischen Kulisse des europäischen Imperialismus zeichnet Nasreddin den Alltag der Fürstenhöfe, aber auch des Volkes auf, kommentiert, vergleicht mit seiner eigenen Umgebung und stellt kritische Überlegungen an, inwieweit er sich hier Anregungen für etwaige Reformen in seinem Land, das die Schwelle vom Mittelalter zur Neuzeit noch nicht überschritten hatte, holen kann.

Von der Warte seiner heimatlichen Umgebung ist Schah Nasreddin angesichts der industriellen und technischen Entwicklung Europas begreiflicherweise der große »Stauner«. Die oft gigantischen Eindrücke in einer deutschen Waffenfabrik oder im unüberschaubaren Getriebe des Londoner Hafens kompensiert er mit dem Naturell des Orientalen und einer oft simplen

Schlußfolgerung. Aus der zweifellos imposanten Übung der englischen Flotte und einer Parade von kaum tausend Mann Fußtruppen zieht er die seltsame, typisch primitive Konsequenz, daß England zwar eine auf den Meeren unschlagbare, zu Land aber durchaus zu bezwingende Macht sei, was ihn demnach wenige Jahre später zu einem Feldzug gegen die britischen Interessen in Afghanistan und Indien animiert, wobei er nach anfänglichen Erfolgen eine Schlappe erleidet. Mit seiner pfiffigen Bauernschläue praktiziert er, mit seinem Land zwischen den Expansionsplänen Englands und Rußlands pendelnd, bereits damals das heute gängige Antichambrieren vor den gefüllten Tresoren der Staatskassen und wird somit zum erfolgreichen Ahnvater aller in Sachen »Entwicklungshilfe« reisenden Staatsmänner der zweiten Hälfte des zwanzigsten Jahrhunderts.

Zum besseren Verständnis der Person des Schahs und der auf das Land Iran zu jener Zeit wirkenden Kräfte hat der Herausgeber dem eigentlichen Reisetagebuch zwei Kapitel vorangestellt, die zur Klärung der sich damals anbahnenden politischen Entwicklung zwischen Europa und dem Vorderen Orient, die ja in unseren Tagen noch nicht abgeschlossen ist, beitragen dürften. Diese Übersicht kann keinen Anspruch auf Vollständigkeit erheben, soll sie doch nur einen bescheidenen Rahmen um das von Schah Nasreddin selbst gemalte Bild bunter, heiterer und bisweilen aufregender Erlebnisse abgeben.

Dr. Hans Leicht

Ein Wort besonderen Dankes sei an dieser Stelle Herrn Konsul *Dr. Helmut Arndt* gewidmet. In seiner Eigenschaft als Kulturreferent an der Deutschen Botschaft in Teheran »grub« er das ergötzliche Reisetagebuch des Nasreddin Schah »aus«. Er regte den Verlag an, diese Entdeckung der Vergessenheit zu entreißen und wieder einem größeren Kreis von Lesern zugänglich zu machen. Verleger und Lektor — gleichermaßen angetan von der Lektüre dieses köstlichen Berichts — setzten den Vorschlag gerne in die Tat um

Der Verlag

Spielball der Großmächte

Ein Eunuche als Kadscharen-»Stammvater«

Mitte Mai 1873 betrat der Schah von Persien in Astrachen erstmals europäischen Boden. Nicht als Krieger, sondern als Staatsoberhaupt eines Landes, das erst kurz zuvor wieder aus dem Dunkel der fast vergessenen Geschichte in das Bewußtsein des Abendlands gerückt worden war. Seit dem 16. Jahrhundert hatte man in Europa jenes Volk »dort hinter der Türkei« zu den Resten der einstigen Hochkulturen des Altertums gerechnet, die, gleich den Babyloniern und Assyrern, längst von der Bühne des Weltgeschehens abgetreten waren. Nur wenige hatten eine Ahnung von Kämpfen iranischer Fürsten gegen die Osmanen, die das Türkenreich so beschäftigt hatten, daß es nur einen Teil seiner militärischen Macht gegen Europa einsetzen konnte.

Der Name Persien oder Iran taucht erst wieder auf, als sich das Land ernsthaft, aber ohne großen Erfolg, in den Kampf um die kolonialistische Vorherrschaft europäischer Nationen in Asien verstrickt sah. Von den kräfteverzehrenden Auseinandersetzungen des nicht unbedeutenden Nadir Schah gegen die Türken, Afghanen und Moghul-Herrscher in Indien hatte man im Westen keine Kenntnis.

Die unglückliche Puffersituation Persiens zwischen russischen und englischen Interessen im Vorderen Orient war dann mit ein Grund, daß sich der »König der Könige« entschloß, den führenden Höfen Europas einen dreimonatigen Besuch abzustatten, um dort politische Gespräche zu führen, in der englischen Staatskasse nach einem Kredit für sein Land Ausschau zu halten und um aus persönlichen Eindrücken zu lernen, inwieweit er, europäischen Beispielen folgend, seinem Volk Reformen anbieten könnte.

Dieser iranische Herrscher war Nasir ud-Din, den man bald mit seinem europäisierten Namen Nasreddin bezeichnete. Eine moderne Parallele zu dieser Angleichung an westliche Ausdrucksweise findet sich im Namen des gegenwärtigen ägyptischen Staatschefs Gamal Abd el-Nasser, in arabisch offiziell Gamal ad-Din Abd an-Nasir.

Schah Nasreddin war wohl der bekannteste Vertreter der Kadscharen-Dynastie. Er regierte von 1848 bis 1896 und wurde, als er, nach der persischen Mondjahr-Berechnung, die Feier seines »goldenen« Thronjubiläums vorbereitete, ermordet.

Mit eben dieser turkmenischen Dynastie der Kadscharen begann für Iran die neue Zeit. Sie fand äußerlich ihren Ausdruck in der Tatsache, daß ein bis dahin wenig bedeutender, nur als Karawanenschnittpunkt bekannter Ort, nämlich Teheran, zur Hauptstadt des Landes erklärt wurde. Damit wurde die Reihe berühmter und historisch bedeutungsvoller Hauptstädte wie Isfahan, Schiras, auch der heutige Vorort Teherans, Rey, das antike Rhagai, abgelöst und zur Zweitrangigkeit verurteilt.

Der Versuch, eine umfassende Geschichte Persiens zu schreiben, dürfte für einen Historiker oder Orientalisten sicher eine mühevolle Arbeit, aber dafür ein faszinierendes Abenteuer sein. Man kann sich schwerlich ein anderes Kulturvolk denken, das zweieinhalb Jahrtausende hindurch in so außergewöhnlichem Maße alle

Höhen und Tiefen historischer Ereignisse auskosten mußte. Vom ersten Weltreich menschlicher Geschichte bis zur Apokalypse der Mongolenstürme, die Europa nur als eine etwas aufregende Randerscheinung erlebte, reicht die Skala dieses Durchgangslandes zwischen Innerasien und der begehrten vorderorientalisch-mittelmeerischen Welt.

Wenn auch auf eine ausführliche Geschichtsdarstellung Persiens an dieser Stelle verzichtet werden muß, so soll doch ein Überblick jener Zeit des 18. Jahrhunderts die Verhältnisse in Iran beleuchten, die für die Reisen des Schahs nicht ohne Einfluß waren und die einen politischen, sozialen und wirtschaftlichen Prozeß einleiteten, der heute noch nicht abgeschlossen ist.

In seinem Reisetagebuch rühmt Schah Nasreddin die Reiterkünste seines Vorfahren Agha Muhammad (Mohammed). Mit dieser Erscheinung auf dem persischen Herrscherthron überschreitet jenes orientalische Volk die Schwelle vom Mittelalter, in dem es einmal über mehrere Jahrhunderte hinweg auch die abendländische Geisteswelt befruchtete, zur Neuzeit, die es auch heute noch auf vielen Gebieten nicht voll erreicht hat. Nach einer Periode innerpolitischer Wirren, die dem Tod des bereits genannten Nadir Schah folgten, wurde dieser Agha Muhammad zum mächtigsten Gegner der einen Teil des Landes beherrschenden Zand-Dynastie.

Muhammad, aus dem türkischen Nomadenstamm der qâjâr, der Kadscharen, stammend, war als kleiner Knabe auf Befehl eines nur kurz regierenden Nachfolgers von Nadir Schah, dessen Neffen Abdil Schah, kastriert — daher der Beiname âghâ, den man den Palasteunuchen gab — und dann als Geisel am Hof Karim Khans in Schiras gehalten worden. Nach Karims Tod floh er in seine Geburtsstadt Mazanderan und erhob sich im letzten Jahrzehnt des 18. Jahrhunderts zum Anführer einer Nomadensippe.

Bald erwies er sich als geschickter Krieger und zielbewußter Politiker. Allerdings wissen die Quellen von seinem außergewöhnlichen Sadismus und seiner erschreckenden Grausamkeit zu berichten, die man seiner Eigenschaft als Eunuche zuschrieb. Agha Muhammad besiegte Ja'far Khan, einen Fürsten der Zand, und nahm ihm Isfahan weg. Durch geschicktes Vorgehen vereinigte er die übrigen Khans des Landes und wählte das historisch bedeutungslose Teheran, das in der Nähe der Weidegebiete seines Stammes lag, zur Hauptstadt der neuen Kadscharenherrschaft. Noch einmal, im Jahre 1794, kam es zum Kampf zwischen Agha Muhammed und Lutf Ali Khan, dem Nachfolger Ja'far Khans. Dabei blieb der Kadschare Sieger. Im eroberten Kirman blendete er eigenhändig seinen gefangenen Rivalen. Die Einwohner der Stadt behandelte er nicht minder grausam. Unter der Beschuldigung, Lutf Ali Khan unterstützt zu haben, wurden alle jungen Frauen seinen Soldaten als Sklavinnen übergeben. Die Männer ließ er blenden. Dabei wurden ihm 20000 Paar Augen zu Füßen gelegt, nachdem er gedroht hatte, daß er seine Soldaten selbst blenden lasse, wenn auch nur ein Paar fehlen würde.

Damit hatte die Dynastie der Kadscharen Persien in ihre Hand bekommen. Mit Ahmad Schah, den das Parlament für abgesetzt erklärte und der als Verbannter in Europa starb, ging ihre Herrschaft 1925 zu Ende. Riza Khan, heute Riza Schah-i kabir, der Große, genannt, ein ehemaliger Schafhirte, erhob sich zum neuen Schah und gründete das Geschlecht das Pahlawi. Sein

Eine zeitgenössische Zeichnung aus dem 19. Jhdt. zeigt Schah Feth-Ali, einen der bedeutendsten Kadscharen-Herrscher.

Sohn Muhammad Riza bewohnt heute als Schah von Iran den Palast jenseits der Lalesar-Straße in Teheran.

Agha Muhammad unternahm alles, um seine Zentralgewalt zu stabilisieren. In zahlreichen Provinzen des Landes, wie in Arabistan, Fars und Kurdistan, liquidierte er die immer noch freiheitsliebenden Khans. Von ihm befohlen, wurde der Handel zwischen den einzelnen Landesteilen, der durch die vielen Kriege zum Erliegen gekommen war, wieder aufgenommen. In einem Feldzug unterwarf er die nach dem Tode Nadir Schahs selbständig gewordenen Gebiete Transkaukasiens und verschleppte 22 000 Georgier in die Sklaverei.

Im Jahre 1796 nahm Agha Muhammad bei seiner Krönung in Teheran den traditionellen Titel Schah-in-Schah an. Dieser Begriff, auch als »König der Könige« bekannt, geht in die Frühzeit des persischen Weltreichs zurück, in dem sich die Achämenidenherrscher, wie Darius oder Xerxes, bereits so bezeichneten.

Bei einem zweiten Feldzug in den Kaukasus im Jahre 1797, der ihm durch die Unsicherheit der russischen Politik erleichtert wurde, beging er, vor allem in der Stadt Schuscha, schreckliche Grausamkeiten. Dabei wurde er aber selbst das Opfer seiner Brutalität. Er wurde von zwei Sklaven, die er zum Tode verurteilt, aber noch einige Tage am Leben gelassen hatte, inmitten seiner Blutorgie ermordet.

Verbündete — Beschützer — Gegner

Nachdem sich das Heer nach Teheran zurückgezogen hatte, wurde Agha Muhammads Neffe Baba Khan als Schah Fath Ali (1797—1834) proklamiert. In der langen Regierungszeit dieses eitlen Fürsten mit dem lan-

Der von den Kadscharen erbaute Schams ul-Imare – Sonne des Palastes, der Harem des Schahs in den Gärten von Teheran.

Im Kaukasus trafen russische und persische Truppen oft aufeinander, wie dieser russische Angriff auf die Stellungen Schamyls.

gen Bart und einem großen, an Nachwuchs fast nicht mehr zu überblickenden Harem setzt ein Jahrhundert früher als in den arabischen Staaten ein Nationalismus ein, der sich unaufhaltsam bis in die Gegenwart steigern sollte. Nicht unmaßgeblich war daran der schiitische Klerus beteiligt, der nach der Periode des Sunniten Nadir Schah die alten Privilegien wieder zurückgewinnen konnte. Allerdings trug er dadurch auch dazu bei, den Fortschritt des Landes bedenklich zu lähmen, indem er dem Fremden gegenüber nicht nur Antipathie, sondern sogar den Kampf predigte. Nasreddin wird diese Tatsache später in sehr starkem Maße zu spüren bekommen. Zunächst aber ist der Nationalismus besonders auf die Reminiszenzen aus der vorislamischen Zeit ausgerichtet. Er geht so weit, daß sich Fath Ali den sassanidischen Herrschern, deren Flachreliefs von Taq-i Bustan nun als Symbol großer Vergangenheit gefeiert werden, gleichzustellen sucht.

Trotzdem aber muß Iran einen Weg zwischen den gegensätzlichen Forderungen Rußlands und Napoleons, der einen Stützpunkt für seine beabsichtigte Indieninvasion braucht, finden. Zar Alexander I. hatte 1802 den letzten unabhängigen Fürsten Georgiens, Georg XIII., niedergeworfen und dessen Land zur russischen Provinz erklärt. Damit war Rußland den Persern so nahe auf den Leib gerückt, daß man allen Grund hatte, mit banger Sorge in die Zukunft zu blicken. Als Rußland in den folgenden Jahren die Bezirke Kuba, Baku und Derbend unterwarf, war die kriegerische Auseinandersetzung zwischen dem Zarenreich und Persien gegeben. In der großen Weltpolitik der napoleonischen Ära war das orientalische Land auf diese Weise für die Großmächte bündnisfähig geworden.

Zuerst bemühte sich Napoleon um die Freundschaft Teherans. Im Jahre 1807 kam Mirza Muhammad Riza Qazvini als persischer Botschafter nach Versailles. Er sollte der erste in der Reihe der neugierigen und für das versteckte Spiel europäischer Berufspolitiker zu naiven Männer sein. Kurz darauf machte Frankreich sein Versprechen wahr, den Persern in ihrem Kampf gegen Rußland beizustehen. Unter General Gardanne traf eine größere Mission in Teheran ein, die aus 70 Offizieren, Unteroffizieren und Technikern bestand und den Auftrag hatte, das primitive persische Heer auf einen besseren Stand zu bringen. Der — vor allem in Azerbeidschan und Kermanschah — erzielte Ausbildungserfolg der Franzosen war für Persien jedoch kein Gewinn von Dauer. Ganz abgesehen von den durch die Russen trotzdem erlittenen Niederlagen, die 1813 zum Frieden von Gulistan und zur endgültigen Aufgabe der kaukasischen Provinzen führten, trat nun auch das Frankreich feindlich gesinnte England auf den Plan. Schon 1808 hatte die »indische« Regierung den persischen General Malcolm eingeladen, um den französischen Einfluß zu neutralisieren. Ein Vertrag wurde unterzeichnet, in dem man die guten Kontakte mit Frankreich widerrief. 1809 ernannte der Schah erstmals einen Botschafter für England.

Der Sohn des Schahs, der aufgeklärte Fürst Abbas Mirza, wäre der einzige Mann gewesen, der Persien nach den verlustreichen Kämpfen mit Rußland und im Schaukelspiel zwischen Petersburg und London zu einem politischen Erfolg hätte führen können. Er starb jedoch noch vor seinem Vater. Dieses Spiel mit und um Persien war nicht ohne bittere Ironie. Versuchte Rußland, sich nach Süden auszudehnen, so zeigte sich England als der große Freund und Bündnispartner. Verlangten die Engländer ein Vorrecht, besonders im Hinblick auf die Landbrücke nach Indien, so trat Rußland als Beschützer auf.

Der Sohn und Nachfolger Fath Alis, Muhammad Schah (1834—1848), wandte sich gegen Afghanistan, in seinem Vorhaben begreiflicherweise von den Russen unterstützt. Sofort schlugen die Engländer zurück und bedrohten die Küste des Persischen Golfs, was den Schah zwang, sein Unternehmen wieder aufzugeben. Der persische Herrscher beauftragte Hussein Khan, der später unter Nasreddin mehrmals Ministerpräsident wurde, Gesandtschaften an die Höfe von Frankreich (Louis Philip), Österreich (Metternich) und England (Palmerston) zu führen. Politische Erfolge wurden dabei jedoch nicht erzielt.

Kaum war zu Beginn der vierziger Jahre eine militärische und politische Ruhepause eingetreten, als sich Muhammad Schah, wie dann auch sein Nachfolger Nasreddin, vor eine ernste innerpolitische Krise gestellt sah. Die ismailitischen Anhänger Agha Khans erhoben sich 1840. Vier Jahre darauf kam es zu der noch weit bedeutenderen Geburt der religiösen Babi-Bewegung, die heute als Baha'i in über 250 Städten der Erde ihre Tempel und Zentren besitzt.

Im Jahre 1844 erklärte sich ein junger Mann, Ali Muhammad, als »Bab« (Tür) unter den Gläubigen und als den verborgenen Imam, der nach der schiitischen Überlieferung am Ende der Zeiten wiedererscheinen solle. Da man unter »Ende der Zeiten« einen Propheten-Zyklus zu verstehen hatte, behauptete Ali Muhammad, der Begründer eines neuen Zyklus zu sein, der Vorläufer eines größeren, »den Gott offenbaren wird«.

Er sei der Schöpfer einer neuen Zeit im religiösen und sozialen Leben auf der ganzen Welt. Hätte diese Bewegung in ihrem Geburtsland Persien Erfolg gehabt, so wäre der schiitische Klerus in seinen verschiedenen Vorrechten stark beeinträchtigt worden. Von der Geistlichkeit geschürt, begann die offizielle Verfolgung der Anhänger des »Bab«. Tausende bezahlten ihren neuen Glauben mit dem Tod. Ali Muhammad wurde gefangengesetzt und 1850 unter Nasreddin in Täbris umgebracht.

Zwischen Despotie und Reformen

Der neue Schah, Nasir ud-Din oder Nasreddin (1848 bis 1896), zweifellos eine der bedeutendsten Gestalten der Kadscharen-Dynastie, entließ sofort den alten Ministerpräsidenten Hadschi Mirza Aghasi, einen unfähigen, konservativen Mann, und ersetzte ihn durch den weit schwungvolleren Mirza Taqi Khan. In zweijährigen »Säuberungsaktionen« wurde die Babi-Bewegung öffentlich ausgerottet. Nasreddin selbst befahl strengste Maßnahmen, nachdem zwei aus Schmerz über den Tod ihres Meisters wahnsinnig gewordene Anhänger ein mißglücktes Attentat auf den Schah verübt hatten. Was von den Jüngern des neuen Glaubens übriggeblieben war un· sich hatte retten können, errichtete in Bagdad ein neues Zentrum und betrieb von hier aus die Weltmission, jetzt ganz im pazifistischen und humanitären Sinn.

Nach dem Mißerfolg der Babi-Bewegung fand der persische Mittelstand in den aus Europa kommenden Ideen eine Möglichkeit, sich etwas von der Despotie des Schahs zu befreien. Die Reisen des Schahs nach Europa hatten fremde Gesandschaften am Hof von Teheran zur Folge. Das wirtschaftliche und kulturelle Leben bekam neue Impulse. Die Daru'l-Funun, die erste universitätsähnliche Hochschule, wurde gegründet und mit europäischen Lehrern besetzt, abendländische Literatur wurde übersetzt, hauptsächlich französische und englische Werke.

Im Jahre 1830 waren direkte Handelsbeziehungen zwischen England und Persien aufgenommen worden, nachdem man sich zuvor mit einem Güteraustausch über Indien begnügt hatte. Der Seehandel Persiens stieg zwischen 1845 und 1865 um das Fünffache. Nach dem Vertrag von Turkmanchay belebte sich auch der Handel mit Rußland, der hauptsächlich über Schiffslinien von Anzali nach Astrachan abgewickelt wurde.

In den Jahren 1858/59 begann die persische Regierung mit der Anlage der ersten Telegraphenlinie, die von Engländern gebaut wurde und der weitere folgten. 1870 wurde die Verbindung London—Teheran hergestellt, über die sich dann Nasreddin bei seinem Besuch in der britischen Hauptstadt (siehe Reisetagebuch) von seinen daheim gebliebenen Leuten die neuesten Nachrichten mitteilen ließ.

Der auf fast alle Produkte ausgedehnte Handel mit Europa führte dazu, daß das persische Handwerk immer weiter zurückging. Verhängnisvoll wirkte sich zudem aus, daß Nasreddin im Jahre 1872 dem Baron Julius von Reuter ohne ausreichende Garantien die Erlaubnis gegeben hatte, Eisenbahnen, Bewässerungsanlagen, Schiffslinien und andere Einrichtungen im Land zu schaffen. Die Volkspartei zwang den Schah, die Absprache mit Reuter zurückzuziehen.

Statt aus diesem Fehler zu lernen, erlaubte sich der

Porträt des Schahs Nasreddin, 1873 von A. Buchanan für die Weltausstellung in Wien gemalt (vgl. S. 280).

Schah noch ein weiteres »Glanzstück«. Er gab einem gewissen Major Talbot das Tabakmonopol, mit dem dieser Engländer fünfzig Jahre lang Tabak innerhalb und außerhalb Persiens kaufen, verkaufen und herstellen durfte, dafür aber nur 15000 Pfund Sterling jährlich an den Schah und ein Viertel des Reingewinns abzugeben hatte. Eine Empörung der Tabakpflanzer und -produzenten veranlaßte den Schah, die Konzession rückgängig zu machen. Eine führende Rolle bei diesem »Tabakaufstand« spielte ein gewisser Mirza Riza, der später zum Mörder Nasreddins werden sollte.

Vom Taschenspieler zum Fürsten

Um diese Zeit machten sich am persischen Hof zahlreiche seltsame Gestalten breit. Unter ihnen war auch ein armenischer Abenteurer, Malcolm-Khan, der seine Laufbahn beim Schah als Taschenspieler begonnen hatte und bald in höchste Ämter aufrückte. Er wurde auch zum Begleiter des Kaisers auf seinen Reisen. Zwischendurch betätigte er sich als Gründer der Freimaurerbewegung in Persien, der Faramush-Khane, wurde vorübergehend verbannt, dann aber wieder in Gnaden aufgenommen und zum Botschafter in London und schließlich zum Fürsten ernannt. Der Schah erlaubte ihm die Betätigung eines Lottos und die Herausgabe einer liberalen Zeitung, des »Qanun« (das Gesetz).

Malcolm-Khan, ein äußerst intelligenter Mann, dem aber letztlich jede moralische Basis fehlte, und der scheinbare Liberalismus in Persien erweckten die Hoffnung europäischer Gleichgesinnter, daß Persien an der Schwelle eines neuen Zeitalters stehen könnte. Das war jedoch ein Fehlschluß, da dieser von außen aufgepflanzte Liberalismus jeglicher historischer Grundlage im Land entbehrte und in einer feudalen Gesellschaft keinen Nährboden fand.

In den letzten Jahren der Regierung Nasreddins versuchte man vergebens, das umständliche, ja geradezu unmögliche Steuersystem zu vereinheitlichen. Die zahlreichen Verordnungen führten nur zu einer Verschlechterung der Lage. Als sich Nasreddin anschickte, den nach Mondjahren gerechneten fünfzigsten Jahrestag seiner Thronbesteigung zu feiern, wurde er von Mirza Riza, einem Anhänger des liberal-revolutionären Jamaluddin al Afghani, ermordet.

Noch zu sehr der alten, absoluten Tradition verhaftet, war Nasreddin nicht in der Lage gewesen, seine Reformbestrebungen und die in Europa erkannten Möglichkeiten für sein Land wirksam durchzusetzen. Zwar hatte er 1855 ein Ministerium für Erziehung und Volksbildung geschaffen, verbot aber seinen Untertanen, Reisen nach Europa zu unternehmen. Selbst der Jugend des Adels gestattete er keinen Erziehungsaufenthalt im Ausland. Die moderne Zeit kam daher nur tröpfchenweise und durch Hintertüren nach Persien hinein. Wenn der Prozentsatz der Stadtbewohner, die lesen und schreiben konnten, von 1850 bis 1900 von einem halben auf annähernd zehn Prozent stieg, so war dies aber bereits ein nicht zu übersehender Erfolg.

Über die Kadscharen urteilt der jetzige Schah, Muhammad Riza Pahlawi, in unterschiedlicher Weise: »Die Kadscharenkönige verstanden es nicht, den fremden Einflüssen in Iran zu widerstehen, und ihre unentschiedene Politik machte es Außenstehenden leicht, sich in unsere Angelegenheiten zu mischen. Vor allem erlaubten sie der Geistlichkeit zuviel Einfluß in weltlichen Dingen. Die Kadscharen waren unfähig, das Räuberunwesen zu bekämpfen oder die aufsässigen Stämme zu unterdrükken. Die späteren Kadscharenkönige brachten Persien dicht an den wirtschaftlichen Ruin, und sie sahen sich schließlich genötigt, Anleihen im Ausland aufzunehmen, um die Kosten ihres extravaganten Lebens bestreiten zu können.

Man muß den Kadscharen Gerechtigkeit widerfahren lassen und im Auge behalten, daß sie die ersten persischen Fürsten waren, die dem russischen und britischen Machtstreben Einhalt geboten ... Auch muß man zugeben, daß während der langen Zeit der Kadscharenherrschaft Europa und Amerika sich so schnell entwikkelten, daß Persien dagegen nicht nur stillstand, sondern beinahe rückwärts schritt.« Riza Pahlawi geht also mit den Kadscharen ins Gericht und rügt ihre Haltung in Situationen, die sich bis heute noch kaum geändert haben; denn auch die Dynastie der Pahlawi konnte die rebellischen Stämme, vor allem im Südosten des Landes, noch nicht für die Krone gewinnen und muß dort einen zähen Krieg führen, bei dem laufend ganze Divisionen eingesetzt sind, von den freiheitsliebenden Kurden ganz abgesehen. Auch die wirtschaftliche Lage hat sich nur unwesentlich gebessert, und wenn man bedenkt, daß sich in dem halben Jahrhundert der Pahlawi das Analphabetentum auch nur um zehn Prozent verringert hat, so wird der jetzige Schah damit rechnen müssen, daß seine Nachfolger nicht minder kritisch über ihn berichten werden.

Ballettröckchen für den Harem

Ende des Jahres 1873 gab Nasreddin an seinem Hof in Teheran einen seinen Harem sehr beunruhigenden Befehl: Seine Frauen und Hofdamen sollten sofort Ballettröckchen tragen, ein Ansinnen, das fast revolutionären Charakter trug. Aber die Revolution fand nicht statt. Denn seinen in der Mehrzahl wohlbeleibten Damen stand diese Reminiszenz aus den Europareisen nicht.

Von längerer Dauer aber war eine Anordnung, die der Schah ein Jahr später gab. Dampfmaschinen und Eisenbahnen hatten ihn in Europa so beeindruckt, daß er belgische Ingenieure beauftragte, ihm von Teheran nach Rey eine rund acht Kilometer lange Strecke anzulegen. Diese alte Bahn ist heute noch zwischen der Hauptstadt und dem südlichen Vorort in Betrieb.

Gewiß, dies waren nicht die einzigen Erinnerungen der Schahreisen durch europäische Länder. Sie waren, zumindest im ersten Fall, kurios und typisch für diesen pfiffigen, aber trotzdem bisweilen etwas einfältigen Orientalen. Gerade diese letzte Eigenschaft tritt in seinem Tagebuch öfter in Erscheinung. Einen Maßstab moderner Denkweise anzulegen ist sehr schwer. Man darf nicht übersehen, daß dieser Schah aus einer ganz anderen Welt kommt. Einst, im Mittelalter, zählte Persien als Bestandteil des islamischen Weltreichs zu den Ländern einer dem Abendland überlegenen Kultur und Zivilisation. Auf dieser geistigen Stufe aber ist es, wie seine Nachbarn im Mittleren Osten, bis in die Neuzeit stehengeblieben. So ist Nasreddin auch im vergangenen Jahrhundert noch der »König der Könige«, der unumschränkte Herrscher über Leben und Tod, der, nach seinen eigenen Worten, seine Minister köpfen lassen kann, nur weil es ihm nicht behagt hat, daß sie sich in Wiesbaden am Rheinwein über das normale Maß hinaus betranken. Ihn wundert es, daß seinen Leuten in den Geschäften der europäischen Städte die dort ausliegenden Waren nicht geschenkt werden, sondern man von den Persern Geld zur Bezahlung verlangt. Er geht bei allen Betrachtungen von der Gottähnlichkeit seiner »gesegneten« Person aus. Daß sich bei einer solchen Sicht die Betrachtungen und Kommentare des Schahs bis ins Komische verschieben, leuchtet ein.

Man wird also gut daran tun, Schah Nasreddin und seine Eindrücke nicht vom europäischen, sondern möglichst orientalischen Standpunkt aus zu sehen. Dann wird aus dem Komischen höchstens noch ein Wunderliches.

Nasreddin, der mit 18 Jahren zur Regierung kam, hatte nie die besondere Gunst seines Vaters erfahren. Fern dem königlichen Hof genoß er keine sorgfältige Erziehung, lebte vielmehr in bedrückenden Verhältnissen. Was an ihm während dieser Zeit gesündigt worden war, nahm er jedoch nicht als ein von Gott gewolltes Schicksal hin. Vielmehr holte er später in intensiven Studien das Versäumte nach. Dabei kamen ihm für einen Orientalen seiner Zeit doch relativ hohe Geistesgaben zugute. Einen sehr schweren Stand hatte er gegen die Mullahs, die schiitischen Priester des Islams, die ihrer konservativen Haltung wegen noch im heutigen Iran von der Regierung gefürchtet werden.

Einen großen Helfer fand er in einem Mann, Mirza Hussein-Khan, mit scharfem Verstand, wenn auch abstoßendem Äußerem, den er zum Premierminister seines

Landes machte, ihn einige Male absetzte, um ihn aber bald wieder ins Amt zu berufen. Schließlich verlieh er ihm den Titel Saderazam — Hoheit, die höchste Ehre, die sein Thron zu vergeben hatte.

Hundert Frauen im Harem

Die europäische Presse und Sachliteratur nahm sich der Gestalt Nasreddins verständlicherweise in dem Augenblick besonders an, als seine Reise an die Fürstenhöfe des Abendlandes diesen orientalischen Staat und seinen Herrscher in den Blickpunkt der Öffentlichkeit rückte. Wie man damals in Deutschland versuchte, den Alltag in Teheran darzustellen, damit gleichsam eine Einführung in das Leben des morgenländischen Gastes gebend, soll hier an einer Stelle einer in Dresden erschienenen Broschüre gezeigt werden.

»Werfen wir einen Blick auf das Hofleben des Schah, so müssen wir vor allem hervorheben, daß es, wiewohl dasselbe seiner hohen Würde im vollen Maße entspricht, doch kein allzu pompöses und namentlich sehr geregeltes ist. Der Schah, wie schon erwähnt, ein Mann von wahrhaft blendender Erscheinung und ungemein kräftiger Körperbeschaffenheit, obliegt vor Allem mit unermüdlichstem Interesse und nie erlahmender Arbeitskraft den größten Theil des Tages den Regierungsgeschäften u. zw. im Birun (Männergemach) seines Palastes, des Abends erst zieht er sich ins Enderun (Frauengemach) zum Diner zurück, und verläßt sodann dasselbe nicht mehr bis zum nächsten Tag.

Winters über hält er in seiner Burg zu Teheran sein Hoflager, beim ersten Erwachen der Natur zieht er jedoch hinaus in's Freie, von einem seiner Schlösser zum anderen, in jedem etliche Wochen verweilend bis zum Hochsommer, welchen er hoch im Gebirge zu verleben pflegt. Zwischen derlei Fahrten unternimmt der Schah wohl auch alljährlich weitere Reisen im Inneren seines Landes.

Sein Harem beherbergt nebst den landesüblichen vier legitimen Frauen noch an etwa 80 bis 100 Frauen minderer Kategorie sowie das den Damen zugetheilte, unabsehbare weibliche Dienstpersonal, und zählt die Ausfahrt der königlichen Frauen, ein Convoi von fast dreißig Wägen in eigenthümlichster Adjustierung, immer an hundert weibliche Gestalten führend, zu den charakteristisch interessantesten Erscheinungen der Hauptstadt des Perserreiches. Vor dem Zuge und nach demselben werden die plumpen Gestalten der Eunuchen zu Pferde sichtbar, neben den Wagen jagen laufende Haremswächter mit Ruthen alles Volk zur Seite und muß jeder Perser, der dem Zuge begegnet, sich eiligst umkehren und denselben mit zur Wand gekehrtem Antlitz an sich vorüber ziehen lassen.

Vormittags findet im Regierungsgebäude meist eine Zusammenkunft aller an den Regierungsgeschäften betheiligten Würdenträger und ähnlicher Personen unter dem Vorsitze des Großveziers bei einem gemeinschaftlichen Frühmahle statt, nach welchem auch der Schah alsbald sichtbar wird. Bei den Mahlzeiten zeigt sich der Schah gleich allen Persern äußerst mäßig, und auch seine Vergnügungen sind überaus bescheidene. Jagden zählen zu seinen größten Passionen und bilden fast den größten Theil des Jahres seine einzige Zerstreuung, dazwischen veranstaltet man wohl auch, und zwar zumeist im Frühjahr, glänzende Pferderennen, sowie im

Herbst militärische Manöver, auch Feuerwerke und militärische Musikaufführungen. Nur am Kurban-Bairam-Feste zeigt sich der Schah in besonders prunkvoller Weise. In von Brillanten strotzendem, wahre Feuergarben sprühendem Festgewande nimmt derselbe, in offenem Marmorsaale auf dem Thronsessel ruhend, umgeben von allen Großen seines Reiches, die Huldigung seiner Unterthanen entgegen, der oberste Richter erstattet einen öffentlichen Bericht über die Verhältnisse im Reiche während des abgelaufenen Jahres, worauf der Schah selbst das Wort ergreift und in einer Rede alle zur Treue gegen ihn und zur Erfüllung ihrer Pflichten auffordert. Dazwischen werden Silbermünzen unter die Versammelten gestreut, worauf sich der Schah unter Kanonendonner wieder in seine Gemächer zurückzieht und sich an diesem Tage nur noch einmal in später Abendstunde von einem anderen Saale aus dem Volke zeigt, unter dasselbe Silbermünzen werfend, um welche, da man ihnen eine besonders glückbringende Bedeutung beimißt, alsbald ein lebensgefährliches Gedränge entsteht.«

In seinem Reisetagebuch geht Nasreddin einmal mit den Journalisten ernst ins Gericht, als sie die »Haremsrevolution« in Moskau schildern. Was diese betrifft, zitiert schon vor der Ankunft des Schahs in Deutschland die »Spenersche Zeitung« das russische Blatt »Nord« und dessen Korrespondenten:

»Auf seiner Reise von Astrachan nach Moskau war der Schah, der wohl gehört haben mochte, daß die Abendländer über das Institut der Ehe ihre eigenen Ansichten haben, sehr besorgt um die Unterbringung seiner drei ihn begleitenden Gemahlinnen. Der Telegraph selbst wurde in dieser zarten Angelegenheit stark in Anspruch genommen. Endlich war festgelegt, daß die Damen unter dem Titel von Dienerinnen in seiner Nähe einlogirt werden sollten. Aber im letzten Augenblick gewann die Überzeugung beim Schah Platz, daß dies gegen die beschränkten europäischen Anschauungen noch nicht genüge, er entschied demgemäß, daß die Damen außerhalb der Stadt in einer Villa wohnen sollten. Diese aber fanden ein solches Arrangement sehr langweilig und schickten ihren Ober-Eunuchen zum Gebieter unter den lebhaftesten Klagen über ihre unpassende Wohnung. Der Schah drückte seinen Ministern ob dieses Mangels an Fürsorge seinen Zorn aus und befahl augenblicklich seine Gemahlinnen zu ihm zu führen. Das Weitere entspann sich im Dunkel des Harems ... Es soll nämlich der Schah nach seiner Rückkehr aus dem Theater etwas unvorsichtige Offenbarungen über die im Ballett empfangenen Eindrücke gemacht haben. Die Damen gaben unverhohlen ihrer eifersüchtigen Entrüstung Ausdruck, die Favoritin ging sogar soweit, energisch den Besuch des Theaters für den folgenden Tag zu verlangen. Als aber an diesem Tage der Schah wieder ohne seine Frauen ins Ballett und nachher auf den Ball des Fürsten Dolgorukoff ging, wo die blühendsten Frauengestalten versammelt waren, da brach die Serailrevolution offen aus. Die Damen schlugen einen Ton an, der dem Schah denn doch zu arg war ...«

Das in Berlin erscheinende »Freie Blatt« berichtete am 3. Juni 1873: »Se. Majestät liebt es allein zu speisen und nimmt zu diesem Behuf in hockender Stellung auf dem Fußboden Platz. Die verschiedenen Schüsseln werden der Reihe nach vor ihm hingestellt, und er greift in des Wortes eigentlichster Bedeutung eigenhändig und mit beneidenswerthem Appetit zu. Der Schah hat sich insoweit von den Vorschriften des Koran emancipirt, als er Madeira, Marsala und Champagner, der ja bekanntlich im Orient nicht als Wein, sondern als künstliches Präparat — du ahnungsreicher Engel, du — gilt, mit Verständniß trinkt ...“

Die »Schlesische Zeitung« meldet am 5. Juni einige köstliche Begebenheiten beim Besuch des Schahs in Deutschland: »Den Berliner Arbeitern, welche dem persischen Gefolge bezüglich seines Gepäckes bei der Ankunft auf dem Bahnhofe behilflich waren, warfen die persischen Herren einige Kopeken zu, welche sie wahrscheinlich in Petersburg eingenommen hatten. Die Arbeiter nahmen die Kopeken als ›Trinkgeld‹ und kamen am Morgen danach ins Schloß, um ›Bezahlung‹ zu holen. Ein persischer Minister wies sie an den anderen, und der letzte wies sie an den Vetter oder Neffen des Schah, denn der Schah selbst darf (»ça va sans dire«, sagen die Perser auf französisch) mit solchen Kleinigkeiten nicht belästigt werden. Der Neffe des Schah aber antwortete durch den Dolmetscher: ›Wir Perser sind Gäste des Deutschen Kaisers, wir würden das erste Gebot der Gastfreundschaft verletzen, wenn wir irgend Etwas bezahlten; wenn bei uns Jemand zu Gast ist, so geben wir ihm einen Mich-Mandar (Hofcavalier) bei und der bezahlt Alles‹ ... Am ersten Pfingstfeiertage waren die edlen Perser beschäftigt, einen lebenden Hammel die Treppen des königlichen Schlosses hinauf zu persuadiren. Sie wurden über den Zweck dieser Operation interpellirt, mit dem Bemerken, daß die Schlächterei hier ein Privatgewerbe sei, und außerdem ihnen die Hofküche zur unumschränkten Verfügung stehe. Sie erwiderten darauf mit Hilfe des Dolmetschers, das könne ihnen nichts helfen, es sei Vorschrift, daß das

Vieh, von dessen Fleisch der Schah esse, auch in dessen Gegenwart geschlachtet werden müsse; diese Vorschrift sei de rigneur auch im Ausland . . ., die Diener des Schah hätten in einem der feinsten Zimmer des Schlosses etzliches Geflügel mittels des Messers vom Leben zum Tode gebracht und ebendaselbst sofort auf einer zu diesem Zwecke mitgebrachten Maschine gebraten, wogegen gewiß nichts zu erinnern, als daß erstens die königlichen Gemächer solche Bratengerüche nicht gewöhnt sind, und daß zweitens das Fleisch frisch geschlachteter Thiere hart und zäh schmeckt. Letzteres geht indessen Niemanden an als den Schah und die Seinen. ›Dat is sin sak‹, heißt es auf Plattdeutsch.«

Als Abschluß einer ausführlichen Reportage über eine Feuerwehrübung vor dem Schloß, das Nasreddin in Berlin bewohnte, schreibt die »Spenersche Zeitung« am 5. Juni 1873: »Erwähnen wir zum Schluß unseres Resumé noch des fast drolligen, immerhin aber charakteristischen Gerüchts, daß Nassr-Eddin, der in seiner Eigenschaft als Schah von Persien dem Papst die Herrschaft der Welt streitig macht, beim Abschied zu dem Czaren geäußert habe, er hätte ihn bisher nur als seinen Vasallen betrachten können, infolge des ihm zu Theil gewordenen großartigen und herzlichen Empfangs sähe er sich jedoch aus Dankbarkeit nunmehr veranlaßt, seinem kaiserlichen Wirthe — Rußland zu schenken. Hoffen wir, daß auch unser Abhängigkeitsverhältnis von dem Herren der Welt auf ähnliche coulante und unblutige Art gelöst werden möge, ganz abstrahirt von den Hühnern und Widdern, mit deren Blut die Schwellen der fürstlichen Wohnung auch bei uns besprengt worden sind. Vielleicht waren auch einige fette Enten dabei!«

Die Hauptstadt Irans, Teheran, mit zwei Millionen Einwohnern heute die größte Stadt zwischen Europa und Indien, war zu jener Zeit eine typisch orientalische Siedlung, zu neunzig Prozent aus primitiven Lehmhäusern bestehend. Es gab keine Wasserleitung, die auch jetzt noch in einigen Stadtteilen fehlt, keine Kanalisation — sie ist heute als Dschubs, offene Gräben zwischen Gehsteigen und Fahrbahn, in der Innenstadt vorhanden —, ein paar gepflasterte Straßen, und nur im Norden, am Abfall des Elbrus-Gebirges, lagen einige Viertel mit moderneren Wohngebäuden, wo auch heute die Stadtviertel Schemiran, Golhak und Darband saubere Villen in prächtigen Gärten zeigen. Die Stadtmauer, noch ganz in mittelalterlicher Weise angelegt, war ein Kuriosum. Sie bestand aus Lehm, dem wesentlichsten Baumaterial im Orient. Starke Regengüsse, wie sie bisweilen im Winter auftreten können, ließen sie an vielen Stellen aufweichen und einstürzen. Ein Feind brauchte also nur auf Niederschläge zu warten, um sich ein blutiges Anrennen gegen die Befestigung zu sparen. Auch in der jüngsten Zeit ist Teheran von solch schmerzlichen Begleiterscheinungen der Witterung nicht frei. Wenn im Elbrus die Schneeschmelze überraschend eintritt oder an seinem Südhang heftiger Regen fällt, so stürzen in den Armenvierteln der Stadt immer noch zahlreiche Lehmhäuser ein.

Man kann sich denken, daß die Menschen, die, aus einer solchen Umgebung stammend, nun plötzlich die damals bereits hochzivilisierten Hauptstädte Europas betraten und etwa über die breiten Boulevards von Paris fuhren, aus einem faszinierten Staunen nicht herauskamen. Daß sie sich dabei für abendländische Augen ungewöhnlich verhielten und nicht immer Beifall bei den Europäern fanden, dürfte verständlich sein.

In den Städten der europäischen Länder, die der Schah mit seiner Begleitung, von den Frauen seines Harems bis zum Tabakspfeifenstopfer und Teekannenträger, besuchte, war diese morgenländische »Expedition« begreiflicherweise das Tagesgespräch, besonders aber »sein damals nicht sonderlich gewähltes unteres Gefolge«. In Artikeln verschiedener Art berichteten und kommentierten die Zeitungen den Schah-Besuch.

Über seine Ankunft in Wien (1873) ist da zu lesen: »Am 30. Juli gegen acht Uhr Abends war derselbe endlich in Wien angelangt und machte seine wirklich königliche Erscheinung mit der pompösen, zu beiden Seiten der Brust, am Gürtel und am Krummsäbel mit großen Diamanten und Edelsteinen besetzten, vom Golde strotzenden, persischen Nationalkleidung einen wahrhaft überwältigenden Eindruck auf die in unabsehbaren Schaaren herangezogene Bevölkerung. Vom Kaiser, den Erzherzogen, Ministern und Spitzen der Behörden festlich empfangen, hatte der Schah am Bahnhofe, von den ihm entgegen gebrachten Sympathien freudigst bewegt, den jugendlichen Kronprinzen mit beiden Händen liebkosend am Kopfe gefaßt und wiederholt herzlich auf die Stirne geküßt. Der Einzug in Wien, die Fahrt nach den Weltausstellungsräumlichkeiten mit dem in Gold und Edelsteinen erstrahlenden Gefolge, bestehend aus zahllosen Würdenträgern, wie Sultan Murad Mirza, Prinz Abdul Samid Mirza, dem Stiefbruder des Schah, dem Großvezier Hadji-Mirza Hussein-Khan, dem persischen Generalcommissär Mirza Petros Khan, dem Oberzeremonienmeister Muhamed-

Rasim-Khan, und vielen anderen, der Rundgang, während welchem ihm Diener allerlei Requisiten wie Sonnenschirm, Tschibuk, Kohlenpfanne, Teppichtasche, Theeservice etc. nach persischer Sitte ununterbrochen nachzutragen hatten, zählte zu den interessantesten Ereignissen des Jahres.«

Man sparte auch nicht mit etwas ironischen Bemerkungen: »Im Kaiserpavillon wird der Schah während einer Begrüßungsansprache, die er nicht versteht, höchst ungeduldig und, da er spucken will, öffnet er das Fenster und spuckt mit größter Seelenruhe auf die rund um den Pavillon versammelte glänzende Gesellschaft.«

Seine Bewunderung für die Gemahlin des österreichischen Kaisers Franz Joseph, der er auch in seinem Tagebuch mehrere Seiten widmet, wird von der Presse so geschildert: »Bei einem Besuche, den er der Kaiserin abstattet, geht er um die hohe Frau herum, sieht sie schweigend vom Kopfe bis zum Fuße an und äußert sich, nachdem er seine Runde wiederholt hat, anerkennend: ‚Elle est belle'. Und schließlich nach nochmaliger Besichtigung: ‚Mon Dieu, qu'elle est belle!' Später sendet er der Herrscherin seinen Löwen- und Sonnenorden in Diamanten.«

Auch in der deutschen Presse jener Tage wurde das Ereignis des morgenländischen Besuchs gewürdigt: »Die mächtig aufblühende Metropole des deutschen Reiches erregte das Interesse und die Teilnahme des morgenländischen Monarchen in hohem Grade. Von St. Petersburg kommend, wo ihm, wenn man wohlinformierten Gewährsmännern glauben darf, der Aufenthalt nicht besonders zugesagt hat, trotzdem an äußerer Pracht Alles aufgeboten worden war, was geeignet schien, ihn zu befriedigen, begab sich der Schah nach Berlin, den

Träger der deutschen Kaiserkrone zu begrüßen. Mit welch' reichem Aufwande von Prunk und fürstlichen Ehren, mit welch' großer, den zurückhaltenden Norddeutschen doppelt anzurechnender Liebenswürdigkeit man es in Berlin versteht, bei solchen Gelegenheiten Gastfreundschaft zu üben, hat man in der letzten Zeit wiederholt Gelegenheit gehabt zu erfahren. Auch diesmal fehlte es daran nicht . . .«

In seinem Reisetagebuch verwendet Schah Nasreddin nur selten die Namen Russen, Deutsche, Engländer oder Franzosen. Er nennt die Europäer »Giauren — Ungläubige«. Man darf darunter nicht eine für den Christen mögliche Abwertung verstehen. Der Moslem ist der »Gläubige«, folglich müssen alle Angehörigen anderer Religionsgemeinschaften »Ungläubige« sein. Von diesem Standpunkt aus betrachtet, wird man daher diese im Tagebuch immer wieder auftauchende Version sehen müssen. Während er seine Prinzen und Minister fast laufend mit ihren Namen bezeichnet, spricht er meistens bei den fremden Monarchen nur von ihren Titeln, während er Feldherren, Minister, überhaupt Untergeordnete namentlich anzuführen pflegt. Möglicherweise verbirgt sich dahinter eine gewisse Respektierung des Herrschers, bei dem er zu Gast ist.

Die Einstellung des moslimischen Betrachters zeigt sich auch in seinen Kommentaren zu den zahlreichen, in den europäischen Städten aufgestellten Denkmälern von Königen, Staatsmännern oder Dichtern. Der Islam verbot grundsätzlich die Darstellung lebender Wesen, wenn auch Persien in seinen berühmten Miniaturen eine Ausnahme machte. Aber bis in die jüngste Vergangenheit kannte man in den islamischen Ländern keine Denkmäler auf öffentlichen Plätzen. Die Beschä-

In Berlin besuchte Schah Nasreddin (im Eingang Zweiter v. r.) gern Kasernen und Manöver.

digung der berühmten Sphinx-Figur bei den Pyramiden ist auf dieses Verbot des Islam zurückzuführen wie auch die Übermalung vieler Fresken in byzantinischen Kirchen durch »Arabesken«.

Kaum ein Reiseschriftsteller wird sich davon freisprechen können, ein so klares Urteil zu besitzen, um viele Dinge fremder Länder, Sitten, Gebräuche und Einrichtungen, ohne subjektiven Kommentar wiederzugeben. Auch von Schah Nasreddin, dem von sich, seinem Land und seiner Herrschaftsform überzeugten Orientalen, wird man nichts Unmögliches erwarten dürfen. Unter solchem Gesichtspunkt kann daher sein Reisetagebuch ein ergötzlicher Bummel durch das Europa des 19. Jahrhunderts werden.

Das ergötzliche Reisetagebuch des Nasreddin Schah

Deckblatt der Originalausgabe

In Rußland

(Moskau — St. Petersburg)

Moskau, 19. Mai 1873

Ham du l'ilah — Gott sei gelobt! Ich habe wieder festen Boden unter den Füßen. Das grausame Meer der Ungläubigen liegt hinter mir.

Was waren das doch für Heimsuchungen, die mein geheiligter Leib durchzustehen hatte. Zwar hatte man mir in Teheran schon genug davon erzählt, wie die bösen Geister der See über die auf ihr dahinfahrenden Menschen herfallen und ihnen rücksichtslos den Magen leerpumpen. Man hatte mir aber auch zu meiner Beruhigung das Märchen aufgetischt, daß das stürmische Meer vor dem König der Könige Respekt zeige und sein gesegneter Leib somit keine Qualen zu fürchten brauche, denen normale Sterbliche ausgesetzt seien. Das ist eine saftige Lüge gewesen. Ich muß dies mit größtem Verdruß niederschreiben: Das Kaspische Meer, wie sie das infame Gewässer nennen, schert sich keinen Deut um den Schah-in-Schah, um einen Padischah, einen Fürsten oder eine hochgestellte Persönlichkeit, der sonst alle Welt Achtung zollt. Nichts weiter als devotes, lügnerisches Höflingsgerede ist es gewesen, was mir meine Leute da weismachen wollten. Im Gegenteil, Stunden um Stunden war ich der Gewalt des gnadenlosen Meeres ausgeliefert, das mich wie den ersten besten Ungläubigen behandelte.

Unbeschwert und guten Mutes war ich bis Ansali[1] gekommen. Bis dorthin hatte mich der russische Gesandte Beyer begleitet und mir Hoffnung auf ein königliches Wetter gemacht. Als er sich aber in Rescht von mir verabschiedete, um nach Teheran zurückzukehren, nahm er Sonne und Wärme in die Hauptstadt mit und ließ mir dafür seinen Dolmetscher Kerbel als einen für das Wetter wirklich ungeeigneten Ersatz zurück.

Wir bestiegen den »Nasir ud-Din Schah«. Auf diesem Schiff erwarteten mich ein Adjutant des Zaren, Fürst Mentschikoff, und der Oberstallmeister, die mich im Auftrag ihres obersten Gebieters begrüßten. Hätte mir doch der gute Herrscher von Petersburg anstelle dieser beiden, mit denen nichts anzufangen war, günstiges Wetter geschickt!

Anfänglich ging alles noch glatt. Unter einem schönen Zeltdach spazierte ich an Deck auf und ab. Meine Gedanken eilten den interessanten Tagen, die man mir bereiten wollte, voraus, und die Wolken aus meiner Tabakspfeife waren die einzigen, die ich rundum erblickte. Aber viel zu schnell erschienen andere am Himmel, türmten sich vor uns wie schwarze Berge auf und näherten sich uns unheilverheißend.

Ich war gerade dabei, mit ausgezeichnetem Appetit das Fleisch zu verzehren, während mir Doktor Tholazan berichtete, wie sehr sich die europäische Welt auf den Besuch des Kaisers von Iran freue, als ein heftiger Windstoß über uns hinwegfegte. Die sinnvoll aufgestellten Reisschüsseln führten auf dem mit Goldteppichen belegten Boden einen Tanz auf. Es war so drollig, daß ich lauthals gelacht hätte, wenn nicht gerade mein gesegneter Leib selbst in ein abscheuliches Wanken und in mir völlig unbekannte Schwingungen geraten wäre. Bei Allah, wie elend wurde mir!

»Das ist diese Krankheit«, sagte Doktor Tholazan und führte mich über die Treppe in den Salon des Schiffes hinab.

Ich schwankte an einer Galerie von menschlichen Zerrbildern vorbei. Sie lagen beiderseits des Ganges: auf der einen Seite mein Onkel Firuz Mirza, Sultan Murad Mirza, Imam[2] Kuli Mirza und auf der anderen Seite mein Zeremonienmeister und meine Minister. Welch ein Anblick! Sie befanden sich in einer so erbärmlichen Verfassung, daß ihnen die gerade verzehrten Mahlzeiten ruckweise aus dem Hals hervorschossen.

Ich hatte keine Zeit, mich darüber lustig zu machen. Unten im Salon überkam mich das ganze Elend. Fleisch und Reis nahmen den umgekehrten Weg, den sie zuvor gegangen waren. Mein gesegneter Leib gab alles wieder von sich. Ich lag hilflos auf dem Teppich herum. Doktor Tholazan sprach mir Mut zu und redete von allen möglichen schönen Dingen. Aber dieser Arzt wußte kein einziges Medikament, das den Zustand des Königs der Könige hätte bessern können.

Die Nacht kam. Ich ließ meinen Astrologen rufen, damit er mir mit einem Horoskop die Dauer dieser schrecklichen Stunden prophezeien sollte. Er aber sah keinen Stern am Himmel, der ihm einen Fingerzeig gegeben und mich von meinen Qualen möglichst schnell erlöst hätte.

Ich mußte an alte Überlieferungen denken, daß sich mein großer Vorgänger Xerxes das Recht herausgenommen hatte, das widerspenstige Meer peitschen zu lassen. Dies konnte ich zwar nicht. Doch wollte ich zumindest einen anderen Versuch anstellen. So wünschte ich, die beiden Ungläubigen von Rußland, Fürst Mentschikoff und den Oberstallmeister, zu sehen. Als sie bei mir erschienen waren, befahl ich dem Dolmetscher, ihnen den Zorn des Propheten zu verkünden, wenn sie nicht dem Unwetter Einhalt gebieten würden. Sie gaben zu, dagegen machtlos zu sein. Ich war wütend, diese Ungläubigen gesund und wohlbehalten zu wissen, während ich mit meinen Leuten elend und hilflos herumlag. Mit einem Wink befahl ich meinem Kammerdiener, ihnen die Schüsseln zu reichen, während der Dolmetscher übersetzen mußte, daß es mein Wunsch sei, sie auf der Stelle so krank wie mich und ihren Magen ebenso leer wie meinen zu sehen.

Sie aber ließen mir durch Kerbel sagen, daß ihnen das Meer nichts anhaben könne; sie seien deshalb nicht in der Lage, mir in dieser Angelegenheit dienlich zu sein.

Warum, so fragte ich mich verzweifelt, tut das Meer gerade diesen Ungläubigen nichts, während es mich, den Herrscher von Iran, seine ganze Hinterhältigkeit fühlen läßt? Wer bin ich und wer sind sie? Habe ich nicht einen gesegneten Leib und sie nicht? Haben sie nicht endlich noch eine Stunde zuvor ihren scheinbar eisernen Magen mit Hühnern und Rindfleisch vollgestopft und Rotwein hinterhergeschüttet? Wo ist da die gebotene Rücksicht auf den Sonnenkaiser[3]? Während mir diese Fragen durch den Kopf gingen, hatten sie schon das Weite gesucht.

Mein ganzes Elend wurde mir wieder bewußt, als man mir erneut die Schüssel reichte. In meiner Ohnmacht packte mich ein verständlicher Zorn, daß ich nicht übel Lust verspürte, diese Ungläubigen von meinen Leuten ins Meer schmeißen zu lassen. Nur der Gedanke, was der Zar in Petersburg dazu sagen würde, hielt mich von einem solchen Befehl ab. Da kam Doktor Tholazan und meldete mir, daß diese Krankheit nun auch die beiden Abgesandten des russischen Herrschers erfaßt habe. Sie lägen apathisch in ihren Kajüten. Na, dies war doch ein kleiner Trost für mich. Allerdings meinte mein Onkel, den ich zu mir hatte rufen lassen, sie heuchelten diese Krankheit nur, um sich mir gefällig zu zeigen. Aber egal! Wenn diese Ungläubigen nur tun, was ich gerne will, und das unterlassen, was meinen fürstlichen Zorn anstachelt. Eine Krankheit, die ich selbst verschuldet habe, soll mein Körper ruhig ausbaden. Eine jedoch, die mich völlig unschuldig überfällt, wie diese Seekrankheit, müssen alle jene mittragen, die im Schatten der Herrlichkeit meiner Majestät stehen. Sind es Ungläubige, so dürfen sie erst recht nicht verschont bleiben und gar mit blühendem Aussehen zuschauen, wenn sich der König der Könige vor Schmerzen krümmt.

Die Schiffsbesatzung wird nach unserer Fahrt übrigens alle Hände voll zu tun haben; wir haben den »Nasir ud-Din« und seine prächtigen Teppiche so hergerichtet, daß man wohl bis zur ersten Europareise meines Nachfolgers zu scheuern haben wird. Als ich schon lange meinen Tribut an das grausame Meer geleistet hatte, stöhnten noch viele aus meiner Begleitung unter der Knute dieser ekelhaften Seekrankheit. Die Prinzen und die Minister glaubten an ihre letzte Stunde, und gerade Emir Hussein-Khan war so deprimiert, daß er mir sicher alle wertvollen Tumans[4], die er zur Aufstockung seiner Kasse aus den mir zustehenden Geldern zusammenstiehlt, zurückgegeben hätte, wäre ich in der Lage gewesen, ihm sofortige Genesung zu verschaffen. Aber ich war ja selbst zu elend, um überhaupt anderen helfen zu können.

»Ham du l'ilah«, riefen wir alle, als wir endlich wieder eine Küste sahen und Salutschüsse uns verrieten, daß wir uns Astrachan näherten.

Der Gouverneur von Astrachan kam mit einer Schaluppe angefahren, stieg zu uns an Bord und hielt eine Begrüßungsansprache, die mir Dolmetscher Kerbel übersetzte. Ich hörte aber kaum zu, da es mir zu großes Vergnügen machte, dabei zu beobachten, wie der arme Ungläubige dauernd mit der Versuchung kämpfte, das Taschentuch vor die Nase zu halten.

Ich erlöste ihn von seinen Qualen, indem ich die Stufen hinaufschritt; denn die Glocke hatte Landung und Ende des Leidens verkündet. In prächtigen Wagen fuhren wir durch lärmende Menschenmengen in Straßen, die auch in persischen Städten liegen könnten, bis zum Haus des Gouverneurs, wo ich Quartier nehmen sollte.

Etwas Tee frischte mich wieder auf. Dann führte man mich ins Theater, wo ein Dutzend Mädchen um mich herumhüpften, was mich aber nicht sonderlich beeindruckte. Endlich wurde ich davon befreit und konnte zu Bett gehen.

Am nächsten Morgen mußte ich wieder ein Schiff besteigen, um auf der Wolga zu fahren. Ich willigte dazu aber erst ein, nachdem man mir versichert hatte, daß dieses Wasser den menschlichen Magen nicht belästigen würde. Einen Tag lang dampften wir stromauf und gingen in einem kleinem Nest mit Namen Zarizyn [das spätere Stalingrad] von Bord. Wieder lief allerhand Gesindel neben meinem Weg herum. Wieder meine Nationalhymne, die mich schon zu Hause so langweilt, wieder Begrüßungsreden, auf deren Übersetzung ich gar nicht achtete, wieder ein Ort, der ebenso Amol[5] oder Rescht[6] heißen könnte.

Wo ist denn nun dieses Europa? Wo fängt es denn endlich an? Wo sind die Reiche der Ungläubigen, in denen ich etwas zum Wohle meines Landes lernen kann? Isfahan und Schiraz sind Paradiese an Wohnlichkeit gegen dieses Astrachan, und in Zarizyn möchte ich ebensowenig wie auf dem Wege nach meinem persischen Astrabad[7] ohne meine Leibwache spazierengehen. Schließlich könnten die Ortschaften, die wir nun von Zarizyn aus mit der Eisenbahn berührten, alle in meinem Land liegen. Und wenn man mir auch ein Album mit schönen Bildern von dieser Gegend schenkte, so habe ich doch das Gefühl, daß die Fürsten, die es regieren, und die Menschen, die hier wohnen, noch lange nicht zu Europa zu gehören scheinen.

Nach einem Tag Bahnfahrt hielten wir in einem Nest, das Faustowo hieß. Eine ganze Meute von Söhnen meines Landes fand sich da vor unserem Eisenbahnwagen ein und übergab mit unter einem Schwall von süßen Worten ein sauber eingebundenes Bilderbuch mit Ansichten der großen Stadt der Ungläubigen, Moskau, wo ich jetzt diese Zeilen schreibe. Ich bin immer noch außer mir und erschüttert. Diese Perser wohnen als Händler in jenem Städtchen, sind wohlhabend und schenken ihrem Schah-in-Schah nur ein popeliges Bilderbuch? Ja, kennen denn Irans Söhne nicht mehr die Sitten ihrer Väter? Auf seinen Reisen ist es der König der Könige gewohnt, am Wegrand sein Volk mit Schüsseln voller Gold zu finden, und hier, da standen Perser mit nichtsnutzigen Bildern von toten Dingen und erflehten sich meine königliche Gunst. Die Bastonade[8] wäre diesen schlechten Untertanen sicher gewesen, wäre ich nicht in einem fremden Land. So ließ ich sie aber nur durch meinen Adjutanten Jahja auf ihre Ungebührlichkeit aufmerksam machen und fragen, ob sie denn ihrem König der Könige nichts Besseres als diese bemalten Papierstücke zu schenken hätten.

»Ja, wir wollen dein Opfer sein«, riefen sie da mit zitternder Stimme. Aber einer von ihnen wagte es, mir folgende Antwort geben zu lassen: »Der Strom der Gerechtigkeit[9] bringt so viel Gold mit, daß er unmöglich an dem kleinen Gewinn durch seine im Schweiß der Arbeit gebadeten, auf fremdem Boden lebenden Kinder eine Freude haben könnte!«

Aus den wenigen Worten dieses Untertanen zeigte sich mir Europa viel deutlicher als aus all den Häusern, Kleidern und Menschen, die mir seit Teheran begegnet sind. Zu Hause hätte der Mann eine solche Sprache nicht gewagt, ohne daß sein Kopf die Bekanntschaft meines Scharfrichters gemacht hätte. Gedeihen an der Sonne Europas solche Redensarten? Und ist Vorwitz etwa die Mutter der Weisheit, die da heranwächst? Zwar fährt noch kein Dampfzug über die weiten Hochebenen Irans, doch wenn sich der Schah-in-Schah einer seiner Städte, die vor ihm im Staub zu liegen haben, aus irgendeinem Grund nähert, dann schickt sie ihm eine Schüssel mit Gold entgegen. Soll ich also Eisenbahnen bauen lassen, durch die Menschen mit solchen Reden erzogen werden, wie sie der Mann von Faustowo führte, Menschen, die für mich kein Geld übrig haben und mich meine Reise aus meiner eigenen Tasche bezahlen lassen?

Wir hatten schon lange diesen frechen Burschen hinter uns, als ich immer noch an seine Unbotmäßigkeit denken und mir überlegen mußte, ob ich jemals diese europäischen Unsitten in meinem Land um sich greifen lassen sollte, als wir in eine große, menschen- und lärmerfüllte Halle einfuhren - ich war in Moskau, der zweiten Hauptstadt des großen Rußland.

Musik und Begrüßungsreden empfingen mich, und dann brachte mich ein prunkvoller, goldstrotzender Wagen, von sechs Schimmeln gezogen, in das alte Schloß, das sie Kreml nennen.

Moskau, 20. Mai 1873

Dieser Kreml gefällt mir. Er ist beinahe so schön und solid gebaut wie mein Palast in Teheran. Große, prächtige Räume und eine herrliche Lage. Dolmetscher Kerbel weiß zu berichten, daß die Geschichte Rußlands viele denkwürdige Ereignisse aus dieser Residenz der alten Herrscher überliefere und mancher Tropfen Blut an den mächtigen Mauern klebe.

Von Blut an den Mauern habe ich zwar nichts gesehen, aber den alten, ehrwürdigen Geist der Vergangenheit konnte ich mir in den königlichen Räumen gut vorstellen.

Wenn man mir meine Ruhe ließe, möchte ich den ganzen Tag hier im Krönungssaal verbringen. So aber haben sie, um mir eine besondere Ehre zu erweisen, jede Stunde etwas anderes mit mir vor. Der Gouverneur läßt mich nicht zu Atem kommen. Er hat die Aufgabe übernommen, mich in Bewegung zu halten, und er tut es auch mit allem Fleiß.

Bereits gestern, als ich mich gerade im Schloß einquartiert hatte, stellte er mir eine Reihe von Leuten vor, die mich doch im Grunde nichts angehen, mir aber sehr devot begegneten. Daß sie mir nicht die Füße geküßt haben, ist schon ein Wunder. Da hat man mir doch in Teheran erzählt, daß diese Unterwürfigkeit, die ich an meinem Hof nicht ungern sehe, bei den Europäern nicht üblich sei. Das sieht aber doch ganz anders aus. Oder bin ich auch hier noch nicht in Europa?

Ich halte von dieser Kriecherei hier sehr wenig. Was bedeuten mir diese Leute schon in ihren goldenen Uniformröcken, Reitstiefeln und Federhüten? Gehören sie denn mir ganz und gar und ausschließlich mir? Kann ich ihnen nach Belieben den Kopf abschlagen lassen? Nein! Wozu kommen sie dann hierher und legen sich mir zu Füßen? Gut, sie haben dazu den Befehl ihres Herrschers. Ich liebe aber die befohlene Geschäftigkeit und Freundlichkeit nicht. Ich werde dabei das Gefühl nicht los, daß sie alle etwas von mir wollen.

Der Gouverneur ist ein prächtiger Mensch, wenn er nur nicht einen so schwer auszusprechenden Namen hätte. Dolgorukoff. Ich muß ein paar Reisklöße im Mund haben, wenn ich ihn richtig hersagen soll. Arme Zunge, die du gewohnt bist, liebliche Worte wie Firdausi und Saadi, die wie süße Milch über die Lippen gleiten, zu gebrauchen, dir stehen noch schwere Stunden bevor!

Gestern abend noch hat mich dieser Mann in das Theater geführt. Dort hatten sich sehr viele Männer und Frauen eingefunden. Eine große Anzahl von ihnen war in ihren alten Trachten erschienen. Die Männer in Hemden aus heller Seide, mit Hosen, wie sie unsere Frauen tragen, und Samtkitteln. Die Frauen recht graziös in hübschen Kappen und blauen, geschnürten Leibchen, die sie, wenn sie in der Blütezeit der Jugend stünden, sicher gut kleiden würden.

Auf der Bühne des Theaters veranstalteten sie eine recht komplizierte Hüpferei, die sie Ballett nennen. Was sie nur mit diesem Tanzen beabsichtigen? Ich habe mir die Augen nach ein paar hübschen, wohlgeformten Beinen wund gesehen. Die Tänzerinnen machten mir den Einblick durchaus leicht und bogen sich vor meiner Loge so weit wie möglich zurück. Ich muß aber nicht allzuviel gesehen haben; denn ich nickte ein, und erst ein mächtiger Fanfarenstoß am Ende der Ballettszene weckte mich wieder auf. Die Hetze des Tages war auch zu groß gewesen, und da sollte ich noch zu einer Galanacht in den Palast des Gouverneurs Dolgorukoff? Nein! Ich sagte dankend ab und suchte den Kreml auf. Das wird zwar das gaffende Frauenvolk dieser Ungläubigenstadt, das mich schon im Theater nicht aus den mit Operngläsern bewaffneten Augen gelassen hatte, äußerst betrübt haben, aber mich erquickt nun mal der Schlaf, und ich bin schließlich nicht gekommen, um die Augen dieser Weiber der Ungläubigen, die man sträflicherweise so umherschweifen läßt, zu ergötzen.

Was ist das überhaupt für ein neugieriges, mit allen Sinnen zudringliches, augendienerisches und zungengewandtes Geschlecht, diese Frauen der Ungläubigen! Fahre ich durch die Straßen der Stadt, so stellen zumeist die Frauen die Masse der Menschenreihen, die ich passieren muß; gehe ich durch die Höfe des Kreml, so stehen Frauen hinter den Absperrungen der Wache. Durch die Fenster des Krönungssaales erblicke ich Frauengesichter — überall tauchen ihre dunklen Augensterne an meinem Weg auf.

Man hatte mir schon daheim erzählt, wie der Ungläubige seine Frau frei umherlaufen läßt, allen Blicken sichtbar, wie er sie mit sich führt, bei Spaziergängen, auf Reisen, im Theater und in der Kirche, in den Hotels und auf den Festplätzen, in Cafés und in Wirtshäusern, wie er sie allen zeigt, die zu ihm ins Haus kommen, und wie er ihr erlaubt, mit jungen und alten Männern seiner Bekanntschaft Umgang zu pflegen, die ihr die Hand drücken und küssen und allerhand verderbliche Schmeicheleien sagen dürfen. Auf dem Wege hierher hat sich mir das alles und noch viel mehr bestätigt.

Das Weibervolk von Astrachan, Zarizyn und Faustowo drängte sich in schmutzigen Kitteln in meine Nähe; die Damen von Moskau tun es ebenso, aber in ihren bunten, schönen Schleppen und ihren noch farbenfreudigeren alten Trachten. Überall machen die Männer dieser unruhigen Neugierde Platz, schieben die Frauen nach vorne, wo sie mehr zu sehen und zu hören bekommen, und bemühen sich, die Frauenlüste und ihre Eitelkeit eifrig zu unterstützen. Das bezeichnen diese Ungläubigen, wie mir Kerbel sagte, in ihrer Sprache als galant. Wäre es nicht für die Ruhe dieses oder jenes Mannes besser, er jagte sein Weib nach Hause in ihre vier Wände, wo sie Augen, Zunge und Ohren freien Lauf lassen kann, anstatt sie in aller Öffentlichkeit zu gebrauchen?

Nach einer Reihe von Briefen, die ich in diesen beiden Tagen bereits erhalten habe und die mir Kerbel in meine liebe persische Sprache übersetzte, möchte ich dies beinahe annehmen. Der Ungläubige sollte doch etwas vorsichtiger mit den seiner Frau eingeräumten Freiheiten sein und an das Ende denken, das ihn noch einmal bedauern läßt, die Flügel seines Paradiesvogels nicht rechtzeitig gestutzt zu haben. Er besitzt doch nur eine Frau, der Ungläubige, und doch versteht er es nicht, diese eine Frau, die ihm so leicht verlorengehen kann, richtig zu schützen.

Petersburg, 22. Mai 1873

Das war ein harter Tag! Eine vierundzwanzigstündige Eisenbahnfahrt und viel Spektakel liegen hinter mir. Wohl ist der König der Könige von der Fülle der Ehrenbeweise sehr angetan, die ihm auf der langen Strecke von der alten Residenz der Zaren zur neuen zuteil wurden, aber der Mensch Nasreddin, der ja, wie jeder seiner Nomaden, auch nur zwei Augen zum Sehen und zwei Ohren zum Hören hat, dieser Nasreddin ist müde.

Je näher wir der Hauptstadt kamen, um so mehr stieg die Neugierde an den Stationen, auf denen wir zum Füttern der hungrigen Lokomotive halten mußten. In Ljuban [Stadt westlich des Wolchow] hatte ich Zeit, mich königlich einzukleiden. Ich legte ein frisches Hemd und den dunklen Rock mit den großen Rubinknöpfen an und steckte einige Diamanten an die Brust. Wie mir Kerbel sagte, schätzen die Ungläubigen solchen Schmuck nicht weniger, als unsere Perser es tun.

Nun, sie sollen ihre Augen aufreißen und staunen! Ich werde ihnen nach und nach alles zeigen, womit mich mein Hofjuwelier ausgestattet hat, aber schön nach und nach; denn sie sollen sich nicht mit einemmal sattsehen, den König der Könige vielmehr mit jedem Erscheinen neu bewundern! Für heute sollen sie meinen mit Diamanten besäten Gürtel begaffen und es damit gut sein lassen; demnächst gibt es mehr. Nach der Toilette fuhren wir weiter, viele, viele Stunden, bei Tag angestarrt und nur nachts in Ruhe gelassen. Auf meinen Damastpolstern konnte ich immer nur kurze Zeit schlafen, weil mich laufend üble Träume quälten und hochschreckten. Mir war jedesmal im

Schlaf, als kämen Leute und forderten meine Diamanten, für die sie mir allerhand Mittel anboten, mit denen ich mein Volk beglücken könnte. Aufgewacht, rief ich nach meinem Adjutanten Jahja-Khan, der mir aber versicherte, daß von meinen Schätzen nichts fehle und alles unversehrt an seinem Platz sei. Dann ließ ich meinen Ministerpräsidenten, Emir Mirza Hussein-Khan, und Minister Hassan Ali-Khan kommen, um sie zu fragen, ob mein Volk glücklich sei. Sie antworteten beide: »Herr, wir wollen dein Opfer sein. Iran ist das glücklichste Land unter der Sonne.« Da schlief ich wieder ein, aber der Traum kam erneut. So war ich froh, als der Tag die schwarzen Flügel der Nacht verscheuchte und ich meine Schätze beisammen wußte. Da sprach ich lachend zu mir, daß die Diamanten mein und das Volksbeglückungsgerede den im Traum erschienenen Händlern bleiben sollten. Mein Hofastrolog aber meinte, daß der Traum kein gutes Zeichen sei und ich mich in Rußland vor Geschäften hüten sollte.

Endlich, es war um die Mittagszeit, kamen wir an Ort und Stelle. Auf dem Bahnhof freuten sich meine Augen an dem prächtigen Bild, das sich ihnen bot. Soldaten, Garde und die kühnen Reiter des Ural standen Spalier, Männer in glänzenden, ordenbesäten Uniformröcken warteten, Frauen in leuchtenden, duftigen Kleidern, Lorgnons vor den Augen, füllten den Bahnsteig. Eine Kapelle setzte mir mit meiner Nationalhymne zu, und ich wurde zum Aussteigen gebeten. Als ich über die Stufen schritt, kam mir ein großer, etwas leidend blickender Mann in roten Hosen und hohem Federhut entgegen und drückte mir sehr freundlich die Hand. Dies war der Herrscher von Rußland [Alexander II.]. Er sprach mit herzlichem Lächeln ein paar

Sätze in französisch, die ich in persisch erwiderte und von Kerbel ins Russische übersetzen ließ.

Darauf fuhren wir, der Zar und ich, in einem einfachen Wagen durch breite, gepflasterte Straßen, in denen mich die Farben und Symbole meines Reiches, das geliebte Weiß mit grünem Rand, den Löwen und der Sonne, tausendfach grüßten. Ohne Unterbrechung ging es an einem großartigen Aufgebot von jubelnden, geschmückten Männern und Frauen vorbei, über die schönsten Plätze der Residenzstadt, den Newsky-Prospekt und die gewaltige Morskaja, zum Winterpalast. In einem herrlichen Saal erwarteten uns die Gemahlin des Zaren und seine, wie mir schien, sehr zahlreiche Familie. Sie wurden mir alle vorgestellt: die Söhne und Töchter des Herrschers, die Schwäger, Onkel, Vettern und Kousinen, die Reihe nahm kein Ende, die Prinzen und ihre Frauen, Großfürsten und Kleinfürsten, Enkel und Großmütter, eine Galerie von Verwandten. Vor lauter Zunicken hätte ich beinahe einen Krampf im Nacken bekommen.

Allah sei gedankt! Nach einer halbstündigen Parade von Männern und Frauen entließ man mich endlich in meine Gemächer, in die sogenannte Eremitage, wo ich mich auf dem nach persischer Art hergerichteten Teppichboden ausstrecken konnte. Aber wieder nur eine halbe Stunde. Denn noch vor dem Essen mußte ein Besuch beim Zaren erledigt werden. Muhammad Rachim-Khan, mein Oberzeremonienmeister, ist von einer geradezu aufdringlichen Genauigkeit. Fort mit der schönen Ruhe und jenem Gespenst folgen, das sie hier Etikette nennen und alle anbeten. Glücklicherweise strengte mich der Besuch nicht zu sehr an. Von zwanzig Worten, die der Zar sprach, habe ich fünf verstanden: honneur, amitié, majesté, enchanté und fatigué. Und von den zwanzig, die ich auf französisch hersagen konnte, scheint er wohl auch nicht mehr als fünf begriffen zu haben. Dafür sprach die Herzlichkeit unseres Gesichtsausdrucks, während die Hände zu Dolmetschern unserer Gefühle wurden. Vor dem Abschied hängte mir der Zar noch das breite blaue Band des St. Andreasordens mit Stern um. Als mich damit meine Gefolgschaft vor der Tür des Audienzsaales wieder in Empfang nahm und das blaue Band erblickte, warfen sich alle noch einmal mehr als üblich auf die Knie, um den Boden zu küssen. Mein Schatzmeister geriet in Verzückungen und drehte sich vor Begeisterung im Kreise, als er das Band zur Aufbewahrung erhielt. Soviel ich mich erinnere, besaß ich bis jetzt noch kein blaues, so daß mir dieses recht willkommen war.

Wieder in meinen Gemächern, wünschte ich zu speisen. Mein Oberhofmeister machte ein betrübtes Gesicht: Die Ungläubigen seien sehr unbeholfene Menschen und hätten keine Ahnung, wie der Schah-in-Schah zu bedienen sei. Vorläufig stünden livrierte Diener mit dem Suppentopf herum, sonst aber hätten sie nichts, berichtete er mir zitternd. Auf einem Tisch habe man goldenes Geschirr und allerlei unbrauchbares Werkzeug bereitgelegt, Gläser und Flaschen aufgestellt, große Handtücher und andere Leinenstücke, für die es wohl keine Verwendung gebe, lägen herum, aber vom Wichtigsten, von den Speisen nämlich, keine Spur.

Ich befahl dem »Auge des Reiches« [Oberhofmeister], Ordnung zu schaffen, und betrat mit einer Reihe meiner Kameradinnen das prunkvolle Speisezimmer. Meine Leute warfen gleich die schönen, goldenen, aber plumpen Lehnstühle mit dem Tische und dem ganzen unwichtigen Kram darauf aus dem Raum und legten auf dem spiegelglatten Marmorboden Teppiche aus. Dann befahl ich, das ganze Essen auf einmal aufzutragen. Die Ungläubigen-Sklaven, in ihren weißen Halsbinden und mit Borten verzierten Livreen, beantworteten diesen Befehl mit einem komisch erstaunten Gesicht. Aber bald erschienen sie, angeführt von Mirza Hussein-Khan, mit sämtlichen Schüsseln wieder und stellten sie, wie es sich geziemt, auf den Boden. Keine Schüssel besaß die mir gewohnte Umhüllung mit einem Schal, auch vermißte ich edelsteinbesetzte Deckel, wie sie mein königliches Auge in Teheran erfreuen. Endlich waren es hier bei weitem nicht so viele, daß sie den ganzen Fußboden bedeckt hätten, wie man es für das Mittagessen des Königs der Könige erwarten sollte.

Bestürzt sagt mein Oberhofmeister: »Allmächtiger Herr, verzeihe ihnen heute noch einmal. Diese Ungläubigen wissen nicht, wie der Mittelpunkt der Welt[10] seinen gesegneten Magen zu sättigen geruht.«

Da der Tag an schönen und freundlichen Dingen so reich gewesen war, wollte ich ihnen wunschgemäß noch einmal vergeben. Diese Ungläubigen haben wirklich keine richtige Vorstellung, wie man zu essen pflegt, und erst recht nicht, wie man dem edlen Nachkommen des großen Kalifen aufzutragen hat. So hockte ich mich gemütlich auf den Boden. Zuerst probierte ich alle Getränke, auch das gute Eiswasesr, durch. Von den Platten mit der dicken Suppe, dem Hühnerfrikassee und Reis, den Ragouts und Braten nahm ich aber immer erst dann, nachdem einer der Ungläubigen-Diener von allem eine Kostprobe genommen hatte. Was sie dann jedesmal für Augen machten, wenn ich die Finger in die Schüsseln stippte. Ihr dummer Gesichtsausdruck bereitete mir mehr Vergnügen als die brillante Tafelmusik, die ein Militär-Musikkorps unter meinen Fenstern blies.

Sie machen in der Tat nur mittelmäßigen Reis. Auch ihr Fleisch und ihre Ragouts sind nicht fett genug. Da könnten die Köche des russischen Herrschers von meinem Oberkoch schon etwas lernen. Ich will dem guten Zaren, der mir so sympathisch ist, bei Gelegenheit ein paar Ratschläge für die Verbesserung seiner Tafel geben, die für ihn bestimmt nützlich sein dürften.

Doktor Tholazan und Kerbel leisteten mir dann Gesellschaft, als mir der Leibdiener das Nachtgewand reichte. Kerbel berichtete mir das Tagesgeschehen. Die Zeitungen seien voll meines Ruhmes; sie bewunderten meine Majestät, meine hohe Bildung, mein gepflegtes Benehmen. Seitenlang lobten sie meinen edlen Geist, meine Kenntnis des Französischen und zählten meine Diamanten auf. Was diese Zeitungsschreiber[11] nicht alles wissen! Sie haben das Geld nachgerechnet, das ich für die lange Reise brauche, nicht weniger als zwanzig Millionen Rubel, sie haben meine Schätze gesehen, kennen den Wert eines jeden Stückes und wissen, was ich zu ihrem Kaiser am Bahnhof gesagt habe. Nichts ist ihnen verborgen geblieben. Sie haben sogar das Regiment Soldaten gesehen, das ich von Teheran nicht mitgebracht habe! Sie wissen von meinen Frauen, die ich im Harem meines Schlosses habe. Über diese meine Frauen sind sie sogar so gut unterrichtet, daß ich ein paar von ihnen, die ich zuerst mitgenommen hatte, wieder zurückzutransportieren befahl, weil sie in Moskau widerspenstig geworden waren. Was ist der scharfe Blick des Propheten gegen das Auge dieser Schreiberlinge der Ungläubigen?

Und weshalb sie nur immer von meinen Frauen zu

schwätzen haben? Was geht sie schon mein Harem und seine Schätze an? Ist es bei diesen Ungläubigen so Sitte, die Geheimnisse der den Frauen eigenen Gemächer vor der Öffentlichkeit auszubreiten? Tragen sie denn auch den Familienfrieden oder -streit so offen in die Gassen ihrer Städte? Lassen sie dort ihre süßesten Herzensangelegenheiten vom ersten besten Fremden für die Tagesnachrichten wie Kehricht zusammenfegen? Wenn das so ist, dann wollen wir Bewohner von Iran auf diesem Gebiet nichts von ihnen lernen. Der letzte Lastträger unseres Landes hütet sein Weib vor jedem fremden Blick, nicht anders als der Mann vom Adel. Kein Mann erlaubt sich bei uns, nach den Frauen eines anderen zu fragen; weder auf der Straße noch im Bazar wird von ihnen gesprochen.

Hätten wir in Iran Zeitungen oder andere Nachrichtenblätter nach Art der Ungläubigen, die Herren, die sie schrieben, würden es wohl gar nicht wagen, die Heiligkeit des Harems durch die Preisgabe von Geschichten, ganz gleich ob nun wahr oder erfunden, anzutasten. Kein Zufluchtsort im ganzen Land würde sie vor der rechtmäßigen Bastonade bewahren. Und es wäre wirklich um keine solche Schreiberfußsohle schade, wenn sie ihre Streiche abbekäme.

Tholazan weiß zu erzählen, daß die Leute in ihren Tagesnachrichten solche Geschichten mit einer leidenschaftlichen Gier lesen. Auch auf den Hof des Zaren wird von den Schreiberlingen keine Rücksicht genommen. Diese Leute der Feder wüßten darüber so allerhand zu berichten. Na schön, der Herrscher von Rußland mag in diesen Dingen wohl weit mehr Langmut als ich besitzen. Kerbel behauptet, in diesem russischen Reich sei es mit solcher Langmut noch nicht einmal so weit her wie in anderen Ländern der Ungläubigen, wo die Zeitungsherren erst recht schreiben, was und worüber sie wollten. Um so schlimmer für diese Länder, wenn er mit dieser Meinung recht haben sollte. Ich aber weiß, daß diese Quatschköpfe, die an meinem Reiseharem so interessiert sind, im Kopf wirklich nicht viel haben müssen. Allah schenke ihnen die rechte Eingebung!

Petersburg, 23. Mai 1873

Heute habe ich ihnen eine weitere Sammlung von Edelsteinen vorgeführt. Man hatte mich eingeladen, einer Truppenparade beizuwohnen. Ich hatte meinen Säbel, dessen Brillanten wie der Sternenhimmel funkelten, umgeschnallt und auf die Lammfellmütze den prächtigen, von Diamanten funkelnden Reiherbusch aufstecken lassen. Dann bestieg ich meinen Schimmel mit dem rotgefärbten und mit einer goldenen Kugel verzierten Schwanz.

»Hoher Herr«, sagte Mirza Hussein-Khan beim Verlassen des Palastes zu mir, »du wirst heute die Augen der Ungläubigen verwirren. Wie werden sie den Abglanz der Sonne ertragen können?«

Ja, sie schienen wirklich verwirrt zu sein, die Augen der Ungläubigen, als ich zum Marsfeld gezogen kam. Schon auf dem ganzen Weg dorthin hatte ein Tumult wie bei einem Volksaufstand geherrscht. Und erst auf dem Manöverfeld! Man konnte die Menschenmenge, die gekommen war, den König der Könige zu sehen, kaum bändigen. Das brauste dahin wie ein junger Wildbach in den Bergen, immer wieder vorbrechend und immer wieder abgebremst. Mir gefiel das Getümmel weit besser als das ganze Paradespiel der Truppe.

Die Soldaten sahen gut aus, gut genährt vor allem. Was sind sie aber gegen meine Schützen, Infanteristen und Kavallerieeinheiten! Wenn meine Leute aufmarschieren, sind sie wie ein lebender Garten anzusehen, ein Genuß dem Auge, der Stolz meines Herzens. Die Pferde der Ungläubigen sind prächtig und die Gleichfarbigkeit der Uniformen in jeder Abteilung hat auch ihre Reize. Aber die Männer haben wenig Schönes an sich. Aus ihnen sprechen nicht Kraft und Anmut zugleich wie bei meinen Schützen, auch nicht der kühne Mut des Mannes, wie ich ihn von meinen Kavalleristen kenne. Nur einige Abteilungen ihrer Reiterei, die sie hier Kosaken nennen, erinnern mich an meine Berittenen.

Der Herrscher von Rußland soll eine große Armee haben, die das Land, selbst bei seiner Größe, natürlich viel Geld kostet. Ob sie das Geld wert ist? Es wird sicher nicht lange ein Geheimnis bleiben. Mein alter Freund, der Vater des jetzigen Zaren [Nikolaus I.], hatte im Krieg von 1854 [sog. Krimkrieg] wenig Glück mit ihr. Die Franzosen und Engländer haben ihr übel zugesetzt. Seitdem soll, wie mir Malcolm-Khan sagt, viel an der Ausbildung der Offiziere geschehen. Gegenwärtig zeichnet sich das Heer unter seinem Kommandeur Emir-Toman Kaufmann im Kampf gegen Chiwa[12] zwar aus, aber was will das schon sagen? Die Krieger von Chiwa sind eine feige Gesellschaft. Gegen meine siegreichen Armeen, die gegen Türken und Engländer ausharrten, dürften diese Russen nicht so leicht anrennen.

Rußland ist aber vernünftig genug, meine Freundschaft zu suchen. Dafür bekam ich den Beweis, als mir nach der Rückkehr von der Parade Gortschakoff, der Ministerpräsident, gemeldet wurde. Ich ließ ihn vor. Ein freundlicher, kräftig gewachsener, älterer Herr trat ein, der gleich so frisch und flott in der Sprache der Franzosen zu reden begann, daß mein Dolmetscher gar nicht mit der Übersetzung nachkam. Wie er vor mir stand, einfach und ohne Aufdringlichkeit in Rede und Kleidung, gefiel er mir, und ich trug es ihm nicht nach, daß er den Boden nicht küßte, auf dem ihn der König der Könige empfing. Die Menschen hier sind sehr nett zu mir, nur wollen sie sich nicht das bei mir in Teheran übliche Zeremoniell aneignen und sich mir bei der Audienz unterwerfen.

Gortschakoff berichtete mir vom Kriegschauplatz in Chiwa, angenehm und bescheiden im Wesen. Er ist kein Prahler und Schwätzer, eben ganz anders als mancher Truppenführer, der mir an diesem Tag bei der Parade und im Schloß vorgestellt wurde. Und gerade dieser Mann trägt schon runde zwanzig Jahre die Bürde der Reichsgeschäfte. Mein Mirza Hussein-Khan könnte sich an ihm ein Beispiel nehmen; es würde ihm wirklich nichts schaden.

Der Ministerpräsident ging nach etwas mehr als einer halben Stunde, nachdem ich ihn eingeladen hatte, mich wieder aufzusuchen. Ich selbst fuhr in den Palast des Prinzen Peter von Oldenburg, eines nahen Verwandten des Zaren.

Es war das erstemal, daß ich, den strengen Gepflogenheiten der Kadscharendynastie zuwiderhandelnd, mich im Hause eines Ungläubigen an den Tisch setzte. Da ich aber nun mal bei Ungläubigen bin, muß ich mich, wenn auch nur in einigen Fällen, ihren Sitten anpassen. Sie sind so dienstbereit und wohlwollend, daß man ihnen auch mit etwas Zuneigung begegnen muß, selbst wenn man der König der Könige ist.

Der Scheich von Täbriz und die Mullahs[13] meines Reiches werden freilich von ihren Kissen fallen, wenn sie davon erfahren, aber ihre Liebe zu mir und meinem Hause kann ja sowieso nicht mehr geringer und ihre Furcht vor mir nicht mehr größer werden. So sollen sie es also wissen: Der Kadschare Nasreddin Schah hat heute im Ausland am Tisch des Ungläubigen Prinz Peter von Oldenburg recht munter gespeist. Und eben dieser Kadschare hat nicht nur mit den männlichen Ungläubigen zusammen an einem Tisch gesessen, sondern auch eine beachtliche Anzahl von Frauen der Ungläubigen um sich gehabt, ebenso wie seine Diener, die Minister Irans, die Verwalter des Reiches, in gleicher Weise gesessen haben — so, nun verhüllt eure dunklen und widerborstigen Häupter, ihr Priester Irans, die ihr den Koran und die Gesetze des Propheten für euch gepachtet zu haben glaubt, Nasreddin hat das alles wirklich getan! Und Allah hat ihn deshalb mit seinem Feuer nicht heimgesucht und verschmort, vielmehr befindet er sich bei der Niederschrift dieser Zeilen in bester Verfassung und gedenkt, es euch zum Trotz und zum Wohl Irans auch noch recht lange zu bleiben. Nasreddin Schah hat nun einmal diese ungläubigen Großen beim Essen betrachtet und innerlich genug über ihre Art bei Tisch gelächelt.

Prinz Peter von Oldenburg hat ein prächtiges Haus, in dem man an Gold, Silber und Edelsteinen allem Anschein nach nicht gespart hat und in dem es sich wohl leben lassen dürfte, wenn man ein Ungläubiger ist und jene köstliche Süße nicht kennt, die die Nachfolger der Kalifen und ihre Freunde genießen dürfen.

Die ganze Familie des Herrschers von Rußland war versammelt, all die vielen Prinzen mit ihren Frauen und die Prinzessinnen des Zarengeschlechts mit ihren Männern. Meine Tischnachbarin war die Gemahlin des Zarewitsch, dem Vernehmen nach keine Tochter des Landes, vielmehr aus dem Land der Deutschen, wo sich die russischen Herrscher und Prinzen ihre Frauen zu holen pflegen. Die Frau des Thronfolgers ist von Aussehen und Gestalt her sehr schön, zartgliedrig ihre Hand, füllig ihr Haar, aber unförmig nach oben getürmt. Sie hat einen gütigen und sanften Blick und trägt ein Seidenkleid, mit dessen endloser Schleppe ich meinen ganzen Harem einwickeln könnte. Am Hals, im Dekolleté, auf dem Kopf und in den Ohren funkeln die Steine — nach meinem Geschmack wohl am bemerkenswertesten an ihr, wie ich nun mal vom Weib gleich einem Diamanten Feuer, Feuer und nochmals Feuer verlange.

Sie sah von allen Prinzen- und Fürstengemahlinnen an der Tafel noch am besten aus. Die anderen Frauen schienen sich mehr mit mir als mit den Speisen zu beschäftigen, und zwar um so intensiver, je weiter sie von mir weg saßen. Ich hatte meine stille und auch laute Freude daran, wie sie zu mir herschielten, blinzelten und auch wieder die Wimpern niederschlugen, wenn ich plötzlich auf dem Flug mit meinen Blicken ihren schwarzen, blauen oder braunen Augen begegnete.

Der Zar, der zu meiner Rechten saß, sprach wenig, erkundigte sich aber durch meinen Gesandten bei mir, was ich von den Frauen in der Stadt halte. Ich ließ ihn ganz einfach wissen, daß ich noch nicht genügend gesehen hätte; warum sollte ich den guten Mann verletzen? Er kennt ja wohl die Frauen des Kaukasus, die Frauen der Muslime, über die er regiert, und hätte sich wohl sagen können, daß die Frauenschönheit der Ungläubigen neben ihnen verblaßt. Ach, wenn er erst die Wunderblumen aus dem Garten Irans, die Töchter von Schiraz und Isfahan, kennen würde! Es ist ja möglich, daß diese Frauen der Ungläubigen, die ich bis heute gesehen habe, andere Vorzüge als unsere besitzen, ihre Reize aber tauchen meine Augen nicht in jenen süßen Rausch, mit dem mich die Frauen meines Landes betäuben. Vielleicht ginge es den Frauen Irans gerade umgekehrt, wenn sie diese Männer hier sähen. Es gibt gut aussehende, kräftige, ausgesprochen kriegerische Gestalten unter ihnen, die sicher alle Sehnsucht des immer nach neuem Liebesausdruck verlangenden Weibes unseres Volkes entfachen würden.

Beim Essen mußte ich mich wirklich beherrschen, um nicht davonzulaufen. Das Mahl dauerte anderthalb Stunden, obwohl sich alle, wie es schien, aus Rücksichtnahme auf mich beeilten. Gericht für Gericht wird von Mann zu Mann und von Frau zu Frau getragen; jeder und jede nimmt aus der gemeinsamen Schüssel, die ein komisch aufgeputzter Bursche herumreicht. Natürlich bearbeiteten sie dann das Fleisch, oder was sie sonst genommen haben, etwa Fisch, Ragout oder Huhn, mit Dreizack und Messer, die sie dabei verwenden. Sie plagen sich, den Fisch von der Gräte, das Geflügelfleisch von den Beinen abzukriegen. Daß der echte Geschmack bei den Fingern anfängt, scheinen sie nicht zu wissen. Ja, sie hüten sich, sie selbst beim Vorlegen der Speisen irgendwie zu gebrauchen. Ich hatte nicht die geringste Lust, mich zumindest des halben Genusses zu berauben. So verzichtete ich auf die Hieb- und Stichwerkzeuge, mit denen sie sich bewaffnen, und tauchte meine in solchen Dingen sehr geübten Finger mitten in die trefflichsten Leckerbissen, in das Rebhuhn, in den Entenbraten und die Forellen, ohne mich dabei auch nur im geringsten zu genieren. Man hatte die für mich bestimmten Schüsseln und Platten sehr schmackhaft zubereitet, vor allem das Wild, nachdem sie tags zuvor erfahren hatten, daß ich jenes stinkende Wildbret, das bei ihnen Hautgout heißt, verabscheue.

Volle Anerkennung für den Koch: Der Spießbraten schmeckte vortrefflich. Die Ragouts aus feinem Hackfleisch, mit Zwiebeln und Zitrone zubereitet, waren geradezu ein Gaumenschmaus. Mit besonderem Vergnügen befühlte ich sie zuerst einmal richtig, um sie dann mit den Fingern zu zerlegen und zum Mund zu führen. Welch ein Spaß, wie sie mich alle mit weit aufgerissenen Augen anstarrten! Es war zum Kichern. Sie halten eben ihre Art des Essens für die einzig wahre. Deshalb speisen sie auch mit sichtlicher Andacht und beinahe weihevollem Zeremoniell. Zu weihevoll aber; denn mir dauert diese Prozedur zu lange. Dabei sind bei mir in Teheran ganz andere Mengen üblich. Wenn ich so an zu Hause denke: Da steht mittags und abends der Fußboden voller Schüsseln und Platten, aber ich brauche nie länger als eine halbe Stunde. Und obwohl sich diese Leute hier weit weniger auftragen lassen, dehnen sie ihre Essenszeit so in die Länge — weil sie nach jedem Bissen eine Viertelstunde zu schwatzen pflegen.

Überhaupt ist ihr ganzes Benehmen bei Tisch kurios und gekünstelt steif. Anstatt es sich zu diesem Genuß — und Essen sollte doch ein Genuß sein — so bequem wie möglich zu machen, zwängen sich diese prominenten Ungläubigen in enge Uniformen, eine Unmasse von Orden darauf, die wie schwere Gewichte die Brust quetschen und den Magen abschnüren müssen. Leider war ich gezwungen, mich ebenso auf ihre Marterinstrumente, auf diese Stühle mit ihren langen Lehnen, zu setzen, die zwar Prachtexemplare der Schnitzkunst, aber auch der Unbequemlichkeit sind.

Was haben sie da schon für Tischsitten! Die Zunge dient doch einer edlen Aufgabe beim Essen, dem Genuß und Geschmack auserlesener Speisen, der Vorfreude für den Magen. Was aber tun sie? Gerade das Gegenteil! Sie mißbrauchen diese Zunge zu langatmigem Geschwätz — wozu säßen denn sonst auch Frauen mit bei Tisch! — und lächerlichem Gekichere, so daß sie nicht bemerken, was sie sich von den Platten nehmen, noch in den Mund stecken. Das nenne man mir nun eine besondere Essenskultur! Gibt es denn für dieses Gerede nicht auch eine eigene, passende Zeit, so wie für Essen, Trinken oder Schlafen? Warum nur werfen sie das alles durcheinander? Man erklärte mir, daß sie sich unterhalten wollen. Daß ich nicht lache, ein schmackhafter Bissen ist meiner Meinung nach Unterhaltung genug; man muß es nur verstehen, ihn sinnvoll zu behandeln. Wie ein wichtiges Gespräch verlangt er volle Konzentration. Wer mit Messer und Gabeln, diesen gräßlichen Werkzeugen, an einem saftigen Geflügelbein herumarbeitet und dabei Geist und Witz versprüht, ist in der Tat kein Mensch von Niveau. Die galanten Komplimente — so nennt man sie doch, diese Redensarten? —, von den Frauen dieser Ungläubigen mit dem Löffel voll Suppe genüßlich hinuntergeschlürft, könnten sich die Kavaliere wirklich für günstigere Augenblicke aufheben.

Frage ich mich nach dem Grund für diese Schwätzerei bei den Mahlzeiten, die sie mit der Sprache der Franzosen Konversation nennen, so kann ich ihn nur in der

Anwesenheit der Weiber bei Tisch sehen. Die Frau ist die Würze des Harems. Beim Essen wünsche ich andere Gewürze und kann auf die Gegenwart von Frauen verzichten.

Petersburg, 24. Mai 1873

Doktor Tholazan fand mich heute morgen beim Aufstehen mit starken Kopfschmerzen und riet mir, den Tag im Hause zu verbringen. Das kam mir sehr gelegen. Ich ließ dem mich zu einem Manöver begleitenden General mitteilen, daß er mich einer Unpäßlichkeit wegen bei seinem Monarchen entschuldigen möge.

Ich schaute durchs Fenster. Mein Blick fand nur jene grauen Wolkenschleier, die sich anschickten, ihren nassen Inhalt auf die Ungläubigen in den Gassen auszuleeren. Sonne Irans, wo bist du? Begleitest du den Herrscher deines Lieblingsreiches nicht auch hierher? Diese Ungläubigen haben einen unangenehmen Himmel mit kaltem Hauch bei Tag und Nacht; ich bin wie sie der Gefangene dieses Himmels.

Und unter einem solchen Himmel in einer rauhen und groben Luft soll ich mir ansehen, was ihre Soldaten an Kunststücken aufführen? Eine Brigade sollte mir ein Manöver demonstrieren. Ich schenke es ihnen und will ihren Offizieren aufs Wort glauben, daß sie aus lauter Helden besteht, daß jeder einzelne ein Napoleon, ein Alexander von Makedonien oder ein Peter der Große ist. Auf den Paradeplätzen sind diese Heere der Ungläubigen alle gigantisch und unbesiegbar. Das kennt man doch. Noch kann ich mir kein Urteil erlauben, wenn ich nicht erst im Land der Deutschen die Armee des Siegers über die Franzosen gesehen habe.

Es liegt mir fern, das Heer des Zaren von Rußland zu beleidigen. Aber ich bin nicht in dieses Land gekommen, um mir seine Truppen im Manöver vorstellen zu lassen. Allah schenkt ihnen den Sieg, wenn sie ihn einmal nötig haben und er mir und meiner Herrlichkeit nicht zu nahetritt. Ich brauche dringend meine Ruhe; denn sie schleppen mich hier von Fest zu Fest, früh, mittags und am Abend. Und überall soll ich und muß ich, um mich ihrer Freundschaft würdig zu erweisen, meine Füße strapazieren, so wie sie es auch tun, muß viel laufen, herumstehen und nach ihrer Weise sitzen, wenn ich ihr Gast bin. Wie freue ich mich, da einmal auf meinen untergeschlagenen Beinen hocken zu können. Da kommt doch jener so edle Körperteil, den die Ungläubigen im Sitzen so mißhandeln und in dauernden Bewegungen halten, wieder so recht zur Geltung.

Am Vormittag begab ich mich in die Säle des Palastes, wo die Bilder der Monarchen Rußlands hängen. Ich trug nur einen leichten Morgenkittel, paffte meine Pfeife und ließ mir von Ali Kuli Mirza, der etwas von solcher Kunst versteht, einige erklären. Wie schade, daß mein Hofmaler nicht dabei ist; er müßte mir hier einige Gemälde für meine Sammlung in Teheran kopieren, so besonders ein Bild von Zar Nikolaus I., das mir sehr gefällt und das zu denen von Napoleon, Louis Philippe, dem mir vom Geschäftsträger Minutoli überbrachten Bild des preußischen Königs und anderen bedeutenden oder ehemals mächtigen Regenten passen würde.

Als ich in mein Zimmer zurückkehrte, taten sich vor meinen Fenstern die Männer von der Spritze bei allen möglichen Feuerlöschübungen äußerst wichtig. Darauf kamen die Geschäftsträger, Gesandten und Botschafter aller Reiche der Erde, die beim russischen Hof akkreditiert sind, und ließen sich mir einzeln vorstellen. Der Vertreter des Abdul Aziz [Sultan von Konstantinopel] deutete kein Zeichen seiner Unterwürfigkeit an.

Ich meinte, er hätte doch zumindest den Boden küssen können, auf dem ich hier stehe, ist er doch, wenn auch kein hoher Herr, so doch ein Moslem, der weiß, wie man einem Padischah von Iran zu begegnen hat. Diese Männer scheinen die Sitten der Ungläubigen zu ihrer eigenen Bequemlichkeit auszunutzen. Zur Strafe ließ ich ihn unbeachtet stehen und sprach mit dem deutschen Botschafter, einem Prinzen Reuß, vom Dolmetscher unterstützt. Anschließend wandte ich mich an den Repräsentanten des österreichischen Kaisers, einen General, und redete türkisch, allerdings mit der Bemerkung: »Ich spreche das Türkische nur sehr ungern; denn es ist die Sprache der Hoffart«, um dabei den Gesandten der Pforte bedeutungsvoll anzublicken. Das wird er ja wohl verstanden haben? Ist er ein verschlagener Bursche im Auftrag seines Herrn oder auf eigene Rechnung? Das habe ich bis heute noch nicht herausbekommen.

Die ganze Audienz dauerte eine Stunde. Sie verging bei kurzen Fragen und Antworten, Kopfnicken und Verbeugungen nicht sonderlich angenehm. Während mir Mirza Hussein-Khan und Muhammad Rachim-Khan die einzelnen Leute vorstellten, die ihnen der diensttuende General feierlich beim Namen genannt und deren Titel der Dolmetscher übersetzt hatte, blieb ich ruhig auf meinem Teppich sitzen und betrachtete mir die Männer und ihren Aufzug. Einige sahen in ihren goldbetreßten Galauniformen sehr würdig und repräsentativ aus, andere wiederum äußerst spaßig. Dies traf besonders auf den Geschäftsträger des britischen Hofes in seinem roten Rock und den engen, weißen Hosen mit Strümpfen zu. Ich mußte mich von meiner Vermutung selbst überzeugen. So ließ ich diesen Mann sich umdrehen — und siehe, die Hose hatte auch hinten keinen Schlitz. Lustig, sehr lustig so etwas! Unter den Männern gab es natürlich auch solche in jenem häßlichen, schwarzen Anzug, den sie Frack nennen und der sie gar so unanständig ausschauen läßt. Sie trugen feine weiße Wäsche, gelbe Lederhandschuhe und weiße Tücher um den Hals. In der Rechten hielten sie jene drollige Kopfbedeckung, die unseren Reissuppentöpfen so ähnlich ist. Hosen ohne Schlitze und Reissuppentöpfe auf dem Kopf — sehr ulkig! Sie sorgten für meine Unterhaltung. Meine gute Laune steigerte sich an ihrer Erscheinung. Ich hatte sie auch nötig, diese gute Laune; denn zu Mittag mußte ich wieder mit dem ganzen Hof des Zaren speisen, mit hundert Männern und Frauen der Ungläubigen an einem Tisch sitzen und ihnen zuschauen, wie sie keine Ahnung vom richtigen Essen haben.

Petersburg, 25. Mai 1873

Die Höflichkeit einiger Großen dieses Reiches erwidert, den Thronfolger von Rußland besucht, dem sie hier einen Titel geben, den ich bei aller Anstrengung nicht über die Zunge bringen kann. Ich weiß nur, daß er wie viele Namen hier, die mir zu Gehör kommen, auf »witsch« [Zarewitsch] endet. Da will ich lieber die härtesten Nüsse knacken als diese Sprache von Rußland lernen.

Unser Gespräch wurde wieder mit geringem Aufwand von französischen Wörtern geführt. Die Redewendungen der ersten Konversation mit dem Zaren schwammen wie die Fettaugen auf der Suppe auch auf dieser Unterhaltung herum. Am Hals trug er den von mir verliehenen Sonnenorden, dazu prächtige Edelsteine, die nicht von mir stammten. Und gerade ihretwegen führte ich ihn ans Fenster, worüber er sich sehr wunderte. Sie haben hier nicht das geringste Fingerspitzengefühl für die Wünsche eines Schah-in-Schah. Sie wissen einfach nicht, was es heißt, wenn dem König der Könige etwas gefällt oder — sie wollen es nicht wissen. Der große Smaragd, den der Thronfolger auf der Brust trug, hatte mit seiner Farbenpracht mein Auge erfüllt, und was hätte sich anders gehört, als daß ihn mir der Prinz auf der Stelle geschenkt hätte? Es fiel ihm nicht ein; er lächelte nur recht freundlich und behielt den schönen Stein für sich.

Später besuchte ich den guten Ministerpräsidenten des Reiches, Fürst Gortschakoff, in seinem Palast, einen prächtigen, alten Herrn, mit dem ich mich gern ausgiebig unterhalten möchte, wenn ich im Französischen so bewandert wäre wie er.

Dann ging ich mit Jahja-Khan zum Oberkommandierenden der Streitkräfte des Reiches, Fürst Bariatinski. Er langweilte mich mit einem Schwall von Worten, von denen er vorauszusetzen schien, daß ich sie verstehen müßte. Jahja-Khan erklärte mir, daß er von seinen Truppen spräche und es sehr bedaure, wie das schlechte Wetter die versprochenen Soldatenspielereien verdorben hätte. Er hoffe aber, es am nächsten Tag nachholen zu können. Das hoffte er? Ich nicht! Seine Zunge ging wie ein Mühlrad, und seine Augen klebten dabei fortwährend an meinem mit Kaschmir überzogenen Iltispelz.

Ich war froh, als ich wieder draußen vor dem Zimmer des Feldmarschalls war, der mit seiner Rede alle Völker von Chiwa bis Indien sicher viel leichter als mit seinem Schwert verjagen könnte. Die Säbelraßler scheinen in diesem Reich eine gute Klinge zu führen — im Mund wenigstens. Welch ein bescheidener Mann ist dagegen ihr Monarch! Ihm scheint die ganze Kriegspielerei gar nicht so sehr ans Herz gewachsen zu sein. Ich ließ mir sagen, daß er nicht viel Aufhebens von seinen Truppen und ihren Offizieren mache. Dieser Sohn einer Deutschen liebt mehr die Dichter und Wissenschaftler. Er besitzt einen friedlichen Sinn, prahlt nicht, rasselt nicht mit Säbel und Sporen, wie es zahlreiche seiner Heerführer tun, und soll keine Lust verspüren, den »Mehrer des Reiches« so zu spielen, wie sie es hier gern von ihm sehen möchten.

Wie mir Malcolm-Khan schon erzählte, ist der Zar ein Freund der Deutschen, besonders seit ihren Siegen über die Franzosen, die er anerkennend kommentierte[14]. Seine Söhne scheinen ihm in dieser Beziehung nicht nachzufahren. Sie wollen von den Deutschen und ihrem Kaiser nichts wissen. Der Zarewitsch zum Beispiel soll sogar nach außen hin mit seinen Antipathien nicht zurückhalten[15]. Er hat eine große Partei um sich geschart, die jetzt schon, wo sie noch keinen Einfluß auf die Regierung hat, eine kleine Kriegstrompete gegen die Deutschen bläst. Das macht etwas Lärm, dürfte aber nicht so gefährlich sein. Zumindest verhilft es dem künftigen Herrscher des Reiches zu einer gewissen Popularität, die ein Thronfolger in den Ländern der Ungläubigen wahrscheinlich haben muß, soll er das nötige Ansehen mitbringen. Ich würde es keinem meiner Söhne raten, bei meinen Lebzeiten in den Regierungsgeschäften eine andere Richtung einzuschlagen, als ich sie vertrete. Mit der Verbannung hätte ein solcher Nachfolger als Mindeststrafe zu rechnen. Sie könnte aber auch anders aussehen.

Wie im alltäglichen Leben, so nehmen auch an den Höfen der Ungläubigen die Frauen eine ihnen nicht gebührende Stellung ein. Die Gemahlin des Thronfolgers ist die Tochter eines kleinen Königs im Norden Europas, der vor einigen Jahren im Krieg gegen die Preußen und Österreicher ein Stück seines Landes verloren hat[16]. Sie soll es sein, die gegen die Deutschen intrigiert, bei ihrem Mann zuerst und dann bei allen, die ihre Gunst suchen. Eine Frau, die politische Netze strickt — es gibt nichts Gräßlicheres. Die Kadscharen-Herrscher haben es schon zu spüren bekommen, und ich selbst habe einige Zeit das Spiel kleiner Frauenhände mit den zahlreichen Zügeln der Herrschaft beobachten können. Über den Harem hinaus ist jede Weiberintrige von Gefahr. Man muß ihr rechtzeitig Einhalt gebieten. Eine Frau in ihrer Eitelkeit oder in ihrem Zorn kann in einem Augenblick mehr zerstören, als hundert Männer in Jahren aufzubauen vermögen. Sie sollen Kinder gebären, aus ihnen Männer machen und sie außerhalb des Harems schalten und walten lassen — von allen anderen Dingen sollen sie die Finger lassen.

Die Unzufriedenheit ist ja diesem weiblichen Geschlecht angeboren, und sie verläßt jede Frau erst dann, wenn es mit ihr zu Ende geht. Und wenn das Weib im Sterben liegt, ist es noch einmal, aber auch zum letztenmal unzufrieden. Es hilft gar nichts, die Frauen nach vorne rücken zu lassen, sie werden auch weiterhin unzufrieden sein und noch mehr erstreben, weil sie das Neue reizt. Man setze eine Frau erst einmal auf den

Thron oder stelle sie auch nur daneben, und schon nimmt das Unheil seinen Lauf. Die Geschichte der Ungläubigen soll von solchem Unglück, das Weiber angerichtet haben, voll sein. Daraus gelernt haben sie aber nichts. Immer entdeckt man Frauenhände bei dieser oder jener über die Ungläubigen hereinbrechenden Katastrophe. Wäre es etwa für den verstorbenen und auch verdorbenen Franzosenkaiser nicht besser gewesen, wenn er sein Weib in den Harem gesperrt hätte? Er säße wahrscheinlich heute noch als mächtiger Mann auf dem Thron.

Zu den neuesten Narreteien der Ungläubigen gehört, wie mir Kerbel berichtet, daß die Frauen in die Wissenschaft hineinpfuschen. Sie sind auf der Jagd nach Kenntnissen, die nur dem Mann gut stehen, gehen auf Hochschulen, kehren mit ihren langen Schleppen den Fußboden verschiedener Hörsäle, stellen sich hinter das Katheder, rennen in die Krankenhäuser und wer weiß, wohin sonst noch. Sie schließen Freundschaft mit dicken Folianten, die ihre schwachen Arme kaum tragen können, und veranstalten Sitzungen mit allerhand Naturgeistern, die aber zumeist vergebens auf sich warten lassen. Die einen kokettieren mit der Geschichte, andere mit Juristerei, wieder welche mit der Arzneikunde, während weitere beachtliche Federfuchser werden und mit dem Tintenfaß durch die Welt laufen. Aus Amerika, wo die Menschen voller Verrücktheiten stecken, soll diese neueste Frauenkrankheit nach Europa gekommen sein; sie hat bereits ihre Artgenossinnen in Deutschland, Rußland, England und Frankreich angesteckt. Zum Glück gibt man dieser jüngsten Sucht der weiblichen Ungläubigen nicht in allen Ländern nach und verbietet ihnen mancherorts den Zutritt zu Schulen, in denen solche Wissenschaften gelehrt werden, um die sich ein Weib nichts zu scheren hat.

Auch Rußland will von diesen Gelehrten im Unterrock nichts wissen und sperrt ihnen die Türen der Hochschulen vor den hübschen Näschen zu. Was aber machen diese Frauenzimmer? Sie laufen außer Landes und begeben sich in die Schweiz, die ihnen ihre gelehrten Spielereien gestattet. Die Närrinnen sollen dort zur Zeit in recht ansehnlicher Zahl auftreten und allerlei Unsinn mit der Wissenschaft und ihren Jüngern treiben, höchstwahrscheinlich mit diesen mehr als mit der Gelehrsamkeit. Für die Medizin schwärmen die Russinnen am meisten. Haben sie bis jetzt nur eine einzige heiße Krankheit der Männer, nämlich das Fieber der Liebe, so zu behandeln gewußt, wie es auch unsere Frauen in Iran zu tun verstehen, so wollen sie nun auch alle anderen Beschwerden kurieren. Und man läßt ihnen den Willen! Ist das Alphabet nicht schon ein Fluch für diese Weiber? Und sie sollen sogar Ärzte und Chirurgen abgeben! Quacksalber können sie meinetwegen werden, aber nicht mehr. Trotzdem möchte ich es meinem letzten kaiserlichen Amtsboten nicht wünschen, einem solchen weiblichen Arzt in die Hände zu fallen, ob diese Hand nun ein Skalpell oder eine Klistierspritze hält. Es laufen in Iran genügend Derwische und Barbiere mit ihren Pillen und Salben herum, daß es gerade noch fehlte, ich erlaubte den Töchtern meines Landes, die Modetorheit der Frauen von Rußland oder anderwärts nachzuäffen.

Gerade in jüngster Zeit hat der Herrscher von Rußland diese Frauen aus seinem Reich, die da glauben, wie die Männer der Ungläubigen die Wissenschaft an der Nase herumführen zu können, aus den Schweizer Hochschulen in sein Land zurückgerufen und ihnen die gelehrte Spielerei strengstens verboten. Recht hat er! Der Zar scheint mir überhaupt, nach dem, was man mir von ihm sagt, ein vernünftiger und einsichtiger Mann zu sein. Auch beruft er sich eindeutig auf die ihm von seinen Vätern übertragene Gewalt, von der er bisher, im Gegensatz zu anderen Herrschern in Europa, weder an den Adel noch an das Volk etwas preisgegeben hat. Das Volk scheint auch bis heute nichts zu verlangen. Der Adel hingegen möchte doch ganz gern etwas von dem Glanz der Krone auf sein eigenes Haupt schimmern lassen, fürchtet aber, das ihm dabei gefährlich werdende Volk aufzuwecken.

Der Wille des Monarchen ist hier also, ganz wie in Iran, heilig und unantastbar. Die Waagschale des Reiches bewegt demnach niemand anderes als vielleicht Gott selbst. So könnte der Zar sicher und ungetrübt die Tage seines geheiligten Lebens genießen, gleich dem König der Könige, würde sich nicht die Schlange von Polen mit den immer wieder nachwachsenden Köpfen um seine Krone winden. Man hat ihr schon viele Köpfe abgeschlagen und es zur Zeit fertiggebracht, daß sie anscheinend keinen mehr besitzt. Aber was heißt das schon? Über Nacht kann sie plötzlich einen neuen haben. Das hält Rußland dauernd in Spannung und läßt seinen Herrscher nicht zur Ruhe kommen, mag er auch von noch so großer Herzensgüte sein. Er ist wohl nicht geneigt, wieder erleben zu wollen, wie der Würgengel des Aufstandes die Brandfackel im Reich schwingt und seine Soldaten den Söhnen Polens die Köpfe vom Hals mähen. Polen und die Unruhestifter unter den Russen selbst gehen dem Zaren auf die Nerven und jagen ihm dauernd Furcht ein, so daß er sich selbst hinter den

Mauern seines Schlosses mit nicht genug Leibgardisten umgeben kann. Seit ein Pole im Jahre 1867 in der französischen Hauptstadt die Mordwaffe gegen ihn gerichtet hat und ein anderer Frevler aus dem russischen Volk hier in Petersburg einen Anschlag auf sein Leben verübte, kann er der Furcht vor Mördern kaum mehr widerstehen, weshalb er nur noch seinen bewährtesten Freunden im Palast vertraut.

Mir ist dieses Gefühl nicht unbekannt; denn auch ich war, als mir die Babis [die religiöse Baha'i-Bewegung] nach dem Leben trachteten, in solchen Nöten. So denke ich nicht daran, nachdem mich Allah aus ihren Krallen gerettet hat, mich so ohne weiteres den verbrecherischen und gotteslästerlichen Händen des erstbesten Halunken auszuliefern, der vorzeitig und mit Gewalt die vom Propheten selbst entfachte heilige Flamme des Königs auslöschen möchte. Die Welt ist heutzutage überall schlecht, und auch der König der Könige ist gut beraten, wenn er sich um sein Heil in dieser Welt selbst kümmert, auf daß er in das ihm sichere Paradies nicht früher als nötig eingehe. Meine Leibwächter kümmern sich schon darum, daß mir beim Verlassen meines Palastes in Teheran kein Unbefugter zu nahe kommt. Ihre Peitsche, die sie mit sich führen, ist mir eine bessere Garantie meiner Sicherheit als alle fragliche Liebe meiner Untertanen zusammen. Der Monarch von Rußland sollte es doch auch einmal mit solchen Peitschenwächtern versuchen. Sie würden ihm bei seinem Ausgang den gewünschten Weg sicherer und schneller säubern als die Polizeifiguren, die vor ihm hergehen und nicht mehr als zwei Augen im Kopf haben. Peitschen und nochmals Peitschen muß der Untertan sehen, wenn er sich fürchten soll. Das merke dir mal, mein lieber

Bruder auf dem Thron der Ungläubigen! Man nennt uns doch nun mal Despoten oder nicht?

Petersburg, 26. Mai 1873

Heute erlebte ich eine eigentümliche Überraschung. Ich hatte später als sonst mein Lager verlassen, weil ich erst in den frühen Morgenstunden einen tiefen Schlaf gefunden hatte. Während der Nacht mußte ich nämlich meinen Leibarzt ans Bett rufen lassen, da ich mich plötzlich nicht wohl fühlte. Es hatte in meinem Leib rumort, als habe man mir gestern zu Tisch — ich saß zufällig allein — statt schmackhafter Kost ein Abführmittel in die großen Schüsseln getan. Doktor Tholazan erschien und fühlte meinen Puls. Er fand ihn gar nicht in Ordnung. So erkundigte er sich nach Stuhlgang, Essen und Trinken. Meine Leber, meinte er, habe Feuer gefangen[17]. Ich war recht ungehalten, da er so viele Fragen stellte und nicht gleich die Ursache meines Zustandes sagen konnte.

Endlich meinte er: »Herr, ich will dein Opfer sein; du hast schlechtes Wasser getrunken, das Wasser dieser Stadt, das faule Wasser der Newa.«

Das war es. Ich erinnerte mich, mehr Wasser als sonst getrunken zu haben. Der Arzt gab mir daraufhin ein Pülverchen und blieb bei mir. Ich schlief bald ein und fühlte mich später beim Erwachen so kräftig, daß ich das Lager verlassen konnte. Tholazan bestätigte es: »Die gesegnete Konstitution ist ausgezeichnet.«

Es war für meine gesegnete Konstitution wirklich nötig, wieder auf der Höhe zu sein; denn an diesem Tag vor meiner Abreise hatte man mit mir noch allerhand vor, wozu ich gesund sein mußte.

Ich war kaum in meine Kleider geschlüpft und von einer Tasse starken Kaffees erfrischt, als die Tür aufging und ein stattlicher, kräftiger und gut aussehender Mann in der Tracht unseres Volkes vor mir stand. Es war keiner von meinen Ministern oder Prinzen meines Kadscharen-Hauses, die mich begleiten mußten, damit sie in meiner Abwesenheit in Teheran nicht intrigieren konnten. Es war auch keiner meiner Leibdiener. Das erkannte ich auf den ersten Blick. Aber es war ein Perser, nicht allein der Kleidung nach, sondern auch auf Grund seiner feinen Sitten; denn er hatte seine Pantoffeln draußen abgelegt, wozu die Ungläubigen, die alle mit ihren Stiefeln zu mir hereintappen, nicht zu bewegen sind. Er vergaß auch nicht, sich mit der rechten Hand den Unterschenkel als äußeres Zeichen seiner Unterwerfung zu streichen, bevor er es wagte, seinen Blick zum König der Könige zu erheben. Bei dieser Ehrenbezeigung ging mir ein Licht auf. Ich erkannte in ihm den Vetter Riza Kuli-Mirza, den Sohn meines Onkels Rahman-Mirza, der von den Machenschaften eines Fürsten und der falschen Politik meines Vaters Mehmed-Schah ins Exil getrieben worden war.

Rahman-Mirza war ein Starrkopf gewesen. Nachdem er sich im Kaukasus niedergelassen hatte, verweigerte er den ersten Schritt einer Versöhnung, als mich der unbeugsame Wille Gottes zum Nachfolger des Kadscharen Mehmed-Schah berufen hatte. Sein Sohn Riza Kuli-Mirza war hier inzwischen in die Dienste des Zaren getreten und hatte es bis zum Obersten der Tscherkessen-Kavallerie gebracht. Er hatte sich eine Frau von jenseits des Ural genommen. Die drei Söhne, die sie ihm geschenkt hatte, waren vom russischen Kaiser in das Pagenkorps aufgenommen worden.

Da war er also nun in meiner nächsten Nähe, der gute Riza Kuli-Mirza, den ich als Junge recht liebhatte, obwohl mir sein Vater nicht wohlgesonnen war. Der Ministerpräsident meines edlen Vaters Mehmed-Schah wußte von ihm recht böse Anschläge zu berichten. Minister aber lügen, wenn es um ihren Vorteil geht, und Ministerpräsidenten lügen noch mehr, wenn etwas für ihren Geldbeutel dabei herausspringt.

So will ich an dieser Stelle nichts von dem glauben, was man Rahman-Mirza nachsagt. Sein Sohn Riza Kuli soll vielmehr seinen Platz an meiner Seite haben, wenn es ihn danach verlangt, und seine Söhne sollen nicht weiter Pagen bei einem fremden Herrscher bleiben. Dies teilte ich Riza Kuli-Mirza mit, nachdem er mir sein Schicksal erzählt hatte. Er küßte mir unter Tränen die Hand. Darauf bat er mich, mir seine Söhne vorstellen zu dürfen. Auf mein Zeichen gnädigen Wohlwollens hin öffnete er die Tür. Da kamen drei prächtige, schmucke Burschen herein, wie Milch und Blut anzusehen. Sie trugen die kleidsame Uniform der Pagen des Zarenhofes. Ohne daß man es ihnen sagen mußte, strichen sie vor ihrem Schah-in-Schah ihre Unterschenkel und küßten den Boden unter meinen Füßen. Ich hob sie auf und umarmte einen nach dem anderen.

So hatte ich an Riza Kuli-Mirza und seinen Kindern meine helle Freude. Ich ließ etwas zu trinken bringen und war bester Laune. In einem freundlichen Gespräch erwähnte mein Vetter das große Aufsehen, das mein Erscheinen und meine Reichtümer in dieser Stadt gemacht hätten. Anschließend ließ ich durch meinen Zeremonienmeister sofort alle Fürsten und Prinzen meines Hauses zu mir rufen. Sie kamen alle, der Ministerpräsident Hadschi Mirza Hussein-Khan, die Fürsten und

Minister Ali Kuli-Mirza, Hassan Ali-Khan, Ali Riza-Khan, Jahja-Khan, der Priester Kuli-Mirza, meine Onkel und ihre Söhne. Ich erklärte ihnen, daß Riza Kuli-Mirza wieder als Prinz meines Hauses in Gnaden aufgenommen worden sei, daß er künftig in Teheran zur nächsten Umgebung meines Thrones gehöre und seine Söhne ab sofort in die Verwandtschaft der Kadscharen-Fürsten eingereiht seien. Unter allen Männern meines Hofes herrschte recht große Freude, als sie dies hörten. Zumindest mußte ich es aus ihren Gesichtern lesen. Auf Herz und Nieren aber möchte ich sie nicht geprüft haben, was ihnen wohl ebenso lieb wie ihre Köpfe gewesen sein dürfte. Riza Kuli-Mirza scheint wohl der Mann zu sein, der ihren Neid erregen sollte und einer Intrige mehr wert als manch anderer sein müßte, den sie sogar im Augenblick seiner vollen Macht verleumdet haben. Er wird noch nicht nach Teheran zurückgekehrt, aber schon in irgendeiner Weise angeschwärzt worden sein. Ich kenne doch meine Umgebung ganz genau. Aber ich will sie sehr scharf beobachten.

Petersburg, 27. Mai 1873

In der vergangenen Nacht gaben sie mir zu Ehren im Palast des Zaren einen großen Ball. Dolmetscher Kerbel hatte mir schon Stunden zuvor von den Vorbereitungen des Festes erzählt. Seinen Schilderungen nach mußte ich annehmen, daß es von den schönen Mädchen des Paradieses selbst arrangiert würde. Gleich am ersten Tag hatten sie mich zu einem Tanzfest geladen, das meinetwegen von der Hofgesellschaft veranstaltet worden war. Aber ich hatte damals nur so meine Nase in den mit Menschen vollgepfropften Saal gesteckt und mich nach einer halben Stunde wieder davongemacht, was ihnen gar nicht so recht gewesen sein soll. Warum auch mußten sie einem von der Eisenbahnfahrt so gemarterten Mann gleich zumuten, ihnen mit seinen geschundenen Gliedern zuzuschauen?

Dem gestrigen Fest konnte ich jedoch nicht ausweichen. Ich hatte es dem Zaren, der viel Nachsicht mit mir übt, fest zugesagt. So ging ich mit Riza Kuli-Mirza, der mir mit seinen Kenntnissen der einzelnen Persönlichkeiten behilflich sein sollte, und den anderen Prinzen meines Hofes zum Ball.

Schon in den Vorhallen des Palastes, die ich von meiner »Eremitage« aus zu passieren hatte, herrschte ein buntbewegtes Treiben. Die Tür zum Salon wurde von zwei mächtigen Kerlen in russischen Nationaltrachten bewacht. Der erste Blick in den vor mir liegenden endlos lang wirkenden Saal mit seinen zahllosen Lichtern und dem Spiel des Widerscheins in den riesigen Spiegeln war überwältigend.

Der Zar und seine Gemahlin hießen mich willkommen und schritten mit mir durch lange Reihen brillant herausgeputzter Männlein und Weiblein, hinter uns die Prinzen des russischen Hofes. Wir gingen auf den für mich bestimmten Sitz zu, der sich vor einem mächtig glitzernden Pfauenrad erhob. Das Monarchenpaar nahm zu meinen Seiten Platz.

Wie da Hunderte von Augen auf mich starrten, auf mich und meine Edelsteine; denn ich hatte einen meiner großartigen Rubine aus Delhi auf meinen Leibrock geheftet. Das Gewoge der Männer und Frauen, die ihre Schmuckkästen allem Anschein nach bis auf den Grund geleert hatten, stimmte mich heiter. Vor der Fülle von Orden bekam man die Männerbrüste gar nicht zu sehen. Um so mehr gewährten die Frauen einen umfassenden Einblick, da sie ihre »Zierden« nicht zu verbergen trachteten.

Das ist wieder so eine Sitte der Ungläubigen, bei Festen in der Nacht möglichst viel an Naturreizen zu zeigen. Und letztlich wird diese Sitte von den Schneidern weitgehend unterstützt. Bei uns würde es keine Sighe [Nebenfrau, Konkubine] wagen, selbst im Harem ihres Herrn mit einem solch entblößten Oberkörper aufzutreten, wie es diese Frauen der Fürsten und Potentaten dieses Reiches angesichts von aberhundert fremden Männern zu tun pflegen. Nach unten packen sie Stoff auf Stoff, die Frauen der Ungläubigen, und hängen in Überfülle um Beine und Schenkel, was sie dem Oberkörper wegnehmen. Ihre nackten Arme und Busen, nur stellenweise von Schmuck bedeckt, dazu noch unverschleierten Gesichts, führen ohne Unterbrechung einen regelrechten Ringkampf mit einer erstikkenden Woge von Seide, Samt oder Spitzen, in die der übrige Körper hineingeraten ist. Das soll nun nach ihrer Meinung schön sein.

Über Mangel an begierigen Zuschauern brauchen sich die zur Schau gestellten Reize nicht zu beklagen. Man muß den Männern schon zugestehen, daß sie das Recht haben, der offensichtlichen Aufforderung sehr gründlich nachzukommen. So sah ich auch dort, wo die Formen besonders einladend waren, die tiefsten Blicke von Männeraugen. Ich brachte es anfänglich nicht übers Herz, es ebenso zu halten, nahm aber bald mein Lorgnon und genierte mich nicht, dem allgemeinen Zug zu folgen. Da begegnete ich mancher süßen Erscheinung, manchem dunklen Auge mit herausforderndem Schimmer, manchem schönen, weißen Nacken, aber auch viel

Unechtem an Gesichtsfarben und Haarfülle. Hätte ich die Sprache dieses Volkes, wie Riza Kuli-Mirza, oder auch nur das hier so kunstvoll gesäuselte Französisch beherrscht, meine Zunge hätte einigen zitternden Elfenblicken in ihren heißen Wünschen sicher geholfen. Die Briefe, die ich heute auf meinem Tisch liegen habe, sprechen sehr deutlich dafür.

Als wir einige Zeit im Saal waren, begann das, was sie Tanz nennen. Zu meinem nicht geringen Erstaunen machte der Zar selbst den Anfang. Dabei hängte sich die Frau seines zweiten Sohnes an seinen Arm. Was meine Perser wohl sagen würden, wenn sie ihren Schahin-Schah mit einem seiner Weiber öffentlich zum Tanz gehen sähen? Einfach unvorstellbar! Was für einen Wirbel sie da veranstalten! In langen, sich drehenden Reihen laufen sie hin und her, neigen sich vor und wieder zurück, drehen die Hälse nach allen Richtungen und sind schließlich tropfnaß und in Schweiß gebadet, die Frauen vom Kampf mit ihren Kleiderbergen und die Männer, darunter auch nicht mehr die Jüngsten, von harter Arbeit. Ist diese Anstrengung der Hände und Füße wirklich ein Vergnügen? Sie behaupten es zumindest. Der Höhepunkt eines jeden Festes, meint Riza Kuli-Mirza, kann einfach nur ein solcher Ball sein. Ob nun das gewöhnliche Volk oder der Adel eine Freudennacht veranstaltet, es muß auf jeden Fall eine Nacht voller Schwerarbeit sein, soll man sie wie diese hier in bester Erinnerung behalten.

Bei einem Riesenkreisel, wie sie ihn mir zu Ehren aufführten, ruinieren sie ihre schönsten Kleider, vergeuden ihren süßen Schlaf und strapazieren ihre Atmungsorgane. Wie wenig Anmut sie schließlich dem Betrachter zeigen! Der wohlgeformteste Körper einer

Frau muß doch in diesen weit ausladenden, mit Reifen versteiften Behältern, die sie als Abend- und Tanzrobe bezeichnen, zugrunde gerichtet werden. Wo soll sich dem Auge noch ein wohlgefälliger Blick bieten? Etwa in diesem wilden Chaos von Frackschößen, von Waffenröcken und herumschleifenden Schleppen?

Welch ein Taumel! Welch ein Abend! Mir reichte es bald. So war ich heilfroh, nach einigen Tänzen in den angrenzenden Speisesaal hinüberwechseln zu können, den man in einen Palmenwald verwandelt und mit einer Fülle von guten und süßen Sachen ausgestattet hatte. Ich sprach den Leckereien tüchtig zu.

Als ich dann eine Stunde nach Mitternacht das Fest verließ, waren fast alle noch mitten in der harten Arbeit drin, die sie mit bewundernswerter Beharrlichkeit bis in die Morgendämmerung hinein verrichten wollten. Staubschleier, über die großartigen Lüster dahinschwebend, zeigten an, wie weit diese Arbeit schon vorangeschritten war.

Längst auf meinen seidenen Polstern ruhend, beschäftigte mich immer noch der unfaßliche Gedanke, welche Anziehungskraft ein solches Fest wohl auszuüben vermag. In meinen Träumen spielten schwebende Frauenschleppen und kreisende Männerbeine ganze Kaskaden wirrer Brandungen, die über mich hereinzustürzen drohten. Aus dem wirbelnden Menschengewühl loderten mir zwei schwarze Augen entgegen, die meiner Erinnerung nach einer rassigen Tscherkessin, der Frau eines Großfürsten, gehören mußten.

Und wenn ich mich heute abend vom Zaren und seinem Hof verabschiedet haben werde, geht es in ein anderes Land der Ungläubigen. Für die bevorstehenden Anstrengungen braucht mein Körper alle Kraft.

Bei den Deutschen

(Berlin—Wiesbaden)

Berlin, 31. Mai 1873

Die Ungläubigen, zu denen ich nun aus der Hauptstadt Rußlands gekommen bin, die Deutschen, wohnen wenigstens nicht am Meer, so daß man auf dem Weg zu ihnen kein böses Wasser überqueren muß. Das allein bereitete mir schon eine vergnügte Reise.

In der russischen Hauptstadt hatten sie mir noch eine ganze Reihe von Festlichkeiten auf das Programm gesetzt, eine Volksbelustigung mit Feuerwerk auf einer Insel, Theatervorstellungen im Sommerpalast des Zaren und wieder Brigademanöver. Gerade Manöver hatten sie jeden Tag für mich inszeniert. Zweimal war der Regen mein Retter gewesen. Das drittemal hatte ich mir die Soldatenspielerei wirklich angesehen. Die Ehre, Gast beim vierten Manöver zu sein, lehnte ich dagegen mit aller Entschiedenheit ab. Wenn es nach diesen Herren von Rußland gegangen wäre, so hätte man mich in Petersburg zu Tode manövriert. Ein manöverloser Tag mag ihnen fast wie kein Tag oder einer ohne Sonne am Himmel erscheinen. Es würde mich nur mal interessieren, wer ihnen das Märchen erzählt hat, daß ich ein Soldatenfreund sei, da sie mich in ihrer Hauptstadt mit Paraden und Übungen gar so verfolgen.

Ich war überglücklich, im Eisenbahnwagen zu sitzen. Auf den rollenden Rädern fühlte ich mich endlich sicher. Die Feldherren Rußlands, die ich in ihren eleganten roten Hosen und pelzbesetzten Dolmans in großer Zahl kennengelernt hatte, sind zwar feine Leute, scheinen aber alle in der Überzeugung zu leben, daß sich die ganze Welt nur um ihre Kompanien, Bataillone und Regimenter drehe. Sie werden mir meine Gleichgültigkeit gegenüber ihren Truppen kaum verzeihen. Ihr höchster Gebieter selbst ist ein einsichtsvoller Mann und kein Freund des Lärms seiner großen und kleinen Helden. Sollte er mich einmal in Teheran aufsuchen, so werde ich mich hüten, ihm Tag für Tag meine Armee vorzuführen; ihn sollte kein Manöver belästigen, vielmehr mag er sich der Ruhe hingeben, nicht minder als ich es hinter den Mauern seines Palastes getan habe. Auch das Martyrium des Theaterbesuchs, mit dem man mir bei ihm zusetzte und dem ich doch gelegenlich aus dem Wege gehen konnte, soll er bei mir wirklich nicht erleiden. Er, dieser gute und freundliche Mann, soll nicht für das büßen, was seine Zeremonienmeister und Veranstalter von Festen an mir zu verbrechen vorhatten. Dankbar gedachte ich immer noch seiner Güte, als wir davonfuhren und Petersburg schon lange außer Sicht war.

Ich fragte meine Prinzen und Minister, die zum Zeitvertreib von mir in den Salonwagen gerufen worden waren, wie es ihnen in der russischen Hauptstadt gefallen habe. »Ach, schön ist es doch nur in Iran, im Schatten deiner Majestät«, meinten sie alle. Sie hatten sich zwar gern am Glanz der Ungläubigenstadt geweidet, der eine oder andere von ihnen, etwa Hadschi Mirza Hussein-Khan, fand auch lobende Worte für den Zaren, da er mit einem Orden ausgezeichnet worden war, wieder einer, Jahja-Khan, pries die Liebenswürdigkeit der Hofdamen, die an dem Schalk ihre helle Freude gehabt haben müssen. Aber bis hinunter zu Firuz-Mirza, meinem alten Onkel, der es verstanden hatte, einem Großfürsten ein prächtiges Pferd abzuluchsen, waren sich alle, aber auch alle darin einig, daß aus diesen Ungläubigen in Rußland keine schätzenswerten Geschenke herauszuholen seien. In dieser Beziehung waren sie bedauernswerte Leutchen, leere Hände, keine Geschenke. Welches Elend! Ohne Geschenke keine Seligkeit auf Erden — dieser ihr Wahlspruch machte sie in Rußland zu armen, unglücklichen Geschöpfen.

Ich kenne sie durch und durch. Sie können den Hals nicht voll kriegen, diese guten Prinzen meines Hauses und die Minister und Fürsten meines Reiches. Aber mit dem Nichts, das man ihnen in Petersburg bot, konnten sie die großen, weiten Taschen ihrer Leibröcke nicht füllen. Wie hoch hatten sie doch ihre Erwartungen geschraubt! Sie hatten fest mit einem Ehrenkleid aus Seide gerechnet, mit einem Schal oder Pelz, einem Umhang aus Goldbrokat. Sie hatten mit irgendeinem Stück der Nationaltracht geliebäugelt und hätten, wie ich sie kenne, auch eine rote Hose und einen weißen Dolman, wie vom Zaren und Thronfolger getragen, angenommen. Ja, ich bin überzeugt, daß sie sogar Taschentücher, für die sie daheim keine Verwertung haben, nicht abgelehnt hätten, ebensowenig wie die Seidenstrümpfe, die mancher Staatsmann bei den Festen trug. Oh, wenn es nur jemandem eingefallen wäre, ihnen etwas zu schenken. Aber diese Ungläubigen scheinen wohl von solchen Geschenken nichts zu halten, weder bei Hof noch sonst in Stadt und Land.

Ein paar meiner Prinzen und Minister waren durch die Hauptstadt gebummelt und mit überraschten Blikken vor einem der besten Geschäfte stehengeblieben. Im Schaufenster lagen wunderbare Dinge, in Gold, Silber und mit Edelsteinen verziert. Wie ihnen da die

Augen übergingen! In diesem Moment trat der Geschäftsmann auf sie zu und lud sie zu einem Besuch seines Ladens ein. Sie freuten sich natürlich über solche Gastfreundlichkeit, wählten auch die schönsten Sachen, Becher, Eßbestecke, Schalen, Zigarettenspitzen und viele andere Dinge aus und legten sie zur Seite, um sie in ihre Unterkünfte bringen zu lassen. Es wurde für sie aber zu einem jähen Erwachen, als ihnen plötzlich von einem Pult her eine Dame für die ausgewählten Kostbarkeiten eine Rechnung überreichte und allen Ernstes eine Bezahlung verlangte.

»Wozu wurden wir denn zum Betreten des Geschäftes eingeladen?« fragten sie erstaunt.

»Damit Sie kaufen«, antwortete man ihnen.

Das Wort »kaufen«, das sie in ihrem Sprachgebrauch fast nicht kennen, hat, wie ich mir plastisch vorstellen kann, meine ehrlichen Prinzen und Minister in höchstem Maße aufgeregt. Kaufen, Gäste sollten kaufen? Gäste beschenkt man und läßt sie nicht erst das kaufen, was ihnen gefällt — so pflegt man es in Iran zu tun. Aber leider sind wir jetzt nicht dort. Mir hat der Smaragd, den der russische Zarewitsch auf seinem Hemd trug, ebenfalls sehr gefallen. Ich habe es ihn unmißverständlich wissen lassen, aber er hat den feurigen Stein doch nicht hergegeben. Dabei war ich nicht nur sein Gast, sondern ich bin sogar der König der Könige, jener Punkt, zu dem sich die Welt hinneigt, und nicht nur einer seiner Minister.

Auch über das Theater der Ungläubigen von Rußland sprachen wir auf der Fahrt. Mehrere meiner Prinzen und Minister hatten mehr Gefallen als ich daran gefunden und besuchten Abend für Abend jenes Haus, das man in Petersburg eigens für diesen Zweck erbaut hat. Bei diesen Spielen wurde, wie sie mir erzählten, nie etwas gesprochen, sondern nur getanzt. Dabei treten wunderhübsche, aber viel zu sehr bekleidete Sklavinnen[1] auf. Das ist wieder typisch für diese Ungläubigen. Auf ihren offiziellen Bällen erlauben sie ihren eigenen Frauen, wie ich ja selbst beim Hofball beobachten konnte, ihre ganze »Fülle« zu zeigen. Von ihren Theater-Sklavinnen aber verlangen sie Anstand und können ihnen nicht genug Hüllen geben, mit denen der Schönheit ihrer Gliedmaßen aller Zauber geraubt wird. Meinen Bruder Izzid Abdul Samid scheint dieser Widerspruch tief berührt zu haben. Aus seiner Erzählung mußte man den Eindruck gewinnen, daß ihn die Kleiderfülle der Theater-Sklavinnen weit mehr erregte als der Kleidermangel bei den Damen des Adels. Er lobte mir die weiße Haut und die blitzenden Augen der tanzenden Sklavinnen gar zuviel. Ich möchte wetten, daß er mit Sicherheit den Weg zu der einen oder anderen gefunden hat, die dann nicht so herzlos war, ihn über die Schönheit ihres Körpers im unklaren zu lassen. Was die Sklavinnen an Tänzen und Mimik zu bieten hatten, soll recht uninteressant und keines längeren Zusehens wert gewesen sein — das bekräftigten alle Prinzen, die im Theater waren. Selbst Izzid Abdul Samid ist nicht davon erbaut. Von den orientalischen Tänzen, die sie uns zu Ehren nachzuahmen suchten, scheinen sie sehr verwässerte Vorstellungen zu haben.

Bei solchen Unterhaltungen, die ich ganz angenehm fand, ging die Reise doch erträglich voran. Wir aßen, tranken, rauchten und trieben allerlei Kurzweil. Die Landschaft, durch die uns die schwer arbeitende Lokomotive schleppte, schenkte wenig einladende Momente. Bei den Ungläubigen läßt sich der Sommer bis zu seinem Einzug viel Zeit. Einen Überfluß an Sonnenstrahlen scheinen sie auch nicht zu kennen. Die Menschen sind immer noch in Pelze eingemummt. Auf den Feldern zeigt sich noch kaum etwas Grün, und das Vieh fröstelt.

Waren anfangs nur wenige Neugierige neben unserem Fahrtweg gestanden, so wurde es plötzlich lebhaft auf den Stationen, wo wir hielten. Kein Wunder, wir waren ja auch auf deutschem, vielmehr preußischem Boden. Die Blicke der Männer und Frauen beschäftigten sich recht eingehend mit mir und meinen Leuten. Bei einem Aufenthalt, wo ich erstmals einen Preußen in seinem blauen Uniformrock und mit einem Federbusch am Helm sah, ließ ich den General Gasteiger [Tiroler in Nasreddins Diensten] zu mir bitten. Er durfte in meinem Wagen neben meinem Perlenpolster Platz nehmen. Da der General als Deutscher aus diesem Land der Ungläubigen in mein Reich gekommen war, wo er es zu Ehren und Würden gebracht hatte, aber noch die Sprache seiner Väter und auch das Persische recht ordentlich beherrschte, war er für mich der richtige Mann zu dieser Stunde. Ich begann, ihn über alles auszufragen, was mir von den Deutschen nicht gegenwärtig war. Bislang hatte ich mich nämlich beschämend wenig um die Preußen gekümmert. Von Rußland und Frankreich hörte ich viele Berichte, mit Engländern kam ich fortwährend in Berührung, auch von Österreich hatte ich, als der gute, brave und ehrliche Leibarzt Pollak in Teheran im Schatten meiner Gnade lebte, mehr als von diesem Preußen gewußt, dessen König sich plötzlich zum Kaiser aller Deutschen emporgeschwungen hatte.

Diese Wandlung verspürte ich sogar an meinem Hof

in Teheran. In den letzten zwei Jahren überstrahlte der Ruhm des deutschen Kaisers alle anderen Herrscher des Abendlandes. Alle Nachrichten, die zu uns drangen, sprachen von einem neuen Glanz über Europa, von seiner Kriegskunst und der Kraft seines Volkes, von den Siegen seiner Armeen, die das Heer der Franzosen vor sich herjagten und den armen Kaiser Napoleon als Gefangenen abführten[2]. Meine Prinzen und Minister, wie auch die Gesandten der Länder, die bei mir in Teheran akkreditiert sind, sprachen laufend von dem zum Kaiser gekrönten Preußenkönig.

Verständlicherweise bin ich durch all dieses Gerede sehr neugierig geworden. Von den Erwartungen, die ich an diese Reise ins Abendland knüpfte, gehört eine Begegnung mit dem Sieger über die Franzosen zu den größten.

So ließ ich mir in diesen Stunden von meinem General Gasteiger alles Wissenswerte über diesen mächtigen Herrscher [Wilhelm I., 1861—1888] auf dem Kontinent der Ungläubigen erzählen. Ich hörte also, daß der Gott der Ungläubigen einen Mann [Otto von Bismarck] von großer Willens- und Geisteskraft gesandt hatte, der ihn erstaunliche Schritte auf dem Weg des Ruhmes für seine Krone und seine Völker gehen ließ. Dazu gab er noch einem anderen, einem Mann des Schwertes [Helmuth von Moltke], die Fähigkeit, die Heere der Deutschen aus Österreich niederzuwerfen und dann die Franzosen zu besiegen. Gasteiger schilderte weiter, wie der Herrscher darauf von den kleinen Königen und Fürsten, die über zahlreiche Einzelstaaten der Deutschen regierten, auf fremdem Boden zum Kaiser ausgerufen wurde.

Nun steht er in aller Herrlichkeit seiner Krone da,

deren Zacken über ein Volk von vierzig Millionen Menschen hinwegragen.

Es ist klar, daß mir dies mein General mit allem Stolz erzählte. Seine Worte und ihr besonderer Nachdruck bewirkten, daß ich der Begegnung mit diesem Kaiser voller Spannung und Freude entgegenblickte. Die lärmende Welt vor meinem Fenster berührte mich fast nicht. Während auf den Stationen großer Trubel mit Musik und Geschrei herrschte, waren meine Gedanken schon an das Ziel der Fahrt vorausgeeilt.

In einer größeren Stadt Preußens, wo mich ein Palasthauptmann in mein Nachtquartier geleitete, schlief ich recht angenehm.

Gleich am nächsten Morgen setzte ich meine Reise fort. Da ich keinen längeren Aufenthalt wünschte, richtete man eine schnelle Abfahrt ein. Einige Meilen vor der Hauptstadt stellte sich mir ein General des Kaisers vor und hieß mich auf französisch im Namen seines Herrn willkommen. Es war ein gutaussehender Mann voller Würde, stattlich wie eine hohe Zeder des Libanon. Seinen gewählten Gruß übersetzte mir mein Minister Malcolm-Khan ins Persische. Ich ließ ihm sagen, daß ich mich auf die bevorstehende Zusammenkunft mit seinem Kaiser freue. Ohne mich zu verstehen, wird der General diese Freude sicher in meinem Gesicht gelesen haben.

Nachdem ich wieder meinen Wagen bestiegen hatte, fuhren wir weiter. In Vorbereitung der Ankunft wählte ich eine besondere Kleidung: meinen Galaanzug mit den Diamanten-Epauletten, den ebenfalls mit Diamanten besetzten Krummsäbel und den prachtvollen Gürtel, den schon die Männer in Rußland wie ein Wunder bestaunt hatten. Um die Schulter legte ich das breite, gelbe Ordensband vom Schwarzen Adler, während mein königliches Haupt die Lammfellmütze mit den diamantenübersäten Reiherfedern schmückte.

Da endlich fuhren wir in eine großartige Halle ein, die von lärmenden Menschen wimmelte. Man sagte mir, ich sei nun in der Hauptstadt Berlin.

Freudig bewegt, wie noch nie auf dieser Reise, verließ ich hinter Hadschi Mirza-Khan den Wagen. Als ich über die Stufen schritt, kam mir ein hochgewachsener, alter Mann im Waffenrock entgegen. Zum Willkommensgruß legte er die Finger der Rechten an den Rand des Helmes und drückte mir anschließend herzlich und fest die Hände — es war der Kaiser der Deutschen.

Solche Männer haben etwas Besonderes an sich: Mit den Haaren eines Greises besitzen sie jedoch einen nicht zu verkennenden Stolz des besten Mannesalters. Sie zwingen einfach jeden zu voller Hochachtung. Aus unseren Sagen und Geschichtsbüchern sind mir die ungestümen Helden unseres Volkes bekannt, die einst die Fahne des Propheten durch die halbe Welt trugen. Hier stand ich vor einem Helden anderer Art, einem Helden mit dem Blick und dem unberührten Wesen eines Kindes.

Ich war anfänglich sehr verlegen und brachte nicht einmal die passenden persischen Worte heraus, als mich der Kaiser durch Hadschi Mirza-Khan wissen ließ, daß er mich durch die Reihen der postierten Soldaten führen wolle. Ich trat zu seiner Rechten; er aber wies mir die andere Seite zu, damit ich der Ehrenbezeigung der Kompanie näher sei.

Wir schritten in die Halle des Bahnhofs, während draußen die Hochrufe auf den Kaiser und mich ertönten und Hunderte von Frauen ihre Gläser auf mich richteten. In der Halle erwartete uns eine große Anzahl von Männern, von wuchtiger Gestalt und würdevollem Aussehen. Was war ich schon gegen diese riesigen Figuren? Verglich man mich daheim mit den schlanken, aber festen Bäumen des Libanon, so fühlte ich mich hier wie ein Zwerg. Diese mächtigen Leute, glänzend und funkelnd in ihren goldbetreßten Uniformen, wirkten durch ihre hohen Helme und langen Reitstiefel noch gewaltiger.

Der Kaiser stellte mir die Männer seiner nächsten Umgebung vor, den Kronprinzen Friedrich Wilhelm, ein jugendliches Abbild seines Vaters, für den nach der Meinung Gasteigers viele Frauen des Landes schwärmen. Seine beiden kleinen Söhne, die ihm seine Frau, eine Tochter des englischen Königshauses, geschenkt hat, tragen auch schon die Uniform eines deutschen Soldaten. Es war ein eindrucksvolles Bild, wie der Kaiser mit seiner ganzen Familie da stand.

Eine zweite großartige Erscheinung war Feldmarschall Prinz Friedrich Karl, einer der tapfersten Krieger des Reiches. Und dann Kanzler Bismarck, Geist und Seele der kaiserlichen Politik, bei dessen Anblick ich an sein wohl größtes Erlebnis, das Zusammentreffen mit dem geschlagenen Kaiser Napoleon, denken mußte. Neben ihm endlich ein unauffälliger Mann ohne heldenhafte Eigenschaften, dem man aber Gedankenschärfe und Klugheit ansah, Generalfeldmarschall von Moltke, dem wohl der bedeutendste Anteil an den kriegerischen Erfolgen, darunter vor allem in zahlreichen Schlachten auf französischem Boden, zukommen dürfte.

Freundlich und ungezwungen begegneten mir diese Männer. Ihr leutseliger Ton ließ sie noch sympathischer

König Victor Emanuel II.
von Italien

Kaiser Wilhelm I.
von Deutschland

Kaiser Franz Joseph I.
von Österreich

Kaiserin Elisabeth
von Österreich

wirken. Aber doch war ich irgendwie froh, daß man das Zeichen des Aufbruchs zur Fahrt in die Residenz des Kaisers gab. Die ersten Minuten unter diesen Leuten hatten mich verwirrt.

Kurz darauf fuhr ich an der Seite des Kaisers durch die weiten und breiten Straßen, die beiderseits von Menschen gesäumt waren. Links und rechts rief man »Hurra!«, während die Kanonen Salut schossen. Die mächtigen Kürassiere bliesen in ihre Instrumente. Ich, der König der Könige, war etwas still geworden. Zum erstenmal auf dieser Reise spürte ich, daß man so manchen Herrscher der Ungläubigen beneiden kann. Diese Feststellung wird mir Allah sicher einst vor seinem Richterstuhl verzeihen.

Am Fuß der breiten Treppe zum Schloß erwartete uns das Hofpersonal, in allerlei bunte Tücher gekleidet, an denen Gold und Silber fast etwas zu dick aufgetragen waren. In einem weiträumigen Vorsaal standen Hellebardenträger des Kaisers, wuchtige Krieger, in auffallenden Uniformen. Der Kaiser erklärte mir alles in wenigen Worten, die ich im Grunde besser als lange Reden in französisch verstand.

Wir betraten eine große Halle, die durch riesige, in glattem Stein erstrahlende Pfeiler auffiel. Hier hatten sich Männer und Frauen des Hofes aufgebaut. Die »Parade« begann. Wieder verdarben mir die weiblichen Wesen den guten Eindruck. Daß sie doch überall dabeisein müssen!

Zum Glück war es bald vorbei. Der Kaiser und seine Leute zogen sich aus dem Schloß zurück. Auch ich hätte mich gern mit meinen Gedanken zurückgezogen, aber da war dem Kaiser noch ein Besuch abzustatten. Der Herrscher bewohnt nicht das Schloß seiner Väter; er residiert in einem Palais, das er schon als Prinz besaß. Mit meinem Minister fuhr ich durch die noch immer belebte Straße, die mit Lindenbäumen eingefaßt war.

Als ich einen blauen Salon des Schlosses betrat, kam mir der Kaiser mit ausgestreckten Händen entgegen. Herzliche und freundliche Blicke unterstrichen die Ehrlichkeit seines Willkommensgrußes. Ich sagte etwas verlegen: »Je suis très enchanté.« Mein Minister ergänzte dies mit den üblichen Sätzen.

Eine Viertelstunde später war ich wieder in meinem Schloß und konnte für diesen Tag die dringend notwendige Ruhe genießen. Mir blieb noch Zeit, die Eindrücke dieser ersten Stunden zu verarbeiten. Ob meine Minister und Prinzen ahnen, daß ich mich plötzlich mit anderen Gedanken beschäftige, Gedanken, die mich doch merklich aus Träumen meiner orientalischen Größenvorstellung auf den Boden der Wirklichkeit bringen? War es in Rußland noch nicht der Fall, so glaube ich nun, in einem echten Land Europas zu sein.

Von meinem Fenster aus gleitet der Blick über den schönen »Garten der Lust«, wie sie hier diesen Park nennen, und über einen Platz, wo der Vater des jetzigen Kaisers, der nur König von Preußen war, auf einem Pferd sitzt, bis hin zur Lindenstraße, wo sie dem großen Friedrich ein Denkmal aus Eisen gesetzt haben. Ich werde über diesen großen Friedrich noch vieles lesen müssen.

Berlin, 1. Juni 1873

Am Morgen habe ich die Stadt besichtigt. Sie hat jetzt die Ehre, Hauptstadt des ganzen Reiches der Deutschen zu sein. Sie scheint dazu auch die Voraussetzungen zu haben. Sie ist schön angelegt, besitzt schnurgerade, lange Straßen, mit Licht und Weite. Heute ist ein Feiertag der Ungläubigen, die hier zumeist schiitisch[3] sind. So ruht die Arbeit, und die Menschen spazieren auf den Plätzen und in den Alleen, lustwandeln in frohem Nichtstun. Die Kinder begaffen mich und meine Leute wie ein Weltwunder.

Hier also geht man spazieren. In Iran ist der Spaziergang eine Sache des einfachen Volkes. Hier aber tun es auch die Angehörigen der gehobenen Stände. Ich sehe hohe Beamte umherschreiten, nicht anders als es der gemeine Mann macht. Die Frauen, nicht so herausgeputzt wie in Rußland, bewegen sich oft in ganzen Gruppen. Sie haben dauernd etwas miteinander zu reden. Schönheiten habe ich aber unter ihnen noch keine festgestellt. Bei ihnen dürfte wohl die Kraft überwiegen; Anmut jedoch ist ihnen nicht gegeben. Die Kinder sind nicht so scheu wie bei uns in Iran; ich bemerke sehr herzhafte, vorwitzige Gesichter unter ihnen. Sie sind auch fortwährend laut. Im allgemeinen steht ihnen sogar ihr derber Ausdruck.

Malcolm-Khan weiß mir zu berichten, daß selbst der Kaiser und sein Fürst Bismarck oft zu Fuß durch die Straßen der Hauptstadt gehen. Früher, als das Volk an ihrer Politik noch so manches auszusetzen hatte, wurde ihr Spaziergang nicht so freudig begrüßt wie heute, wo sie immer von Leuten umringt und verehrt werden. Ja, damals sollen sie bisweilen von unverständigen und verblendeten Männern mit Waffen angegangen worden sein. Der Kanzler Bismarck ist einmal am hellichten Tag überfallen worden. Wie durch ein Wunder ist er mit dem Leben davongekommen.

Für die Vorfahren des Herrscherhauses scheint man

hier besondere Zuneigung zu besitzen. Auf vielen Plätzen sind diese Ahnen in Stein oder Eisen verewigt. Es drängt sich mir der Gedanke auf, daß solche Denkmäler den Ungläubigen ein gewisser Ansporn sein können. Möglicherweise gehen sie mit edlen Gedanken an den Statuen vorüber. Das eindrucksvolle Siegestor am Ende der Straße mit den Linden ist ja auch zu dem Zweck erbaut worden, die großen Taten der Vorfahren zu verherrlichen.

Wie wäre es, wenn ich mich auch durch ein Denkmal in die Erinnerung meines Volkes einprägen würde? Was für ein Geschrei würden aber meine Mullahs zum Himmel erheben, wenn ich auch nur daran dächte, dem Gedenken eines glorreichen Sieges meiner Heere in Teheran ein Denkmal errichten zu lassen! Diese öffentlichen Standbilder haben gewiß auch ihre positiven Seiten. Mohammeds Paradies würde nicht einstürzen, ließe ich solche Denkmäler aufstellen, auch wenn der Koran bildliche Darstellungen untersagt. Schließlich würde Allah in seiner Erhabenheit um nichts geringer werden, wenn er sähe, daß Menschen durch Stein oder Eisen auf Erden eine besondere Ehrung erfahren. Seine Mullahs aber sind zu dumm, um so etwas zu begreifen.

Um Mittag fuhren wir zum Sommerpalast des Kaisers und in die berühmten Gärten Friedrichs des Großen, nach Sanssouci. Einen angenehmeren Aufenthalt hat sich der König wohl nicht schaffen können. Der Park ist weit und geräumig, das Wasser der Fontänen tanzt ein farbenreiches Spiel in den Strahlen der Sonne, und eine Fülle bunter Zierblumen bedeckt die gepflegten Beete. Sie gefielen selbst mir, dem Schah. Auch meine mich begleitenden Fürsten wagten erstmals, diese Anlagen zu bewundern, während sie sonst mit ihren Eindrücken auf europäischem Boden mir gegenüber sehr vorsichtig und zurückhaltend sind. Flieder, Jasmin und Hyazinthen, sie alle, wie auch die einfache Weide, erinnerten mich an mein Teheran. Zwar haben sie wohlgeordnete Rosenstauden, aber doch keine chinesische Rose darunter! Ich werde morgen meinen für meine Gärten Verantwortlichen hierher schicken, damit er lerne, wie man Bäume behandeln muß, wenn man einen Park freundlich anlegen will[4]. Wagt er es dann immer noch, meinen Garten Kasser Kedschar über alles zu loben, so soll er eine Prügelstrafe beziehen.

Ich ließ den uns führenden Beauftragten des kaiserlichen Hofes fragen, welchem seiner Untertanen der große Friedrich diesen herrlichen Park weggenommen habe. Der Mann war nicht wenig erstaunt und sagte, daß der König diese Anlage mit seinem eigenen Geld geschaffen hätte. Ein komisches Volk! Diese Fürsten der Ungläubigen nehmen ihren Untertanen nichts weg, was ihnen gefällt. Das sind schon recht seltsame Bräuche! Ich habe die Gärten von Ilchani, Nabi-Chan, Nizamieh und andere von einigen Fürsten Irans zuerst ruhig anpflanzen und pflegen lassen. Als sie dann groß und schön geworden waren, habe ich sie an mich genommen. Warum denn auch nicht? Haben diese Leute doch nur den Profit dazu verwandt, um den sie als Gouverneure oder Minister meine Staatskasse betrogen haben.

So mußte ich mir mein Geld einfach wieder in dieser Form zurückholen.

In dem mächtigen Schloß wohnt die Frau des letzten Königs von Preußen. Mein Ministerpräsident meldete mir, daß sie mich empfangen wolle. In einem blauen Salon trat sie mir entgegen und zeigte sofort großes Interesse an den Perlen und Diamanten meines Rockes und meines Säbels. Gerade nach der Geschichte des Säbels erkundigte sie sich recht eingehend. Während ihr Hadschi Mirza Hussein-Khan meine Antworten ins Französische übersetzte, sah ich mich in dem Raum gründlich um, in dem einst Friedrich der Große seine Musikabende zu halten pflegte. Er war mit Gemälden, Plastiken und Metallarbeiten geschmückt. Auch die anderen Zimmer durfte ich betreten, wie etwa den Schlafraum, das Sterbezimmer und das Kabinett, das sein Hofdichter, der Franzose Voltaire, bewohnte. Von all den Dingen des großen, von mir so verehrten Mannes konnte man mir seinen berühmten Degen, den ihm Napoleon vom Grab weggenommen hatte, jedoch nicht zeigen, da er in Berlin verwahrt wird.

Beim Gedanken an eben diesen Säbel fiel mir das oft unberechenbare Schicksal unter den Großen der Welt ein. Da war es einst der bedeutende Napoleon, der dem toten Friedrich II. den durch viele Schlachten berühmt gewordenen Degen nahm, und nun mußte vor drei Jahren wieder ein Napoleon diesen Degen einem Nachkommen Friedrichs zu Füßen legen.

Als wir dann das Schloß verließen, trieb sich viel Volk auf meinem Weg im Park herum. Es bestaunte vor allem meine Kammerdiener, die mir meine Sachen nachtrugen, den Mann mit dem Umhang, den Leibdiener mit der Wasserpfeife und den Pagen mit der Teekanne. Die Großen dieser Ungläubigen scheinen ihre Sklaven und Diener nur für die Tätigkeiten im Haus zu halten. Nach meinen Beobachtungen sind sie in der Öffentlichkeit lediglich bei Regen für Mäntel oder Schirme zuständig. Warum lassen sie sich denn nicht ein gutes Getränk oder einen schmackhaften Bissen nachtragen?

Nachdem ich dem Volk gezeigt hatte, wie ich mich nicht scheue, auf offener Straße einen Schluck Tee zu nehmen, ging es in das alte Palais von Potsdam. Zahlreiche Gemälde erinnern dort an die letzten Schlachten Preußens. Ein Bild zeigt den Kampf in Böhmen, der den Krieg mit Österreich beendete. Es muß schon ein hartes Ringen gewesen sein, was da in Farben zu sehen war. Einige bedeutende Männer, die ich nun persönlich kenne, waren sehr gut dargestellt.

Um dem Kronprinzen einen Besuch abzustatten, ging ich dann in das neue Palais. Ich traf ihn aber nicht an. Auf einem anderen, nahegelegenen Schloß, das dem Prinzen Karl, einem Bruder des Kaisers und Vater des Prinzen Friedrich Karl, gehört, traf ich ebenfalls nur die Gemahlin mit ihren Hofdamen an. Das Schicksal wollte es eben an diesem Tag, daß ich es hauptsächlich nur mit Frauen zu tun bekam. Allerdings brauchte ich es nicht zu bereuen; ich fand nämlich Gefallen an einer besonders lieblichen Erscheinung. Während mein Minister mit der Gemahlin des Prinzen sprach, wurde ich von der schönen Frau mit Erdbeeren gefüttert. Auch steckte sie mir rasch einen kleinen Strauß Veilchen zu. Dann trug ich mich zur Erinnerung an diesen Besuch in ein Buch ein. Da betrachteten sie alle voller Staunen die Zeichen meiner Schrift, die sie nicht lesen konnten.

Im Schloß des Prinzen Friedrich Karl hatte ich noch größeres Pech mit meinem Besuch. Dort war nicht einmal die Hausherrin anwesend. Diese Großen der Ungläubigen sind tatsächlich mehr Nomaden als Fürsten und Prinzen. Dauernd sind sie auf Wanderung. So fuhr ich also zum Mittagessen in das Schloß des Kaisers zurück. Auf dem Weg zur Eisenbahn lief plötzlich ein kleiner Junge aus der Menge heraus auf mich zu. »Schah«, rief er lustig und griff nach meinem Krummsäbel, den er sich mit großen Augen betrachtete. Das hübsche Bürschchen mit seiner weißen Haut und seinem runden Gesicht gefiel mir. Der kleine Kerl schien aber weit mehr Interesse an meinen Diamanten zu haben. Ich reichte ihm einen Tuman, worauf er sich sofort wieder entfernte. Mir hat das kurze Erlebnis Spaß gemacht. Ich hatte eben einen Tag für Frauen und Kinder.

Berlin, 2. Juni 1873

Von General Gasteiger ließ ich mir aus den Tageszeitungen, die hier in großer Zahl erscheinen, vorlesen. Die Journalisten in Berlin scheinen nicht so aufdringlich wie ihre Kollegen in Petersburg zu sein. Soweit ihnen mein Tagesablauf bekannt ist, beschreiben sie ihn mit einer gewissen Sorgfalt und unterlassen große Fabeln von meinen Reichtümern. Allerdings erzählen sie die Geschichte von meinen drei Weibern im Harem brav ihren Freunden von Rußland nach. Mit einer Tatsache können sie sich jedoch nicht abfinden: mit dem raschen Wechsel in meinen Entscheidungen, da sie es hierzulande gewohnt sind, ihre Tagesstunden genau einzuteilen und jeder eine festgelegte Aufgabe beizumessen.

Sogar der Kaiser hat sein festes Programm. Er arbeitet bereits morgens und dann noch bis spät in die Nacht hinein. Da hat jeder Augenblick seine unumstößliche Bestimmung: die Besprechung mit dem Generalstab, die Vorträge seiner Minister und die Stunden mit der Familie. Es will mir nicht in den Kopf, wie man sich als so mächtiger Kaiser nur so abrackern kann, besonders wenn man genug tüchtige Leute besitzt, die viel von der Tagesarbeit übernehmen könnten. Den wohltuenden Genuß eines ruhigen, von Belastungen freien Alltags kennen diese Ungläubigen nicht, und dieser Kaiser im Reich der Deutschen will schon gar nichts davon wissen. Er kann einfach nicht leben, ohne nicht jeden Tag einige Stunden am Staatskarren herumzuziehen. Wen wundert es daher, wenn sich in seinem Kopf so allerlei Sorgen ansammeln?

Im Haus dieses Kaisers soll es schon immer so gewesen sein, daß der Vater die Arbeitswut auf den Sohn und dieser wieder auf seine Nachkommen vererbt. Nehmen es die Fürsten der Ungläubigen wirklich so ernst? Machen es die anderen auch so? Beim Zaren von Rußland habe ich von diesem Arbeitseifer allerdings nicht so viel bemerkt.

Wir Könige des Orients sind unseren Vorfahren dankbar, daß sie uns nicht als derartige Arbeitstiere in die Welt gesetzt haben. Der Löwe möchte wirklich kein Lastesel sein und ein Schah-in-Schah nicht sein eigener Staatssekretär. Allah hatte seine Propheten, und ich habe meine Minister. Reicht es denn nicht, daß ich mich beim Frühstück mit Vorträgen über Staatsgeschäfte belästigen lassen muß? Habe ich nicht Minister, Gouverneure und Generäle zum Arbeiten? Sie haben ihr Leben in meinen Diensten zu opfern. Ich habe aber nicht die Absicht, mein Leben zu riskieren, nur damit sie weniger auf ihren Schultern zu tragen haben.

Da hat nun der Kaiser hier einen ganzen Schwarm ausgezeichneter Leute um sich, auf die er sich zweifellos verlassen kann, und überläßt ihnen doch nur einen Teil der Arbeit. Die Repräsentanten des preußischen Hofes müssen schon recht eigenartige Naturen sein, anders als die übrigen Fürsten der Ungläubigen und noch mehr als die Muslim. Dieser deutsche Kaiser könnte ein paradiesisches Leben führen. Der Reichskanzler Bismarck sorgt für eine gute Politik, der Generalfeldmarschall Moltke holt ihm, wenn er nur Lust dazu hätte, sofort ganze Völker und Länder in einem Feldzug herbei, und trotzdem wühlt er sich in die Aktenberge hinein, um ja jeden Entschluß seiner Minister noch einmal zu überprüfen.

Ich bin zwar fest überzeugt, daß seine Prinzen und Minister nach seinen Richtlinien arbeiten. Aber die Zeit ist doch ihr Herrscher und Tyrann. Weil ihnen das einfach in Fleisch und Blut übergegangen ist, können sie nicht verstehen, daß ich mich an kein Programm festklammere, vielmehr der Zeit befehle, sich nach mir zu richten. Sie wundern sich, daß ich erst mittags mache, was ich nach ihren Gepflogenheiten vielleicht schon am Morgen hätte erledigen sollen, und daß ich einfach nicht der Sklave eines Protokollchefs sein kann. So sei es ihnen unverständlich, daß ich beispielsweise gestern mittag den Prinzen auf ihren Landschlössern einen Besuch abgestattet hätte, obwohl ich bereits am Vormittag ihnen Absagen zukommen ließ. Wie mir Gasteiger sagte, bezeichneten sie mich als keinen Freund der Genauigkeit. Sie hätten durchblicken lassen, daß es ein Gebot »Die Pünktlichkeit ist die Höflichkeit der Könige« gebe.

Dieser Spruch ließ mir keine Ruhe. Ich mußte herausfinden, wer solchen Unsinn aufgebracht haben konnte. So befahl ich alle meine Prinzen und die Männer, die sich der Ehre zu erfreuen haben, meine Minister zu sein, zu mir und fragte sie nach dem geistigen Vater dieses Ausspruchs. Gasteiger wußte keine Antwort. Aber das ist nicht so tragisch; denn als General brauchte er den Satz, den kein General gesprochen hat und den die Ungläubigen gegen mich anwenden, nicht zu kennen. Das sei ihm zugebilligt. Mein Bruder Izzid Abdul Samid-Mirza hatte keine Vorstellung von diesem Spruch und seinem Autor. Da er sich aber irgendwie verpflichtet fühlte, doch etwas zu wissen, meinte er, dieser Satz sei dem Koran der Ungläubigen entnommen. Das war bestimmt nicht richtig. Ali Kuli-Mirza ist mein Unterrichtsminister und er müßte doch gescheit genug sein, es mir auf Anhieb sagen zu können. Er antwortete auch sofort, daß es der Ausspruch eines deutschen Dichters sei. Also was nun — Koran der Ungläubigen oder Dichter? Mein Adjutant Jahja-Khan erklärte: »Dieser Spruch stammt von Friedrich dem Großen!« Sultan Murad hingegen behauptete, das Wort stamme von Peter dem Großen oder Zar Nikolaus, während Muhammad Rachim-Khan, mein Oberzeremonienmeister, eine sicher einleuchtende Erklärung parat hatte, daß mit diesem Wort eine berühmte Frau der Ungläubigen ihren König auf seine Pflichten hingewiesen habe. Hadschi Mirza Hussein-Khan, der einzige unter meinen Leuten, der sicher am besten orientiert war, da er doch als großer Franzose von Gottes Gnaden über alle französischen Sprüche Bescheid weiß, war leider zur Zeit nicht im Palast.

Ja, da hatte ich es nun: Die Pünktlichkeit ist die Höflichkeit der Könige. Mir blieb die Wahl, mich in bezug auf den Urheber für den Koran der Ungläubigen oder einen Dichter, für einen Herrscher oder eines ihrer

Reichskanzler Bismarck, von Nasreddin besonders verehrt, mit Gemahlin und Tochter, der Gräfin Marie.

Weiber, die ja so viel in das tägliche Leben hineinzureden haben, zwischen Peter dem Großen, Friedrich dem Großen oder gar meinem verstorbenen Freund Nikolaus von Rußland zu entscheiden.

Am Ende, so schien es mir immer verständlicher zu sein, sollte vielleicht doch Muhammad Rachim-Khan recht behalten, daß diesen Ausspruch wohl doch ein Frauenzimmer erstmals getan haben könnte, den nun die Ungläubigen wie ein heiliges Gesetz eifrig bis in ewige Zeiten nachplappern. Es paßt nämlich so gut in das allgemeine Bild, indem gerade das unpünktlichste Geschöpf dieser Erde von anderen Pünktlichkeit verlangen möchte. Eine Frau der Ungläubigen schwatzt, wenn der Tag lang ist, wirklich so manches Zeug, worüber sich ganze Männergenerationen den Kopf zerbrechen können, ohne hinter den Sinn des Geredes zu kommen. Warum soll ein Weib, irgendeines der Ungläubigen — unsere haben, Allah sei Dank, nichts zu melden —, nicht auch von einem König »die Höflichkeit der Pünktlichkeit« verlangt haben? Albernes Geschwätz also! Der König der Könige braucht nicht höflich, also auch nicht pünktlich zu sein. Und damit basta!

Mit ihren Tanzspielen haben sie mich in der russischen Hauptstadt ohne großen Erfolg traktiert. Hier ließ ich mich bewegen, doch einigen Einladungen nachzukommen. Mein Bruder Abdul Samid-Mirza, ein Freund und Kenner erlesener Tänze, stellte mir ein genußvolles Schauspiel in Aussicht. Sie würden ein arabisches Märchen aus den Erzählungen der Scheherezade, aus »Tausendundeiner Nacht«, bieten. Auch das wußte er bereits. Na gut, ich wollte mich überraschen lassen.

Diesmal hatte mein Bruder nicht zuviel versprochen. Ich habe keinen Augenblick geschlafen. Die Vorstellung war gar nicht schlecht. Das Haus war für diese Schauspiele mit großem Pomp und Aufwand gebaut worden. Die Ungläubigen lassen sich ihr Theatervergnügen schon etwas kosten und geben einen anständigen Batzen Geld für solche Häuser aus.

Nur eine Beobachtung ist mir einfach unerklärlich: Da bauen die Herrscher solche Paläste und machen sich ein Vergnügen daraus, in den Gebäuden mit tausend anderen Menschen, bis zu den einfachsten Arbeitern hinunter, Tanz- und Singspiele anzuschauen. Sehr seltsam! Wenn ich mir ein solches Haus bauen ließe, dann möchte ich es schon ganz allein für mich und meine Tänzerinnen haben. Was hätten da andere, etwa meine Untertanen, darin zu suchen? Aber rein gar nichts! So aber sitzt dieser Kaiser der Deutschen in diesem Haus und hört und sieht nicht mehr als der letzte Lastträger seiner Hauptstadt, der sich einige Ränge über ihm amüsiert. Ja, und was das Unglaublichste an der Geschichte ist: Wie mir Gasteiger weismachen wollte, könne das gemeine Volk ungehindert durch Pfiffe, Füßestampfen, Scharren, Trommeln und Zurufe einer Tänzerin oder Sängerin sein Mißfallen ausdrükken, selbst wenn diese Person dem Kaiser tausendmal sympathisch sei. Es scheint wirklich, als sei der Monarch nicht einmal Herr in seinem eigenen Hause. Freilich entrichten diese Leute ihren Eintrittspreis. Aber das ist es ja eben, was unseren Ansichten über die Hoheit des Königs widerspricht. Dem Untertan sollte auch für schweres Geld nicht ermöglicht werden, in den gleichen Genuß wie sein Herrscher zu kommen. Hier scheint man von diesen Selbstverständlichkeiten nicht viel zu halten.

Als ich die geschmackvoll ausgestattete Loge betrat,

war das prächtige Haus bis auf den letzten Platz besetzt. Die Armseligkeit meiner Amphitheater in Iran kam mir so recht zum Bewußtsein. Keiner meiner Minister konnte da ein Wort der Entschuldigung vorbringen. Abdul Samid-Mirza wagte sogar die schüchterne Bemerkung, daß ein solches Theater in meinem Palast in Teheran zu meinem gesegneten Zeitvertreib gar nicht so überflüssig wäre.

Mein Bruder spielte dabei sicher schon mit dem Gedanken, von mir zum Leiter des Balletts ernannt zu werden. Wie ich ihn kenne, dürfte ihm diese Art von Staatsgeschäften, die sich mal nicht mit fremden Köpfen, sondern mit entzückenden Beinen beschäftigt, sehr willkommen sein. Das Tanzspiel, das uns die Sklaven und Sklavinnen vorführten, war nicht ohne Reize. Die Tänzerinnen sahen gut aus. Selbst Abdul Samid-Mirza, der große Feinschmecker, war mit ihrer Bekleidung, genauer gesagt fehlenden Bekleidung, zufrieden und lobte an dem Geringen, das sie auf dem Leib trugen, die getreue Einhaltung der orientalischen Tracht. Er ist schließlich ein beachtenswerter Sachverständiger in allen Fragen, die sich mit Tänzerinnen befassen.

Schon nach der ersten Szene hielt es den armen Jungen nicht mehr auf seinem Sitz; er mußte den Schauplatz des Tanzgeschehens an Ort und Stelle einsehen. Er ist ja so gründlich in diesen Dingen, der gute Abdul Samid-Mirza. Er wollte doch auch sein bißchen Französisch bei den Frauen da unten anbringen. Als er wieder zurückkam — ich hatte mich inzwischen in den Frauenkreisen des Hauses umgesehen und vergebens nach der hübschen Hofdame der Frau des Prinzen Friedrich Karl Ausschau gehalten, die mir gestern im Schloß so gut gefallen hatte, während sich Hussein-

Khan mit dem Kaiser unterhielt —, war er von den schönen Gewändern unseres Reiches, mit denen die Tänzerinnen bekleidet waren, nahezu berauscht. Ich vermute aber, daß seine Ausrede, er habe mit den beiden Schwestern des Aladin französisch sprechen können, einen weit tieferen Sinn hatte. Vielleicht hat er ihnen schon Anträge gemacht, in mein künftiges Hofballett in Teheran einzutreten.

Er schwärmte derart, der heiß entflammte Jüngling, daß ich neugierig geworden war und mich entschloß, in diese Welt der leichten Muse selbst einmal hinabzusteigen, zumal er mir angedeutet hatte, daß es nicht schicklich sei, die Primaballerina zu mir in die Loge zu bitten. Das ist doch recht typisch für solche Theater, daß man als König sein Vergnügen mit allem möglichen Volk teilen und sich vor den Menschen zurückhalten muß. Als ich aber hörte, daß auch der Kaiser, dieser vielbeschäftigte Mann, sich die Zeit nehme, um gelegentlich zu den Tänzerinnen zu gehen, schwanden meine Bedenken. Noch mehr freute es mich, daß sich der Kaiser und sein Bruder erboten, mich zu begleiten.

Was erwartete mich da! Es war ein Blick in die Wonnen des Paradieses, das Mohammed verheißen hat. Ein Schwarm bildschöner Mädchen und Jungfräulein tänzelte in kurzen Röckchen herum, an deren Länge mein Bruder Abdul Samid-Mirza sicher nichts zu bemängeln hatte. Verheißungsvolle Blitze funkelten aus flammenden Augen und trafen mich immer wieder recht bedeutungsvoll. Der Kaiser stellte mich der Primaballerina vor. Welch ein anmutiges Figürchen, welch liebreizende Glieder, welcher Schwung und welche Schmiegsamkeit in ihren Bewegungen. Dabei war sie keineswegs schüchtern, sondern sogar recht keck, als sie mir den Austausch meiner Diamanten mit ihren unechten Schmuckstücken vorschlug.

Der Kaiser selbst sprach noch mit anderen Tänzerinnen, sagte ihnen aber, wie ich aus den Mienen entnehmen konnte, nur anständige Dinge. Dieser ungewöhnliche Mann scheint aber auch zu nichts zu alt zu sein; da reitet er in den Krieg, erledigt friedliche Staatsgeschäfte und schwärmt, wenn er Lust und Zeit hat, noch für junge Tänzerinnen. Das nenne ich eine gesegnete Konstitution!

Wir begaben uns wieder in die Loge und genossen noch eine geraume Zeit die hübschen Tänze und Aufführungen. Dann verabschiedete ich mich vom Kaiser und ließ ihm durch meinen Ministerpräsidenten für diesen angenehmen und eindrucksvollen Abend Dank sagen. Als ich nach Hause kam, war Abdul Samid-Mirza heimlich verschwunden. Sicher hatte er sich zu einer der jungen Schwestern Aladins geschlichen, für die sein Herz so schnell entflammt war. Daß er sich mit ihr nur unterhalten wollte, dürfte unwahrscheinlich sein. Bestimmt war es sein Wunsch, Aladins Schwager zu werden, wenn auch nur für eine Nacht.

Berlin, 3. Juni 1873

Man kommt nicht umhin, diesen Ungläubigen hier eine gewisse Hochachtung zu zollen, wenn man ihre Geschäftigkeit, ihr rastloses Arbeiten auf den Straßen, in den Häusern, Palästen und Werkstätten sieht. Ich habe mich bis heute an vielen verschiedenen Arbeitsplätzen umgesehen; man muß ihre Anstrengungen einfach bemerken, selbst wenn man dafür keinen Blick haben möchte.

Der Kronprinz, der Mann mit dem bemerkenswerten Schnurrbart und den klaren Augen, führte mich durch eine Waffenfabrik und einige Kasernen. Wenn er mir unbekannte Dinge erklären darf, so tut er dies, wie ich merke, mit aller Zuvorkommenheit und Freundschaft. Im Zeughaus sah man seinen verwunderten Augen an, daß er mir bei der Besichtigung viel Achtung für die Art entgegenbrachte, mit der ich mich über Kanonen aller Kaliber und Größen informiert erwies. Ich ließ ihm durch meinen Minister mitteilen, daß ich mich in meinem Reich gerade mit der Artillerie sehr beschäftigt hatte. Auch mein Zeughaus ist schön und ordentlich eingerichtet, reicht aber an Ausmaßen und Bedeutung längst nicht an dieses hier heran. Mich interessiert besonders die Geschütze aus früheren Zeiten. Auch die verschiedenen Gewehre inspizierte ich genau.

Da führten sie mir jenes Gewehr vor, das ihnen erstmals im großen Krieg des Jahres 1283 [1866] zum Sieg über die Heere Österreichs und seiner Verbündeten geholfen hatte. Die Waffe war durch diesen Erfolg berühmt geworden. Ich hatte schon einiges darüber gehört, war aber immer nur unvollständig unterrichtet worden. Die eindrucksvolle Demonstration bewog mich zu dem festen Entschluß, dieses Gewehr mit der Zündnadel in meinem Heer einzuführen. Der Kriegsminister des kaiserlichen Kabinetts, der wesentlich dazu beigetragen hatte, die deutsche Armee auf ihren jetzigen Stand zu bringen, und der mich bei diesen Vorführungen begleitete, kam meinem Wunsch entgegen und versprach mir, bei seinem Kaiser dahin zu wirken, daß man mir eine ausreichende Menge solcher Waffen verkaufen wird. Dieses deutsche Gewehr bedeutet heute ja schon den halben Sieg! Die andere Hälfte müßte dann ja wohl noch zu schaffen sein. Auf jeden Fall werden sich meine Generäle darüber sehr freuen.

In den Kasernen der Leibregimenter des Kaisers, die sie hier nach dem französischen Begriff mit Garde bezeichnen, zeigte man mir verschiedene Proben des Exerzierens und der Leibesertüchtigung. Das Training der Turnlehrer war mir schon immer recht sympathisch, aber bis zur Stunde ist es mir noch nicht eingefallen, meine Soldaten auch in einzelnen athletischen Übungen ausbilden zu lassen. Dieses Training ist gar keine schlechte Idee. Ich gab daher Jahja-Khan sofort den Befehl, sich diese Übungen ganz genau anzuschauen und sie in Teheran einzuführen. Einige Kampfspiele schienen mir besonders wertvoll. So erlangten die Männer bei Sprüngen über Hindernisse eine erstaunliche Gewandtheit. In ihren Zwei- und Mehrkämpfen steckte sehr viel sinnvoller Rhythmus. Wenn man diese beweglichen und geschickt ihren Körper beherrschenden Burschen beobachtet, möchte man sich nicht wünschen, ihnen als Feind auf dem Schlachtfeld zu begegnen. Kein Wunder, daß sie die kleinen Figuren der Franzosen in die Flucht schlugen!

Ihren großen Tiergarten, der tatsächlich ein solcher ist und nicht nur diese Bezeichnung trägt, habe ich mir auch angesehen. Er ist für mich ein deutlicher Beweis, wie diese deutschen Ungläubigen bemüht sind, sich auf allen Gebieten zu unterrichten. Bei uns laufen die wilden Bestien in großer Zahl frei herum. Wir jagen sie. Das ist aber auch alles, was wir mit ihnen tun. Die ungläubigen Deutschen holen sie für viel Geld lebendig aus fremden Gegenden in ihr Land und stecken sie in große, schön angelegte Gärten, wo sie ihnen stabile Käfige bauen und ihnen das Leben so angenehm wie möglich machen. Und welche Erfolge sie mit der Zähmung unserer Bestien erzielen!

Ich kenne die Hyänen, Tiger, Löwen, Leoparden und Schakale aus den Landstrichen meines weiten Reiches nicht mehr wieder, wenn ich sie mir als Bewohner dieser Käfige betrachte. Wie haben sie diesen Schakal, der in Teheran sogar mich bisweilen nachts im Schlaf stört, gehorsam gemacht. Wie intelligent die Waldbewohner Mazanderans und der Berge des Elburs und von Arabistan hier auftreten. Es war ein sehr interessantes Schauspiel, als sie die Löwen und die Raubvögel fütterten. Wir haben in Iran ein sehr häßliches Sprichwort: »Pederi suchte pelenki — Ein Leopard, dessen Vater ein Ungläubiger ist.« Nun, die Bestien dieser Tiergärten brauchen sich über solche Vaterschaft nicht zu beklagen. Die Ungläubigen haben sich diese wilden Tiere nützlich gemacht und ihrem Forschungsdrang unterworfen. Ich halte es auf jeden Fall für besser, als wenn wir, auch ich, sie mit unseren Kugeln niederstrecken und nichts davon haben.

Ich bekam auch kamelähnliche Tiere zu Gesicht, die ich noch nie im Leben gesehen hatte. Man sagte mir, es seien Lamas. Fütterung und Wartung der Tiere waren sehr abwechslungsreich, so daß ich mich dabei gut unterhielt. Was uns aber alle ganz besonders fesselte, war das Leben der Wassertiere, die sie in einem eigenen Haus halten. Ein so reichhaltiges und anschauliches Bild von den Bewohnern des Meeres, den Ungeheuern, dem großen und kleinen Gesindel, das sich da in der See herumtreibt und voneinander lebt, hätte ich mir nicht denken können.

Was mir aber ganz unverständlich klingt, ist die Tatsache, daß diese Anstalten nicht von der Staatskasse errichtet wurden, sondern von den Bürgern der Stadt angelegt und unterhalten werden; wer immer Lust hat, groß oder klein, arm oder reich, kann diesen Tiergarten aufsuchen, sich bilden, lustwandeln oder seine Vorstellungskraft von der fremden Welt stärken. Wie ich es selbst gesehen habe, kommen sie auch in Scharen, diese wissensdurstigen Ungläubigen. Dieser Tiergarten war in seiner ganzen eindrucksvollen Ausdehnung voll von Männern, Frauen und Kindern, die an den Käfigen der Ungetüme herumstanden und die Besonderheiten dieser fremden Geschöpfe aus Afrika oder Asien diskutierten. Sie konnten mein großes Interesse an Tieren und Anlage nicht übersehen und schienen sich, als sei es ihr persönliches Verdienst, darüber zu freuen. Die Zivilisation der Ungläubigen hat doch auch ihre guten Seiten, und meine eingebildeten Prinzen hätten eigentlich keinen Grund, alles recht abfällig über die Schulter anzuschauen. Aus ihren Urteilen höre ich heraus, daß sie von den Eindrücken, denen sie in den Ländern der Ungläubigen nicht ausweichen können, das Bedeutende und Bemerkenswerte wegnehmen möchten, weil sie darin eine Gefahr für ihre eigene Zukunft wittern. Von meinen Großen sind vielleicht die Minister Hadschi Mirza Hussein-Khan, Malcolm-Khan und Ali Kuli-Mirza die einzigen, die ihre Augen und Ohren nicht belügen.

Die Frauen der Ungläubigen habe ich nur von einer ganz anderen Seite kennengelernt. Die Gemahlin des Kaisers, die bereits ihren Sommeraufenthalt in Baden-Baden, einem der schönsten Flecken in Deutschland, angetreten hatte, war meinetwegen eigens wieder nach Berlin gekommen. Es gehörte sich wohl, daß ich ihr einen Besuch machte.

Ich habe es wie immer, wenn es sich um Frauen der Ungläubigen handelt, mit großem Widerwillen getan. Man muß mich verstehen, ich kann mich nun einmal mit der Rolle, die diese Frauen in den Ländern der Ungläubigen spielen, nicht abfinden. Es ist mir einfach unvorstellbar, wie man Frauen zum Mittelpunkt eines häuslichen oder darüber hinaus noch größeren Kreises macht, ja, wie man sie sogar im Staat und in der Politik mitreden und mitentscheiden lassen kann. Das Weib repräsentiert für uns Söhne des Orients alle Vorstellungen sinnlicher Freuden. Andere können wir mit dem Begriff Frau nicht verbinden.

Auf meiner Reise finde ich nun die Frau in ganz anderer Stellung. Gezwungenermaßen bringen es meine Pflichten gegenüber den Gepflogenheiten der Monarchenhöfe, an denen ich mich aufhalte, mit sich, daß ich mich in das Unangenehme fügen muß und mein Verhältnis zu den Frauen dort nicht so stark nach morgenländischen Gewohnheiten gestalten kann, wie dies eigentlich nach meiner Überzeugung richtig wäre. In Petersburg mußte ich den ganzen König der Könige in mir überwinden, um nicht gegen die devote Art des Hofes, die im Palast der Zar ebenso wie der Mann von der Leibwache den Frauen gegenüber übt, aufzubegehren. Hier in Berlin bin ich schon weit untertäniger geworden, und bis ich in die Hauptstadt der Franzosen und der Deutschen in Österreich komme, werde ich mir voraussichtlich, als perfekter Frauenverehrer, schon den Unterschenkel streichen, wenn ich Weibern begegne. Man läuft tatsächlich Gefahr, bei den Ungläubigen auf die Dauer seine Manneswürde einzubüßen.

Diese Frauen der deutschen Ungläubigen werfen ebenfalls ihre Netze aus. Nur machen sie das ganz anders.

Sie sind von der eleganten Kategorie, wollen mit ihrer Bildung brillieren, sich tüchtig und gleichzeitig angenehm verhalten. Die Frau des Kaisers ist zwar schon in die Jahre gelangt, für die der Verjüngungsbrunnen sämtlicher Zauberinnen kein Wässerchen mehr sprudeln dürfte. Und doch finde ich an ihr weit mehr als an den meisten der jüngeren Hofdamen in Rußland. Ein letzter Strahl verblaßter Schönheit leuchtet noch pflichtschuldigst in ihrem Antlitz. Sie ist von sehr einnehmendem Gebaren und erstaunlicher Lebendigkeit in Auge und Sprache. Man hört ihr gern zu, auch ohne sie zu verstehen. Unter den Frauen des Landes ist sie als Freundin der Dichter bekannt, mit deren Werken sie sich eingehend beschäftigen soll. Mit Staatsgeschäften und politischen Ambitionen gibt sie sich weit weniger ab als andere Frauen der Ungläubigen, etwa die vom Zarenhof. Es scheint mir, als sei in diesem von starken Männern geführten Reich der Deutschen auch weit weniger Platz für Frauengeschwätz. Es ist einfach undenkbar, daß etwa in eine Verhandlungsrunde mit dem Kaiser, dem Kanzler Bismarck, General Moltke, dem Kronprinzen und anderen führenden Männern des Staates eine Frau mit ihren Ansichten passen würde.

Ich hatte die Kaiserin an diesem Tag einige Stunden nach meinem Besuch, bei dem sie einen starken Eindruck auf mich gemacht hatte, als Tischdame neben mir an der Tafel bei einem Mittagessen, das mir der Kaiser gab, und Hadschi Mirza Hussein-Khan war dabei als Dolmetscher voll ausgelastet. Sie sprach viel von unseren persischen Dichtern, die sie zu meiner größten Überraschung vortrefflich kannte. Sie interpretierte Firdausi, Hafis, ja selbst den weltweisen Saadi und seinen Gulistan. Sie hatte bemerkenswerte Ansichten über die Dichtkunst und sagte mir, es gebe unter den deutschen Poeten noch jetzt einen, der die Lieder der persischen Sänger in großartiger Weise wiederzugeben verstehe. Der tüchtige Mann soll seinen Löwen- und Sonnenorden haben.

Die Tafel war mit Männern und Frauen vom Hof voll besetzt, auch die liebliche Erscheinung von Glienicke, deren Namen ich nun kannte, war anwesend. An meiner anderen Seite saß die Frau des Kronprinzen, eine Tochter der Königin von England, die mir zur Weiterreise nach London einige englische Grüße an ihre Mutter mit auf den Weg gab. Wenn ich mich hier bei Tisch mal etwas behaglicher fühlte, so führe ich dies auf die Kaiserin und ihre Erinnerungen an Firdausi und Saadi zurück, die in mir eine freudige Stimmung geweckt hatten.

Der Kaiser hatte sich einer Unpäßlichkeit wegen entschuldigen lassen. Fürst Bismarck und die anderen Minister des Reiches und Prinzen des Hofes schienen nicht nur im Alltag, sondern auch vor den Schüsseln und Tellern mächtige Männer zu sein. Ich tat mir auch hier keinen Zwang an und benutzte, nachdem ich einige vergebliche Versuche gemacht hatte, mit den Eßwerkzeugen der Ungläubigen zurechtzukommen, meine mir von Allah geschenkten, gesegneten Finger. Der eitle Abdul Samid-Mirza amüsierte mich, wie er mit dem wertvollen Dreizack der Ungläubigen hantierte und ihn meist verkehrt herum hielt.

Ich vertilgte eine große Menge Salat, was die Kaiserin veranlaßte, mich zu fragen, ob ich in Teheran denn auch Salat äße.

»Gewiß«, antwortete ich, »hat doch schon der Prophet gern Salat gegessen!«

»Oh«, meinte sie, »da muß ich mir doch gleich noch eine Portion nehmen.« Und richtig, sie griff sofort zur Salatschüssel und nahm sich noch einiges auf ihren Teller.

Solchen Frauen kann man im äußersten Fall ein gewisses Recht im öffentlichen Leben einräumen. Wie wenige wird es aber davon unter den Deutschen geben! Und auch nur eine solche Frau kann es wagen, das Weinglas zu erheben und in einer so großen Runde bedeutender Männer mit Nachdruck einen Trinkspruch auf den König der Könige zu halten. Und Allah ist mein Zeuge, daß sie in der französischen Sprache diesen Trinkspruch spritzig und mit aller Herzlichkeit zu sagen wußte. Ich mußte zweimal ihr glänzendes weißes Kleid, das reich mit Gold und Brillanten besetzt war, betrachten, um mich zu vergewissern, daß es eine Frau war, die da solche Rede führte. Mich hatten ihre Worte derart berührt, daß ich zum erstenmal ohne Stottern ein paar Sätze des Dankes über die Lippen brachte. Der gute Wein aus dem Land der Deutschen — es kann doch wirklich keine Sünde sein, von ihm zu trinken — muß mir bei dieser waghalsigen Dankesrede kräftige Hilfestellung geleistet haben.

Gott sei gelobt, daß es mit diesem feierlichen Essen bald zu Ende gegangen war, ich hätte mich sonst vergessen und wäre in einen Zustand galanter Laune geraten, wie sie bei den Ungläubigen in einer solchen Umgebung üblich ist.

Berlin, 4. Juni 1873

Heute habe ich recht interessante Dinge über den Kaiser der Deutschen und seine Politik gehört. Ganz besonders berührten mich die Erzählungen Gasteigers und Malcolm-Khans über seine Auseinandersetzungen mit dem Klerus jener Teile des Reiches, der sich zur alten Religion der Ungläubigen zählt. Der Kaiser führt seinen zähen Kampf mit den katholischen Geistlichen und ihrem Oberhaupt in Rom. Man hatte mir schon in Teheran berichtet, daß sich jener Mann in Rom nicht mehr mit der Rolle des Stellvertreters Gottes begnüge, sondern nahezu Gott selbst sein möchte. Seit undenklichen Zeiten wird von Rom aus die Machtstellung jenes Mannes praktiziert. Mit seiner Erklärung nun, unfehlbar wie Gott zu sein, hat er das große Heer seiner Streiter gegen den Kaiser aufgerufen. Da diese Leute im Reich eine große Anhängerschaft hinter sich haben, die um ihr Seelenheil besorgt ist, wird diese Auseinandersetzung noch eine geraume Zeit dauern.

Den Deutschen geht es nicht anders als uns in Iran. Diese Mullahs scheinen in aller Welt und unter allen Konfessionen gleich zu sein. Eine ganze Reihe von Schahs hat sich schon mit ihnen herumgeschlagen. Nadir-Schah und auch mein Vater Muhammad-Schah haben ihnen die Stirn geboten und sie zum Einlenken gebracht, aber immer nur für eine kurze Zeit. Was hat sich mein verstorbener Minister Nizam angestrengt, die Oberimams und die Imams der einzelnen Provinzen[5] der Gewalt des Schahs zu unterwerfen. Er hat nicht mehr geschafft, als ihnen die weltliche Rechtsprechung abzunehmen, was sie zwar akzeptierten, aber nicht anerkannten.

Es scheint mir, als würden die deutschen Erzbischöfe und Bischöfe einen ähnlichen Versuch der Auflehnung gegen die staatliche Macht unternehmen, wie es mein Oberpriester, der Imam Dschumih von Isfahan, der

Muschtihid von Rescht und der Scheich ul-Islam von Täbris gegen mich taten. Sie verweigern dem Kaiser, dem Premierminister, dem Justizminister und dem Kultusminister den Gehorsam. Was ich so höre, klingt mir so verdächtig, als käme es aus meiner eigenen Umgebung. Der Erzbischof der Ungläubigen könnte in der Tat der leibliche Bruder des Obermullahs von Iran sein. Ich weiß nur zu gut, welch schweres Unterfangen es ist, gegen die Priesterschaft anzutreten. Sollte dem deutschen Kaiser in seinem sogenannten Kulturkampf ein Erfolg beschieden sein, so will ich nicht zögern, auch in meinem Land an energische Reformen heranzugehen, sollte es mich auch Opfer an altüberlieferten Gebräuchen kosten.

Allerdings wird der Kampf nicht gerade leicht werden. Ich sehe doch die Verhältnisse bei mir in Iran recht deutlich. Zwar habe ich die Untertanen der gehobeneren Klassen auf meiner Seite, doch läuft der Pöbel, dessen eigentlicher Gott ja doch nur die Dummheit ist, diesen Mullahs auf Schritt und Tritt nach. Der Mut des deutschen Kaisers soll aber auch mir Mut geben.

Berlin, 5. Juni 1873

Zweimal habe ich nun schon Übungen des Heeres beigewohnt, die der Kaiser zu meinen Ehren abhalten ließ. Ich habe die Vorführungen nicht ohne Interesse verfolgt. Während ich mich in Rußland den Paraden der zaristischen Truppen gern entzog, bin ich hier den Einladungen mit besonderer Freude gefolgt. War es mir dadurch doch möglich, mir ein persönliches, unmittelbares Bild von Tausenden jener Armee zu machen, die durch ihre Taten die Welt Monate hindurch in Atem gehalten und an ihre Fahnen mehr als vierzig Siege über die Franzosen geheftet hat. Der Besuch in den Kasernen hatte mich außerdem neugierig gemacht, diese Leute auch einmal bei ihren Übungen zu beobachten.

In der Hauptstadt selbst und am Sommerschloß des Kronprinzen hatte man die Soldaten aufmarschieren lassen. Es war eine stattliche Truppe, die da aufgezogen war, gewöhnliche Infanterie, Garderegimenter, Kürassiere und Ulanen, Artillerie und Husaren. Alle sauber und blitzend herausgeputzt, Mann und Gewehr, Zugtiere und Kanonen. Auf dem großen Feld vor den Toren der Hauptstadt hatten sie Aufstellung genommen und die weite Ebene mit einem bunten Glanz erfüllt. In Reih und Glied machten sie einen disziplinierten Eindruck, nicht minder beim Marsch, wo sie in geschlossenen Kolonnen an uns vorbeidefilierten. Die kürzesten Kommandos genügten, um die festgefügte Mauer sich in Einzelteile auflösen und wie der leibhaftige Böse anstürmen zu lassen.

Aber auch die Nebenerscheinungen vervollständigten das Bild dieser Heerschau außerhalb der Hauptstadt. Eine riesige Zahl von Zuschauern hatte sich dazu eingefunden, festlich gekleidete Fußgänger und auch viele hübsche Fußgängerinnen, große Pulks von Reitern und Reiterinnen, Adelige in glänzenden Equipagen.

Der Kaiser erschien, umgeben von einer großen Schar von Generälen, darunter natürlich Kriegsminister Roon, Generalfeldmarschall Moltke, Prinz Friedrich Karl und Reichskanzler Fürst Bismarck. Ich selbst hatte alle meine Minister zu Pferde mitgebracht. Nur Ballettfreund Bruder Abdul Samid-Mirza, der kein Anhänger des Reitens ist, trieb sich außerhalb meines Gefolges umher. Ich ritt meinen Nili mit dem Hennaschweif[6] und saß auf meinem prächtigsten Sattelzeug. Auch wir boten somit einen bemerkenswerten Anblick.

Der Kaiser machte mir freundliche Komplimente über meine Art zu reiten. Doch mußte ich bescheiden ablehnen und auf die den Ungläubigen nicht geläufige Art des Reitens bei uns zu Hause hinweisen. Da gibt es eben gewisse Unterschiede. Der Kaiser jagte mit mir die Reihen der zur Parade aufgestellten Einheiten entlang. Alle diese Soldaten wirken mehr durch ihre körperliche Größe, denn durch die Uniform gewinnen sie wohl kaum an Glanz der Erscheinung. Die Truppen und ihre Offiziere in Rußland tragen eine dem Auge weit angenehmere Kleidung, wie ich auch ihren Pferden den Vorzug geben möchte. Gewiß, es kommt nicht so sehr auf das Äußere an. Und es ist ja bekannt, daß diese Soldaten jüngst erst mit zerfetzten Uniformen aus dem französischen Krieg heimkamen, dafür ihrem Reich aber zwei Provinzen gewonnen haben, die von den recht üppig gekleideten Franzosen nicht erfolgreich verteidigt werden konnten.

Generalfeldmarschall Moltke gab sich jede erdenkliche Mühe, mich auf alles Wissenswerte der einzelnen Übungen aufmerksam zu machen. Ich stellte ihm durch meinen Minister auch eine Reihe von Fragen. So erkundigte ich mich einmal, ob denn alle Provinzen Preußens Männer zum Heer abstellen müßten und ob es nicht Gebiete gebe, die vom Truppendienst befreit seien.

»Jeder Mann im Reich muß dem Vaterland dienen«, ließ er mir antworten, »wenn er gerade Beine besitzt.«

»Es gibt aber doch sicher auch Gegenden, wo die Leute nicht zum Soldaten taugen, weil sie einfach anders geartet sind?«

»In unserem Reich gibt es keine Feiglinge!«

Das war ein stolzes Wort, das einem Herrscher viel Vertrauen in sein Volk und seine Armee zu schenken vermag.

Ich hatte diese Frage gestellt, weil ich an einige Stämme in meinem Iran denken mußte, die vom Kriegsdienst befreit oder ausgeschlossen sind, weil sie sich als Feiglinge erwiesen haben.

Generalfeldmarschall Moltke ritt einen prächtigen Rappen. Ich fragte ihn, ob dies sein Schlachtroß in Frankreich gewesen sei. Ja, ließ er mir zur Antwort geben, er habe das Tier bei Metz und Sedan geritten. Was muß er doch für ein großer Held sein, wenn er von einem Rappen herab die Truppen kommandiert. Oder ist der Rappe bei den Ungläubigen kein Unglückstier wie bei uns Persern? Nicht der letzte meiner Soldaten würde einen Rappen besteigen, wenn er in den Krieg müßte. Nicht einmal zu einem Vorbeimarsch auf dem Paradeplatz oder bei sonst einem Übungsritt würde ein iranischer Soldat auf einem solchen Unglückspferd sitzen. Bei uns reitet man nur Schimmel und Braune — und gewinnt trotzdem nicht jede Schlacht. Was wäre erst, wenn man sich der Rappen bedienen würde! Diese Ungläubigen haben da keine Vorurteile. Es ist einfach nicht zu glauben, daß sie sogar, wie mir Malcolm-Khan versicherte, ihr Pferd mit einem weißen Huf reiten. Kein Wunder, daß wir uns beide darüber entsetzten!

Den ältesten Feldmarschall — Wrangel heißt er — habe ich auch kennengelernt. Es ist ein drolliges, eingeschrumpftes Männchen, wie ein martialisch herausgeputzter Gnom, eine einzige Komposition von Schnurrbart und buntem Tuch. Haut und Haare haben die Feinde nur noch wenig an ihm gelassen. Der Mann ist noch ein Relikt aus dem schon weit zurückliegenden vorigen Jahrhundert. Er hat sich in einer ganzen Reihe von Schlachten tapfer geschlagen. Also darf er jetzt wackeln. Ein Feldherr wie Moltke, der seine Truppen mit dem Geist führt, soll er nie gewesen sein, dafür ein Draufgänger, ein Haudegen, überall vornedran, wo es galt dreinzuschlagen. Vor zehn Jahren hat ihn der Kaiser in den Ruhestand versetzt. Dafür kommandiert Marschall Wrangel jetzt, wie Gasteiger schmunzelnd berichtete, die große Armee der Berliner Straßenjugend, die ihn, wenn er sich in der Öffentlichkeit zeigt, nie ohne ihr Geleit des Weges ziehen läßt. Sein hohes Alter ist für seinen Ruhm nicht förderlich. Es ist traurig, wenn ein ehemaliger Kriegsheld, der ganze Regimenter des Feindes allein schon mit seinem Namen in Furcht und Schrecken versetzte, heute nur noch eine mit etwas Achtung gemischte Heiterkeit erregt. Solche kindisch gewordenen Männer sollte man zu Hause einschließen und ihnen hübsche Märchen erzählen lassen. Uniform und Marschallstab scheinen aber Wrangel immer noch viel Spaß zu machen, und der Mann, der nur noch nach dem Feldherrn einer Geisterschlacht aussieht, soll ungebrochen eitel sein und den Frauen nachstellen.

Man zeigte mir bei den zwei Paraden und Übungen eine Reihe von Generälen, die sich auf unteren Kommandostellen, unter dem Oberbefehl von Moltke, dem Kronprinzen und Prinz Friedrich Karl, im letzten Franzosenkrieg hervorgetan haben. Bei dieser Gelegenheit wurde mir ein Bericht bestätigt, den ich, als er mir in Teheran zu Ohren gekommen war, für ein von üblen Zeitungsschreibern erfundenes Märchen gehalten hatte.

Eines Tages las mir nämlich Malcolm-Khan aus einer französischen Tageszeitung vor, daß der deutsche Kaiser große Geldbeträge, die er aus den Kriegsstrafgeldern [Reparationen] Frankreichs entnommen habe, an die Generäle seines Heeres verteilt habe. Moltke, Roon, Prinz Friedrich Karl, die Generäle Manteuffel, Werder und Blumenthal hätten solche Gelder erhalten. Auch Fürst Bismarck habe seinen Teil bekommen.

Wie gesagt, ich hielt die Sache für eine glatte Erfindung, und nun mußte ich erfahren, ja, sogar aus dem Mund von Moltke selbst, daß er und die anderen Männer tatsächlich hohe Belohnungen aus dem Staatsschatz einstecken konnten, die einen rund eine halbe Million Tuman, die anderen eine Viertelmillion. Das nenne ich Dankbarkeit und gut bezahlten Heldenmut.

Aber wozu, frage ich mich, derart mit dem Geld herumwerfen? Haben die Generäle nicht ihren hohen Sold und außerdem noch den Kriegsruhm? Reicht das denn nicht? Das Geld stammt zwar aus der Franzosenkasse, mit dem sich die Deutschen für den Krieg gut bezahlen lassen und ihren Staatsschatz auffrischen konnten; dennoch scheint man hier des Guten zuviel getan zu haben, wenn man den Helden neben ihren Lorbeerkränzen auch noch eine hohe Summe auszahlt. Möglicherweise sind die Deutschen da anders geartet, daß sie sich wegen dieser Summen gegenseitig nicht beneiden und das Geld nicht höher als den Siegesruhm bewerten. In meinem Heer könnte ich solche Mätzchen nicht einführen. Würde ich nach einer gewonnenen Schlacht die ersten Generäle mit einem Teil der Beute belohnen, so hätte ich die ganze Meute vom Obersten bis zum letzten Korporal am Hals. Sie kämen alle angelaufen und verlangten ihren Anteil.

Ganz anders wäre jedoch der Fall, wenn die Generäle auch an einem verlorenen Krieg beteiligt wären, wenn man sie alle die Kosten aus ihrer Tasche berappen ließe.

Dazu gibt es aber bei den Deutschen kein Gesetz, und meines Wissens stammen die Milliarden, die von den Franzosen als Reparationen aufgebracht werden mußten, auch nicht aus den Privatkassen der Herren Generäle Mac Mahon, Bazaine und wie die unglücklichen Verlierer alle heißen mögen.

Ich werde mich hüten, wenn die Truppen Irans wieder einmal einen Krieg führen müßten, diesem leichtsinnigen Großmut des deutschen Kaisers nachzueifern. Meine Generäle wissen schon von selbst, wie sie zu ihrem Geld kommen können. Sie tun dies nur zu oft auf Kosten der kleinen Leute, die unter ihrem Kommando stehen. Bricht ein Krieg aus, so haben sie ihre Pflicht zu erfüllen. Die Beute aber ist mein, wie ja alles in Iran mir gehört. Würden mir diese Männer etwa auch den Schaden ersetzen, den ich vielleicht durch ihre Schuld erlitte, wenn ich eine Provinz einbüßen sollte? Zweifellos nicht! Alles was ich von so einem General nach einer verlorenen Schlacht außer den üblichen Ausreden über Mißgeschick bekommen kann, ist — sein Kopf. Den nehme ich mir auch. Für ein Unglück durch Verlust von Land oder Einnahmen aus dem Krieg ist mir aber der Kopf eines oder die Köpfe mehrerer Generäle kein Ersatz. Wer gibt mir schon etwas für einen Kopf? Was ist schon der Kopf eines Generals wert, der seinem Herrscher keine Schlacht gewinnen kann? Nein, nein, das ist nichts für mein Heer. Ich habe hier bei den Ungläubigen manches gesehen, was mich zu Hause zum Nachdenken oder gar zum Nachahmen veranlassen könnte, so einige nützliche Einrichtungen. Aber dieses Generals-Bereicherungssystem findet nicht meine Zustimmung.

Als ich im Kreise meiner Minister diese Sitte der

Deutscher Reichs-Anzeiger

und

Königlich Preußischer Staats-Anzeiger.

№ 131. Berlin, Donnerstag, den 5. Juni, Abends. 1873.

Allgemeine Verloosungs-Tabelle

des

Deutschen Reichs- und Königlich Preußischen Staats-Anzeigers

Deutsches Reich.

Königreich Preußen.

Nr. 253. Morgen-Ausgabe. Mittwoch, 4. Juni 1873

Spenersche Zeitung.

Haude- und Spenersche Zeitungs-Expedition, 94 Zimmerstraße. Chefredacteur: Dr. Wehrenpfennig, Verlag und Druck: H. Gordon in Berlin.

Eine Woche französischer Regierung.

Deutschland.

Der Deutsche Reichs-Anzeiger und die Spenersche Zeitung berichteten vom Schahbesuch. Siehe unten 3. Spalte.

hohen Abfindungen der Militärs und Politiker anrührte, um ihre Meinung darüber zu hören, waren sie natürlich alle über diesen unmöglichen Brauch der Ungläubigen begeistert; Hadschi Mirza Hussein-Khan, Jahja-Khan, Sultan Murad-Mirza und die anderen stimmten begreiflicherweise für diese Art von »Zivilisation«, die so hübsch mit Tumans gepflastert ist. Nur mein Leibarzt und General-Doktor Tholazan war nicht dafür eingenommen. Kein Wunder, ist er doch ein General, der keine Schlacht gewinnen oder verlieren kann, so daß ihn diese Sache kaum interessiert. Werden aber die übrigen Generäle mir jede Schlacht gewinnen? Ich weiß es nicht. Aber eines weiß ich sicher, daß sie liebend gern die Entlohnung der Feldherren von vorneherein durch ein Gesetz des Königs der Könige gesichert wissen möchten. Alles andere, so stellen sie sich das vor, besorgen dann ihre Tapferkeit und das Schicksal. Ich bin überzeugt, daß seit heute die Ungläubigen selbst in den Augen meiner bildungsfeindlichen Minister ein großes Stück Achtung genießen.

Berlin, 6. Juni 1873

Aus der Reihe der Feste, die man hier am Hofe der Deutschen zu meinen Ehren gab, soll nur noch jenes beim Kronprinzen des Reiches in seinem Sommerpalast herausgegriffen werden. Es war wie in Rußland auch ein Nachtfest, nur noch etwas prächtiger. Der gute Zar wird mir nicht grollen und mir seine Freundschaft kündigen, wenn ich dies offen gestehe.

Das Schauspiel des Tanzes seiner Großen war vom Thronfolger gewiß gut gemeint, machte aber keinen nachhaltigen Eindruck auf mich. Dazu bin ich viel zuviel ein Sohn des Orients, wo der Tanz als eine Arbeit gilt, die von Sklaven verrichtet wird. Mag sein, daß man hier am Hof wußte, wie lästig mir solche Vergnügen sind, oder es auch nur vermutete. Auf jeden Fall verschonte man mich mit einer aktiven Teilnahme an dem, was die Ungläubigen Ball nennen. Es kann mich wenig berühren, welch großer Tänzer der Fürst X oder der Prinz Y vor seinem Herrn ist. Auch ist es mir gleichgültig, daß die Frau oder Tochter eines Höflings am Arm eines jungen Rittmeisters von der Garde ihre schönsten Stunden verlebt, weit schönere vielleicht, als ihr der eigene Mann bieten kann. Das kann und soll mich alles recht wenig berühren.

Sie zwangen mich nicht, meine Kenntnisse dieser Art zu erweitern, und schenkten nur meinen Augen die Freude der äußeren Aufmachung. Und diese Augen hatten ihren Genuß bei jenem Nachtfest im Sommerschloß zu Potsdam. Es war ein Märchen des Lichtzaubers und der Farbenwunder.

In der Welt unserer Dichter werden die Prinzen durch phantastische, licht- und dufterfüllte Räume, durch Zaubergärten und blühende Blumenbeete geleitet. Ich brauchte die Sprache unserer großen Poeten, um meine Gefühle als Sagenprinz dieses Abends auszudrücken. Schon auf dem Weg zum Schloß, durch den schönen Park Friedrichs des Großen, überraschte mich die Lichterfülle. Eine endlos scheinende Reihe von Fackeln goß ein lebendiges Spiel von tanzendem Feuer auf den Weg. In den Wipfeln der alten Bäume zuckten bläuliche und rote Flammen, im Rasen und in den Blumenbeeten sprangen farbige Lichtergeister in einem bunten Reigen durcheinander, ein Tanzspiel aufführend, das mich jeden Augenblick zum Verweilen einlud.

Ich muß recht froh gestimmt gewesen sein; denn der Hofmarschall, der mich an der Treppe des Schlosses in Empfang nahm, blickte recht stolz, wohl als Reaktion auf meine sichtbare Anerkennung der schönen Szenerie. Dem Kronprinzen und seiner Gemahlin, die mich schließlich in der Halle begrüßten, drückte ich dankbar die Hand. Ich hatte genug Französisch auf Lager, um ihnen meine Freude in geziemenden Worten echter Herzlichkeit verständlich zu machen.

Als wir dann auf die Terrasse des Vorbaues hinaustraten, lag mir der ganze nächtliche Zauber ausgebreitet zu Füßen. Arme voll flutenden Lichtes in vielen Farben sprangen über Baum und Strauch, über Rasen und Blumenrabatten, hoben und senkten sich, flossen zusammen und wogten wieder auseinander.

Es muß ein Meister gewesen sein, der diese abertausend Lichter arrangiert und in wirbelnden Formen gruppiert hatte.

Ich kannte den Garten von meinem ersten Besuch her nicht mehr wieder. Ein Feuerzauberer schien ihn durchschritten und aus Gräsern Kobolde, aus Blumen Schmetterlinge mit funkelnden Flügeln und aus meinem Lieblingsbaum, dem Flieder, ein Wundergewächs mit glitzernden Perlen gewoben zu haben. Dann wieder hüllte sich das ganze weite Rund in einen Schleier ein, wie die Glieder einer schönen, weißen Haremsdame sein sollen. Fern aus dem Dunkel tauchten die sonst geisterhaft wirkenden Denkmäler in einem rosigen Licht auf; mir war, als würden sie jeden Augenblick von ihren Podesten steigen und durch die großen Bogengänge des Schlosses, jetzt von festlichem Licht aufgehellt, wandeln. Seine sonst friedlich murmelnde Sprache vergessend, sprühte der Springbrunnen mitten in diesem Zaubergarten seine feurigen Zungen in den tiefschwarzen Himmel.

Für die Menschen, die durch den Park schritten, blieb kaum mehr eine Rolle in diesem stimmungsvollen Stück übrig. Sogar die prachtvoll gekleideten Frauen, die ich ja sonst ungern in der Öffentlichkeit sehe, wirkten wie ein fester Bestandteil der weichen Töne dieser Nacht.

Eine Stunde lang genoß ich das Bild des Duftes, der vielen lebendigen Einzelheiten und des ganzen Gemäldes von meinem Sessel aus. Erst die Aufforderung der liebenswürdigen Herrin des Palastes, die mit der Frau des Kaisers neben mir saß, zu einer Erfrischung zu kommen, rief mich wieder in die Wirklichkeit zurück. Aber auch diese Wirklichkeit war von köstlicher Überraschung. Das Buffet im glitzernden Spiegelsaal enthielt die erlesensten Dinge der Tafel, und der Wein durchglühte meine Adern wie zuvor das Lichterspiel im Park.

Jetzt erst fand ich Zeit, die illustre Gesellschaft rundum näher zu betrachten. Der Kaiser war nicht anwesend; seine hartnäckige Erkältung band ihn zu Hause fest. Wieder fand ich an den Söhnen des Kronprinzen besonderen Gefallen, wie sie sich in ihren schmucken Uniformen recht manierlich bewegten. Ein junges Bürschchen machte sich mit den Edelsteinen an meinem Gürtel zu schaffen. Die Frau des Prinzen Friedrich Karl ist eine auffallende Erscheinung; ihre beiden Töchter beweisen, daß sie selbst früher eine anerkannte Schönheit gewesen sein muß. Auch Prinz Karl war mit seiner Frau zugegen, und in ihrer Begleitung der Stern weiblicher Schönheit am Hof, die Hofdame von Glienicke. Eine ganze Reihe von Prinzen aus den verschiedenen deutschen Ländern wurde mir vorgestellt. Oh, hätte ich doch an der Seite des lieblichen Hoffräuleins unten im geheimnisvoll leuchtenden Lichterpark spazieren können, aber unbelästigt und allein! Ich hätte dann den göttlichen Hafis für mich sprechen lassen, und seine Verse wären genug gewesen, um von ihr verstanden zu werden. Rose und Nachtigall haben es so leicht, in dieser Nacht zusammenzukommen. Die Menschen aber und gerade die Mitglieder der Herrscherhäuser sind nicht so glücklich daran. Die Rose kann ihren Duft nach Glienicke tragen, die Nachtigall aber muß nach Berlin zurück und kann den Hafis allein und nur für die Sehnsucht des Herzens rezitieren. Der Wundernacht fehlt das Wunder der Erfüllung. Lebe wohl, Rose von Glienicke!

Wiesbaden, 10. Juni 1873

Ziemlich schweren Herzens habe ich die Hauptstadt der Deutschen und ihre interessanten Menschen verlassen. Auch von den verschiedenen Einrichtungen, die ich kennenlernen durfte und auch als segensreich für ein Volk erachtet habe, war Abschied zu nehmen. Ich muß es hier sagen: Die Deutschen trage ich in das Buch der mir sympathischen Menschen ein.

In den letzten Berliner Tagen war sehr viel an neuen und interessanten Eindrücken auf mich eingestürmt. Man möge mir keinen Vorwurf machen, daß dies alles in mir noch nicht wirksam werden konnte. So könnte man mir Gleichgültigkeit gegenüber vielen Dingen, die mir in jenen Tagen vorgestellt worden waren, nachsagen und dabei nicht berücksichtigen, daß meine Gedanken auch einmal müde werden. Ich bin ein Sohn des Morgenlandes, dem die beschauliche Ruhe mehr Bedürfnis als jenen bedeutet, die, ob arm oder reich, von frühester Jugend an zum Arbeiten und zum fort-

In Potsdam wurde Schah Nasreddin von den Vertretern des Kaiserhauses verabschiedet.

währenden Wühlen angehalten werden. Sie sind aus einem härteren Holz; sie mögen ihre Grundsätze fast für wahr halten, daß die Vorzüge des Erdendaseins eine Summe von unentwegten Kämpfen und Anstrengungen darstellen. Sie ringen mit ihren Feldern, mit den Unbilden der Witterung, mit der Sonne, deren Stiefkinder sie im Vergleich zu uns sind — sie kommen aus den Ringkämpfen gar nicht heraus. Es ist verständlich, daß wir weicheren Menschen einer gnädigeren Klimazone nicht in der Lage sind, es ihrem Beispiel gleichzutun, ohne rasch zu ermüden. Und da habe ich nun mit meinen Augen wirklich länger ausgehalten als irgendeiner meiner mit mir gereisten Untertanen.

Ich benötige jetzt ein nicht geringes Maß an Erholung für Leib und Seele, denen noch viel Arbeit in den Ländern der Engländer und Franzosen bevorsteht. Es war daher ein kluger Gedanke, mich einige Zeit mir selbst zu überlassen.

Diesen weisen Gedanken hatte der Kaiser gehabt. Angenehme Folge ist, daß ich mich nun in der schönen Gartenstadt Wiesbaden aufhalte. Sie war noch vor sieben Jahren unter einem kleinen Fürsten die Residenzstadt eines Ländchens (Herzogtum Nassau), kam aber nach dem Krieg gegen Österreich zum König von Preußen und ist jetzt eine der vielen Städte im deutschen Kaiserreich.

Hier bewohne ich den Palast des früheren Fürsten, habe mich keinem Ritual eines Hofes zu unterwerfen, dessen Gast ich bin, muß mich nicht den geschäftigen Höflingen ausliefern, die alle Tage ein anderes anstrengendes Schauspiel für mich erfinden, und brauche keinem Zeremonienmeister zu folgen, der mich zu allen möglichen Festen bei Tag und Nacht aus dem Haus kommandiert, und muß nicht auf liebenswürdige Gastgeber Rücksicht nehmen. Das alles tut nach den vielen lärmreichen Tagen so wohl, die mich seit dem Augenblick, da ich meinen Fuß erstmals auf den Boden der Ungläubigen gesetzt habe, verfolgt und mir kaum eine Stunde der Besinnung gelassen haben.

Auf dem Weg hierher erlebte ich die faszinierende Welt der gewaltigen Eisenbahnanlagen dieses Reiches. Der Dampf scheint mir das richtige Element dieser betriebsamen Deutschen zu sein. Der Ablauf des Verkehrs verwirrt beinahe. Das fliegt auf den unzähligen, sich kreuzenden Eisensträngen hinein und heraus. An manchen Orten verlor ich geradezu den Überblick. Wer kann sich da noch zurechtfinden in den abfahrenden und ankommenden Zügen, die alle so sorgsam und in einer strengen Ordnung ihren vorgeschriebenen Weg nehmen. Wenn ich nur in meinem Reich auch einen solchen, nur annähernd schönen Anblick von Rührigkeit hätte! Reuter[7] verspricht ihn mir, und ich will hoffen, daß er es schafft. Er ist ein Deutscher, und das sollte eigentlich für mich ausschlaggebend sein, an die Verwirklichung seines Versprechens zu glauben.

Auf einer Station — ich weiß nicht mehr, wo es war — haben sie mich in die gewaltige Kanonenwerkstatt geführt, die ein einfacher Bürger des Reiches gegründet und zur höchsten Blüte gebracht hat. Der Mann hat jene Ungeheuer geliefert, die der französischen Hauptstadt vor drei Jahren so übel mitgespielt haben. Er baut Artillerie-Ungetüme, bei deren Anblick man sich schon fürchten muß. Ich möchte nicht der Monarch sein, der in nächster Zeit mit den Geschossen aus diesen Rohren Bekanntschaft machen muß. Wer immer mit dem Gedanken des Krieges spielt, sollte sich so etwas ansehen. Die Friedenseinsicht käme ihm sehr schnell. Trotzdem war ich froh, mich nicht lange in der Geschützfabrik aufgehalten zu haben. Diesmal übertraf mein Ruhebedürfnis meine sonst sehr großen artilleristischen Ambitionen.

In Wiesbaden traf ich meinen Gesandten Nazar-Aga, der mich nach London geleiten wird. Er berichtete mir sehr viel über die umfangreichen Vorbereitungen, die man dort für meinen Besuch trifft. Im Volke herrsche große Erwartung und Bereitschaft, mich mit offenen Armen zu empfangen. Man habe sich vorgenommen, alles aufzubieten und alles zu übertreffen, was ich bisher gesehen habe. Oh, ich kenne meine Herren Engländer! Und ich weiß, daß sie mich brauchen. Denn sonst wären sie sicher nicht in einer so großen Geberlaune. Der Bericht über die bevorstehenden Tage durch Nazar-Aga bestärkte mich daher in meinem Wunsch, diese kurze Zeit der Ruhe in Wiesbaden besonders auszunutzen und meine gesegnete Konstitution zu pflegen.

Leider ist dieser Vorsatz nur ein frommer Wunsch geblieben; denn selbst die einfache Gartenstadt Wiesbaden wollte den König der Könige nicht ohne Ehren aus ihren Mauern ziehen lassen. Und das bedeutete neue Anstrengungen für mich. Gleich am ersten Abend hatten hier die Ungläubigen den Einfall, mich mit ihrer Musik auf dem Platz vor dem Palast zu traktieren. Ich habe nun wenig angeborene Liebe für diesen Lärm der Instrumente mit in die Länder der Ungläubigen gebracht. Diese geringe Zuneigung wurde weder in Petersburg noch in Berlin in irgendeiner Weise günstiger gestimmt.

So stellten sich da unten vor meinen Fenstern etliche Musikanten auf und bliesen ihre starken Lungen leer, putzten die Löcher ihrer Instrumente und schmetterten erneut ihre lauten Töne heraus. Aus dem gedruckten Papier, das sie mir ins Schloß geschickt hatten, entnahm Gasteiger, daß sich dieses Blasen und Putzen noch zwölfmal wiederholen sollte. Ich fragte ihn, ob er die Musiker nicht veranlassen könnte, etwas schneller zu spielen. Gasteiger ging hinunter, kam aber mit dem Bescheid zurück, daß sich die Kapelle an ein bestimmtes Zeitmaß halten müsse und nicht anders spielen könne, als ihr vorgeschrieben sei. Dann ließ ich fragen, ob es nicht zu ermöglichen wäre, die noch fehlenden zehn Musikstücke in einem zusammenzufassen und so das Programm zu verkürzen. Gasteiger kam mit einem gleichermaßen verlegenen Gesicht nach oben, ohne eine andere Antwort bereit zu haben, als daß mein Ansinnen unmöglich sei. Diese Leute könnten mich mit ihrer Aufrichtigkeit und ihrem Pflichtbewußtsein zur Verzweiflung bringen. In Iran hat man da eine viel bessere Methode. In solchen Fällen unterschlagen die Musikanten von vorneherein gleich mal die Hälfte von dem, was sie zu spielen beauftragt wurden, um sich dann im allgemeinen die zweite Hälfte auch noch schenken zu lassen.

Die Musiker hier aber hatten ihre verteufelten Grundsätze. Sie ließen sich nicht einmal in Verhandlungen ein und gingen erst dann wieder fort, als sie alles heruntergespielt hatten. In der Zwischenzeit war ich längst zur Absicherung meiner Ohren im hintersten meiner Gemächer verschwunden und hatte meinen Leuten befohlen, es ebenso zu halten. Nach einer guten halben Stunde kehrte endlich Ruhe ein, so daß ich an Schlaf denken konnte.

Am Morgen gab es ein köstliches Erwachen; denn

vor der Tür stand kein Mann vom Hof, der mich irgendwohin hätte schleppen müssen. Dem guten General, der mich von der Grenze Preußens an begleitet und auch nach hier gebracht hatte, war schon am Tag zuvor frei gegeben worden, was ihm sicher nicht unangenehm war. Ich war nun mal keines Menschen Gast und wollte es hier auch für die nächsten Tage nicht sein.

So hatte ich Zeit, mich wieder einmal eingehend mit meinen Leuten zu beschäftigen, die durch das neue Leben völlig außer Rand und Band geraten waren. Einige von den Burschen hatten sich schon in Berlin mit dem Wein der Deutschen vollgepumpt und ihre Pflichten schwerwiegend vernachlässigt. Hier, in Wiesbaden, wo der Wein für sie in Strömen fließt, waren sie gar nicht mehr zu bremsen. Als ich nach meinem persönlichen Adjutanten verlangte, war er noch nicht einmal zu transportieren, geschweige denn imstande, von selbst zu gehen. Er wälzte sich in seinem Zimmer mit mehreren meiner Leute herum. Alle grölten: »Fort mit Allah, wir wollen Ungläubige werden!«

Kein Wunder, daß diese Burschen unter den ungläubigen Bediensteten großes Aufsehen erregten. Das ärgerte mich begreiflicherweise in höchstem Maße. Wären wir nicht in der Fremde, ihre Köpfe wären nicht mehr lange schwer und durcheinander gewesen; denn mein Leibhenker hätte sie ihnen kurz und schnell abgenommen. Sie sollten sich aber keine Illusionen machen; für diese Erleichterungen ihres geplagten Leibes sind sie für den Augenblick vorgemerkt, da wir wieder den Boden unseres Reiches betreten.

Nach dem Frühstück bummelte ich in der schönen Umgebung der Stadt umher, suchte die Stille der Wälder und Gärten, die im prächtigsten Grün lagen. War ich müde, so bestieg ich meinen Fuchshengst und ritt mit ihm weit in das herrliche Land hinaus, wo die Luft reiner und frischer war. Der Oberstallmeister hatte Mühe, mir zu folgen.

Am Abend machte man im Park wieder Musik für mich. Aber ich kam nicht. Ich schickte meine Minister und Prinzen, die genug Brillanten trugen, um Aufmerksamkeit zu erregen. Abdul Samid-Mirza überließ ich die Vertretung des Kadscharenhauses bei dem Frauenvolk, das im Palast zusammengelaufen war und Interesse für mich zeigte. Ich selbst bearbeitete mit Hadschi Mirza Hussein-Khan noch einmal die Eisenbahnpläne Reuters. Zu meinem Ergötzen ließ ich mir dann von Gasteiger einige Briefe von Frauen vorlesen, die ich in großen Haufen in Berlin erhalten hatte. Wenn ich in Teheran eine Sammlung von solchen Briefen herausgäbe, würde ich sicher einen interessanten Beitrag zur Charakterisierung der gebildeten Frauen in Deutschland liefern. Sie schreiben fast alle recht gescheit von unseren persischen Dichtern und legen mir ihre Bilder bei. In der russischen Hauptstadt bekam ich nur Beweise, daß die Frauen des Schreibens kundig sind; hier schicken sie schon ihre Konterfeis. Dies scheint mir ein beachtlicher Fortschritt zu sein, und wenn sich die Kultur nach Westen wirklich im Fortschritt befindet, so kann ich damit rechnen, daß die Frauen von Paris persönlich an meiner Tür vorsprechen werden.

Am folgenden Tag veranstalteten sie ein Feuerwerk für mich. Nach langem Zögern entschloß ich mich, es mir anzuschauen. Ich mußte ihnen doch mal die Ehre geben, den guten Leuten der Stadt Wiesbaden. Nach dem märchenhaften Nachtfest in Potsdam, von dessen Zauber ich immer noch zehre, war mit den Raketen, die da in den dunklen Himmel prasselten, bei mir nicht allzu großer Eindruck zu schinden. Trotzdem sah ich mir den Feuerwirbel bis zum Ende an.

Später ließ ich mich in jene Säle führen, die der Stadt einst Weltruf verliehen haben. Da war nämlich jahrelang öffentlich gespielt worden, so nach Landsknechtsart, wie wir es in Iran lieben. Aus allen Teilen der Welt waren die Menschen hierher gekommen, um ihr Geld anzubringen. Der Kaiser hat erst kürzlich diesen kostspieligen, öffentlichen Zeitvertreib, für den viele Leute Hab und Gut eingebüßt haben, verboten. Die Säle sind still geworden; es rollt kein Geld mehr. In einem Raum lärmte ein Musikkasten, den ein Fräulein in Bewegung setzte. In einem anderen spielten zwei ältere Männer unser heimisches Schach, während im nächsten ein Haufen von Tageszeitungen in allen Sprachen gestapelt war. Da sah ich auch einige mit Abbildungen und erblickte in einem Blatt einen stur dreinblickenden Herrn mit einer Lammfellmütze auf dem Kopf. Man sagte mir, dies sei der Schah von Persien. Diesen Mann auf dem Bild müssen meine Feinde während meiner Abwesenheit von Teheran auf den iranischen Thron gesetzt haben. Mir war er auf jeden Fall unbekannt.

Auch zu einem glänzenden Ball hatten sie mich eingeladen. Ich schickte Sultan Samid-Mirza, meinen Tanzbeauftragten für ganz Europa.

Einen recht vergnüglichen Abend bereiteten mir jedoch die Ungläubigen von Wiesbaden, und er sei ihnen nicht vergessen. Sie schickten mir einen Hexenmeister und Zauberkünstler in den Palast, wo er mir seine erstaunlichen Fähigkeiten vorführte. Mit der Beweglichkeit seiner Hände erntete er von allen höchste Bewunderung und Anerkennung. Seine Finger waren in lebhafter Tätigkeit und ließen alles verschwinden, was sie erwischen konnten. Und das unmittelbar vor unseren Augen! Er steckte Muhammed Rachim-Khan, meinem Zeremonienmeister, eine Rolle Münzen in die Tasche. Wir beobachteten das alles recht genau, und doch lag eben diese Rolle Augenblicke später in meiner Tasche, aus der sie dieser Allerweltskerl herausangelte. Wäre die Geschichte umgekehrt gewesen, so hätte ich sie ganz logisch gefunden. Aber der Zauberer hat es fertiggebracht, daß Muhammed Rachim-Khan auch einmal Gold an mich ausliefern mußte, das bereits in seiner Tasche war, und dies war das Unerhörte und Vergnügliche an der ganzen Sache.

Der Mann war einfach großartig. Nach allen Seiten und in allen Variationen ließ er seine Fertigkeiten spielen. So holte er Sultan Murad-Mirzas Lammfellmütze aus einem frischgebackenen Omelett heraus und gab sie dem schon bleich gewordenen Murad unversehrt zurück. Eine Fanfare von Gelächter aus den Reihen meiner Leute begleitete diesen köstlichen Scherz. Eine gebackene Lammfellmütze — ich bin überzeugt, sie wird dem armen Mirza für alle Zeit noch manchen Spott einbringen. Dieser Zauberer hatte uns einen so großen Spaß bereitet, daß ich ihm das Angebot machen mußte, mein Gast in Teheran zu sein, wo er sicher ein dankbares Publikum finden wird.

Am nächsten Tag fuhren wir über den großen Strom der Deutschen, auf den sie alle stolz sind, hinweg, ihrem netten Land Lebewohl sagend. Über das kleine Belgien ging es nun in das Reich der Engländer, nach London.

In England

London, 18. Juni 1873

Da wäre ich also nun unter den Engländern, geradewegs in ihrer Hauptstadt London. Ich muß es diesen Ungläubigen bestätigen, sie verstehen es von allen am besten, mit mir und für mich Lärm zu schlagen. Wüßte ich nicht, daß sie in dieser ihrer Bemühung nicht zu überbieten sind, wüßte ich nicht, daß ein Nochmehr zu den Unmöglichkeiten gehören muß, ich würde erst gar nicht mehr den Versuch machen, die Ungläubigen in den Ländern Frankreichs und Österreichs zu besuchen. Ich würde auf der Stelle nach Hause fahren. Mehr Krach, als er mich hier stundenlang umtobte, könnte ich wirklich nicht ertragen.

Die Tage der Ruhe, die ich seit Berlin genießen durfte, haben mich verwöhnt, mir aber auch frische Kräfte verliehen, ohne die ich hier verloren wäre. Zu den ruhigen Tagen zählen auch jene, die ich im kleinen Land Belgien verbrachte. Die reizende Hauptstadt besichtigte ich so nebenbei, weil sie recht günstig auf meinem Weg lag. Ich hätte zwar nichts versäumt, wenn ich das Ländchen nicht gesehen hätte, auf das der von mir verehrte große Napoleon so heftigen Appetit gehabt hat, weil es für sein Franzosenreich so außerordentlich bequem lag — es paßt zu Frankreich wie der Käse zum Brot. Auch sein Regent, der kein sonderliches Aufsehen mit mir machte, wäre nicht verzweifelt gewesen, wenn er meine Bekanntschaft nicht gemacht hätte. Der Besuch aber füllte meine Zeit etwas aus und verlangte keine übermäßige Anstrengung von mir. So geziemt es sich, daß ich diesem kleinen König unter den

Ungläubigen, in dessen Land das Fabrikfeuer nie erlischt und in dem so viele Schornsteine wie bei uns Tabakspfeifen qualmen, meinen aufrichtigen Dank sage.

In seiner Hafenstadt Ostende bestieg ich heute morgen das Schiff, das mir die gute Herrscherin des Inselreiches entgegengeschickt hatte. Ich war nicht gerade begeistert, als ich es betrat. Die Hinterhältigkeit des Meeres der Ungläubigen, das ich bei meiner Fahrt nach Rußland überqueren mußte, war mir noch lebhaft im Gedächtnis. Es sollte aber nur eine Fahrt von wenigen Stunden werden. Das Wetter war freundlich, der Himmel blau und das Wasser ein klarer Spiegel. Gleich nach der Abfahrt dachte ich mir, daß sich dieses Wasser der Ungläubigen recht artig gegen mich benehmen wollte, um jenes böse Verhalten wiedergutzumachen, mit dem sich das Kaspische Meer am König der Könige versündigt hatte. Es benahm sich auch wirklich artig. Gleichmäßig trug es uns dahin, brachte unsere Beine nicht ins Schwanken und ließ, was die Hauptsache war, den Magen und seinen Inhalt brav in Ruhe.

Ich saß auf einem seidenen Kissen an Bord und schaute blinzelnd dem Wolkengekräusel meiner Wasserpfeife nach, als mich ein mächtiges Getöse aus meinen Gedanken schreckte. Es war Kanonendonner. Die ersten lauten Grüße kamen von den Schiffen der Engländer, die uns bereits entgegengekommen waren, als wir erst einige Meilen von Ostende entfernt waren. Zwei Kriegsschiffe kamen immer näher und wurden größer und größer. Der Admiral, der mich begleitete, nannte sie mir. Ich habe aber ihre Namen nicht behalten. Meinem Auge jedoch erschienen sie mächtig und eindrucksvoll. Als wir sie passierten, registrierte ich an ihren Decks das rege Treiben der vielen kühnen Matrosen, die über die Masten nach oben kletterten, ihre Mützen schwenkten und die Kanonenschüsse mit Geschrei begleiteten.

Die volle Salve dröhnte noch in meinen Ohren, da brach ein neuer Donner los, gewaltiger noch als der erste. Ein wahres Ungetüm von einem Schiff, in Erz gekleidet, jagte auf uns zu und ließ die Luft mit seinem Willkommensgruß erzittern. Der Koloß heißt »Die Vernichtung« und dürfte bei einer Schlacht auf dem Meer seinem Namen alle Ehre machen. Ich hätte nie geglaubt, daß das Wasser eine solche Masse tragen kann. Mein Bruder Abdul Samid-Mirza, der große Prophet des Ungläubigen-Balletts, schien bei jeder neuen Salve dem Zusammenbruch nahe zu sein. Das wäre so der Musteradmiral für mich, wenn ich eine Flotte besäße! Meine anderen Prinzen und Begleiter glotzten wie verhext in das Ungeheuer hinein. Wir hatten ja alle zusammen so etwas noch nie gesehen; nur Malcolm-Khan und Nazar-Aga wußten einiges von derartigen Seeungeheuern der Engländer zu erzählen.

Aber immer neue Kriegsschiffe kamen angefahren, und ihr Lärm erfüllte die Luft, so daß nichts mehr zu verstehen war, was der eine oder andere von meinen Leuten sagen wollte. Auch den Seevögeln schien der Schrecken ins Gefieder gefahren zu sein, noch schlimmer als meinem Bruder; denn sie waren in wilder Flucht von unserem Schiff verschwunden, um das sie sich vorher friedlich und vergnügt getummelt hatten.

Es war ein unbeschreibliches Schauspiel, als sich bald darauf die Flotte der Engländer, die man uns zur Begrüßung entgegengesandt hatte, in einem Halbkreis um uns aufgestellt hatte. Elf große Schiffe waren es, unter ihnen eines, das der »Vernichtung« sehr ähnlich war. Alle hatten riesige Leiber, mit und ohne Panzer, mit Fahnen geschmückt, mit Menschen überfüllt und eine Salve nach der anderen hinausjagend, ein wildes Orchester. Der poetische Ali Kuli-Mirza nannte es den Donnerhymnus an den König der Könige. Sehr schön ausgedrückt, aber auf die Dauer doch zu strapaziös für mein armes Ohr. Es war glücklich, dann doch dem Lärm einer Seeschlacht entkommen zu sein.

Bald war Dover in Sicht und erreicht. Unter lautem Jubel, der uns gewiß etwas seltsam berührte, weil er komischerweise von den Matrosen unseres Schiffes angestimmt worden war, legten wir an. Sofort kamen die beiden jüngsten Söhne der englischen Königin zu mir an Deck und begrüßten mich. In ihrem Gefolge waren einige Männer der Regierung in roter, rotblauer und blauer Kleidung, mit großen und vielen Orden geschmückt. Noch einmal mußte ich das Brüllen der Ungeheuer über mich ergehen lassen.

Dann endlich saßen wir ruhig und geborgen in einem Waggon der Eisenbahn, begleitet von den englischen Prinzen. Lange waren wir nicht unterwegs. Da hielten wir in einer Station, wo uns ein Mann, in großer, kunstvoller Puderperücke und mit einer noch größeren, goldenen Kette behangen, in Empfang nahm. Er hielt eine lange Rede. Es war der Bürgermeister von Dover. Ich muß ihm aber bescheinigen, daß er mit uns ein Einsehen hatte und uns ein Frühstück servieren ließ. Hadschi Mirza Hussein-Khan sagte ihm in aller Dankbarkeit, daß ich mich freue, zu Freunden nach England gekommen zu sein. Das Frühstück schmeckte ausgezeichnet. Die freundlichen, jugendlichen Gesichter der beiden Prinzen des englischen Königshauses waren für meine Stimmung die passende Zugabe.

Gestärkt und froh bestieg ich wieder den Eisenbahnwagen und fuhr durch eine lange Reihe englischer Soldaten in roten Uniformen, die längs des Weges Posten bezogen hatten. Auf dem Weg zur Hauptstadt überall gaffende Mäuler, schreiende Stimmen und neugierige Augen. Der große und belebte Bahnhof war ein einziges lärmendes, erregtes Meer, das mich bis zum Palast der Königin nicht mehr aus seinem Griff ließ.

Ich bin nun der Gast der Herrscherin. Allah sei Dank! Die Kanonen geben Ruhe, und meine Ohren haben Gelegenheit, sich wieder zu erholen. Dieser tosende Auftakt scheint ja recht viele und harte Arbeit für Auge und Ohr zu versprechen. Der Prophet Ali[1] wird mir beistehen und mir helfen, das zu ertragen, was man mit mir hier im Schilde zu führen scheint. Es geschieht ja alles zum Ruhme seines Sohnes, und dessen Ruhm ist auch meiner. Bei Ali und bei Allah!

London, 19. Juni 1873

Heute verstand man es, mir eine große Freude zu bereiten. Nach dem Frühstück lud man mich nämlich ein, das Nebenzimmer zu betreten. Das geschah sehr geheimnisvoll. Ich hatte wirklich keine Ahnung, was mir bevorstand. Ich hätte es auch nie erraten können.

Man führte mich vor einen Kasten, der Tasten wie ein Musikschränkchen besaß, von wo aus eiserne Drähte durch das Zimmer hinaus auf die Straße liefen. Da saß ein Mann, den man mir als Professor von Siemens vorstellte und der mich durch meinen Minister fragen ließ, ob ich nicht etwas nach Teheran zu bestellen hätte. Ich könnte dann nämlich hier gleich die Antwort erwarten. Ich hätte den Ungläubigen vor Freude am liebsten umarmt. Sie hatten die Telegraphenleitung, die jetzt von Indien über Iran bis nach England reicht, zu meinen Gemächern in den Buckingham-Palast verlängert.

Das war eine grandiose und mich heiter stimmende Idee. Da steckte doch der gute Reuter dahinter, der mir die Vorteile, die mein neuester Vertrag mit ihm für Iran bringen soll — sicher wird dabei auch für ihn einiges abfallen —, recht deutlich vor Augen führen wollte. Wer immer auf diesen Gedanken gekommen sein mag, ihm sei gesagt, daß er mir wohl die größte Freude auf dieser Reise gemacht hat.

Tausende von Meilen trennten mich von meinem sonnigen Iran. Ein einfacher Draht brachte mir in kurzer Zeit die jüngsten Nachrichten von dort, und mein Herz klopfte erregt bei dieser Vorstellung. Ich ergriff rasch die Gelegenheit.

Zuerst ließ ich den Gouverneur von Teheran fragen: »Was gibt es Neues in Iran?«

Die Zeit, so kurz sie auch war, schien mir unendlich lang, ehe die Antwort aus meinem Reich kam. Ich wollte immer noch nicht daran glauben, daß eine solche Blitzbotschaft möglich sein konnte.

Endlich war sie da. Herr von Siemens entzifferte sie: »Iran ist ruhig wie die Nacht, die über uns ausgebreitet ist. Das Reich segnet den Schatten Eurer Majestät, die jetzt seiner gedacht hat.«

Der Gouverneur muß nicht wenig erstaunt gewesen sein und sich die Augen gerieben haben, als er meine Frage aus London erhalten hatte.

Kein Wunder, daß ich nun Frage um Frage nach Teheran stellen wollte. Am liebsten hätte ich mich selbst an den Kasten gesetzt und drauflos gearbeitet, wenn ich etwas von der Apparatur verstanden hätte.

Ganz Teheran hätte ich wohl an den Draht kommen lassen und ausgefragt.

Meine zweite Frage war wieder an den Gouverneur gerichtet: »Kocht das Herz des Scheich ul-Islam[2] noch immer vor Ärger über meine Reise zu den Ungläubigen?«

Darauf kam bald die Antwort: »Die Mullahs preisen dich, und der Vorbeter spricht an allen Freitagen mit lauter Stimme das Gebet für den König.«

Ja, sie beten für mich, diese scheinheiligen Mullahs, aber nur aus Furcht. Wenn dieser Draht in das Innerste ihres Herzens leuchten könnte, dann sähe ich doch etwas ganz anderes als ein frommes Gebet für mich und mein Wohlbefinden. Der Gouverneur haßt sie so wie ich. Und sie fürchten ihn so wie mich.

Na gut, ich wußte, daß in Iran Ruhe herrschte. Der Scheich ul-Islam machte keinen Ärger. So konnte ich beruhigt sein. Deshalb wandte ich mich an den Obereunuchen: »Ist im Harem Ruhe und Ordnung? Unter den Ehefrauen und auch unter den Nebenfrauen? Wie geht es der Königinmutter? Ist die Reisspeise fett genug?«

Die Antwort ließ nicht lange auf sich warten. Der Eunuchen-Aga antwortete: »Die Frauen blühen und sind schön wie die Rosen von Schiraz. Sie segnen dich, vor allem Sultanah Valide [die Königinmutter]. Die Reisspeise ist vorzüglich.«

Das Reich, die Mullahs und der Harem sind in schönster Ruhe und Zufriedenheit. Was wollte ich mehr? So konnte ich den Telegraphen dem Ministerpräsidenten und den übrigen Leuten meiner Begleitung überlassen, die sich in einem Heißhunger nach Neuigkeiten auf den Kasten stürzten und ihn am liebsten alle auf einmal benutzen wollten. Sie ließen auch gleich die neuesten Nachrichten nach Teheran durchgeben. Abdul Samid-Mirza teilte der Königinmutter mit, daß er unter den Frauen der Ungläubigen die »Perle der muslimischen Jünglinge« genannt werde. Seine und damit auch meine Mutter wird es ihm geglaubt haben. Muhammad Rachim-Khan verlangte einen neuen Überrock, war aber sehr enttäuscht, als statt des Kleidungsstückes der Telegraphenapparat nur das Versprechen von sich gab, daß man ihm einen schicken werde. — Imam Kuli überraschte seine Frau mit der Mitteilung, daß er täglich ein frisches Hemd anziehe und beim Schneuzen nicht mehr seine Finger benutze.

Viele solcher Nachrichten, die für das Reich von großem Interesse waren, erreichten an diesem Vormittag pünktlich und schnell die iranische Hauptstadt. Seit ich über das Land herrsche, und das sind immerhin schon fünfundzwanzig Jahre, sind nicht so viele Fragen aus dem Erdteil der Ungläubigen nach Teheran gekommen wie an diesem einen Tag. Meine Hauptstadt mußte sich in nicht geringer Aufregung befinden. Der König der Könige ist über hundert Tagereisen von Iran entfernt, und doch dringt das Wort, von ihm gerade gesprochen, wenig später schon zu den Ohren seiner Untertanen. Mit diesem Apparat eilt jeder seiner Gedanken zu ihnen. Das werden viele mit ihrem bißchen Verstand, den ihnen Allah gegeben hat, nicht begreifen. Sie werden sich fassungslos hinhocken und jetzt noch mehr Haschisch genießen, als sie sonst tun, um sich mit diesem Wunder nicht weiter den Kopf zerbrechen zu müssen.

Vielleicht hat Reuter recht, wenn er sagt, daß seine Eisenbahnen, Straßen, Kanäle und Telegraphen in Iran andere Menschen schaffen werden. Es wird weniger Haschisch-Esser, dafür mehr gescheite Köpfe geben. Vielleicht rotten diese bedeutungsvollen Einrichtungen der Kultur der Ungläubigen auch die Mullahs aus. Denn sie sind doch wohl die eigentlichen Feinde Irans. Ich habe zwar im Deutschen Reich mit seinen vielen Eisenbahnen und Telegraphenstangen nicht gehört, daß die Lokomotive die harten Mullah-Schädel hätte zertrümmern können, und sie dampft doch schon recht lange auf ihren Eisenwegen dahin. Aber die Mullahs der Ungläubigen fürchten diese Instrumente der Bildung doch etwas. Sie haben eine Abneigung gegen jedes Licht, also auch gegen das glühende Auge der Maschine. Und schon deshalb sollte Iran solche glühenden Augen erhalten. Die Galle meiner Mullahs wird heute schon ganz schön gekocht haben, als mein sonderbarer, geflügelter Bote meine Fragen so rasch nach Teheran und die Antworten von Teheran nach hier gebracht hat. Sie zittern jetzt wohl innerlich und zetern nach außen hin recht lautstark über Zauberei und allerlei böse Künste, die sich mit mir verbunden hätten, und sagen Iran den Untergang voraus. Einen Untergang wird es freilich in Iran geben. Aber sie ahnen nicht, daß es der ihre sein dürfte.

Nach dem Vergnügen die Arbeit. Ich mußte Besuche machen. Schon gestern hatten sich die Prinzen des Königshauses bei mir in einem Salon vorgestellt. Heute mußte ich nun ihren Besuch erwidern. So will es der Brauch bei den Ungläubigen, dessen Sklave ich hier bin. Zum Glück gibt es in der Familie der Königin des Inselreiches nicht allzu viele Prinzen. An den Höfen von Rußland und Deutschland gab es eine so große Zahl, daß es mir schwerfiel, sie auseinanderzuhalten. So passierte es mir einmal in Berlin, daß ich einen Mirza[3], der Gedichte schrieb, einen doppelten Mirza also, einen Mirza »von hinten und vorne«, für einen berühmten Heerführer aus dem Deutsch-Französischen Krieg gehalten habe.

Dabei hat dieser Mann nie ein Schwert, sondern nur die Feder und das Tintenfaß geführt.

Hier werde ich allerdings nicht in die Verlegenheit kommen, die Prinzen zu verwechseln, und sie für Gelehrte halten oder umgekehrt. Besonders werde ich keinen von ihnen für den Helden halten, der möglicherweise der andere sein könnte, weil noch keiner von ihnen in Versuchung geraten ist, ein Held sein zu müssen. Es gibt hier nur drei Prinzen von höchstem Rang, den Thronfolger, den sie hier Prinz von Wales nennen, dann den Herzog von Edinburgh und den Prinzen Alfred, Bruder der beiden, alle drei Söhne der Königin und ihres verstorbenen Gemahls, eines ehemaligen deutschen Fürsten. Außerdem gibt es noch einen Herzog von Cambridge und einen von Teck. Das ist alles. Man kann sie schon im Kopf behalten.

Der Prinz von Wales [der spätere König Eduard VII.] ist, wie mir Malcolm-Khan sagt, ein junger Mann, der sich seine bevorzugte Stellung neben seiner Mutter recht gut bekommen läßt. Er sitzt immer auf dem Anstand, wenn es gilt, ein Stück Wild oder ein schönes Frauenzimmer zu jagen. Er ist ein Freund extravaganter Gelage, köstlicher Weine, freundlich und aufgeschlossen für jedermann, ein froher Bursche, voll trefflichen Humors und guter, aber auch zweideutiger Lieder und tolldreister Späße. In früherer Zeit hat ihm mancher Streich dieser Art den Unwillen des Volkes eingetragen und die Mutter verärgert. Eine schwere

Krankheit soll ihn jedoch in vielen Dingen ernst gemacht haben. Er hat eine Schwester des russischen Thronfolgers zur Frau, die, wenn sie auch nicht sein Herz und seine Liebe besitzt, so aber doch seine Politik beeinflußt; denn er ist ganz wie der eine seiner Schwäger ein Freund der Franzosen und zum Unterschied zu seinem anderen Schwager, dem deutschen Thronfolger, ein Feind der Deutschen, während seine Mutter gerade in umgekehrte Richtung tendiert. Das ist ein wahrhaft buntes Gemisch von Neigungen und Antipathien. Der Prinz von Wales wird sich mit seinen politischen Ambitionen aber etwas zügeln müssen, zumindest noch bis zu dem Augenblick, da er den Thron Englands besteigen kann. Und auch dann dürfte es für ihn mit seiner Politik im englischen Reich nicht so einfach sein.

Denn die Politik des Landes wird nicht in erster Linie vom Regenten, sondern von den gewählten Vertretern der Städte, der Landschaften, der Arbeiterschaft und den Vertretern des Adels gemacht. Man paßt auch sehr auf, ob sich das Land durch das Verhalten des Prinzen die Kasse füllen kann oder nicht. Denn darauf kommt es im Inselreich grundsätzlich zuerst an. Um die Kasse handelt es sich auch vornehmlich beim Verhältnis zu Rußland, das den Engländern durch seine Handelsmanipulationen in Zentralasien, dem so heißgeliebten Indien, der Quelle des vielen Geldes, über das sie hier verfügen, immer mehr auf den Pelz rückt. Und das kann bös ins Auge gehen. Vor allem wenn die militärische Expedition aus Chiwa weiter nach Afghanistan vordringt. Und da muß man schon um die Freundschaft des Schah-in-Schah wie um einen Bissen Brot betteln. So läßt man sich hier diesen Bissen Brot einen schönen Batzen Geld kosten. Man legt die Pfund Sterling für

Feste am Tag und bei der Nacht, für Revuen, Bälle, Soireen und alle möglichen Veranstaltungen an, die man für mich hier parat hält. Nun, ein Tuman ist des anderen wert. Da die Freundschaft Irans diesen Engländern sehr viel zu bedeuten scheint, werden sie eben ihre Goldschatulle öffnen müssen. Iran braucht Gold, und Rußland ist nicht weit.

So bin ich in meiner Erzählung ganz vom Prinzen von Wales abgekommen. Er nahm mich in seinem Haus mit allen Ehren auf. Seine Frau, eine liebliche Erscheinung mit milden Augen, stand ihm dabei nicht nach. Zu plaudern gab es nicht viel. Das wenige, was zu sprechen war, besorgten Malcolm-Khan und Hadschi Mirza Hussein-Khan. Sie teilten sich redlich zwischen dem Ehepaar. Mir schien, als habe Malcolm-Khan, der sich mit der Prinzessin abzugeben hatte, das erfolgreichere Los gezogen. Er war auch durch allerlei Winke und Andeutungen, mit denen ich einen Aufbruch anzeigen wollte, nicht so schnell von der Frau des Prinzen zu trennen.

»Ihr Gehirn ist feucht, sehr feucht[4]«, sagte er, als ich ihn bei der Abfahrt nach der Frau und ihrer Mentalität fragte. Ich habe meinen Botschafter im Verdacht, daß er seit seiner letzten Reise unter den Ungläubigen Europas ein Ungläubigen-Knecht geworden und schon so weit gediehen ist, jedem weiblichen Wesen der Ungläubigen einen lebhaften Geist anzudichten, wenn die Frau nur eine weiße Haut und ein helles Auge besitzt. Ein Glück, daß die anderen Prinzen des Reiches keine Frauen haben. Wir müssen uns daher nicht allzulange bei ihnen aufhalten.

Der Herzog von Cambridge gefällt mir sehr gut. Er erkundigte sich recht eingehend nach meinem Wohlbefinden, wie ich die Seefahrt vertragen hätte und wie mir das Essen zusage. Das liebe ich, wenn sich ein Fremder an meiner Gesundheit interessiert zeigt.

Auch mit den jungen Prinzen war ich sehr zufrieden. Alfred und Edinburgh sind hübsche, frische und muntere Burschen. Prinz Tick, Tack oder Täck — wie spricht man das bloß aus? — verbeugte sich mehrmals vor mir und meinen Ministern. Er war gewiß ebenso froh wie wir, daß wir nach unserer letzten Verbeugung endlich gingen.

Als wir in den Palast zurückkamen, waren die Gesandten und Botschafter der verschiedenen Herrscher und Regierungen der Ungläubigen Europas schon versammelt, um sich mir vorzustellen. Das war wieder ein hartes Stück Arbeit. Nazar-Aga führte mir jeden einzelnen vor. Ich sprach ein paar Worte mit den Vertretern Österreichs, Rußlands und Frankreichs. Der türkische Gesandte benahm sich weit besser als sein Kollege in Petersburg und gab seiner Freude darüber Ausdruck, daß ein muslimischer Herrscher solche Ehren erfahren dürfe. Es ist sehr nett von diesem Mann, daß ihn diese Tatsache so angenehm berührt. Seinem Herrn aber wird es weit weniger sympathisch sein, daß ein Schiite wie ich in den Ländern der Ungläubigen mit bedeutend größeren Ehren empfangen werde als er, der Beherrscher der Osmanen und Sunniten, fünf Jahre zuvor aufgenommen wurde.

Kaum waren die Gesandten entlassen, da wurden auch schon die Minister der englischen Königin angemeldet. Da hieß es nun, alle Abneigung gegen das Herumstehen zu unterdrücken und den Männern wohl oder übel zuzuhören. Um die Gespräche und Antworten kümmerten sich wieder Nazar-Aga, Malcolm-Khan und Hadschi Mirza Hussein-Khan. Ich nickte nur immer mit meinem gesegneten Haupt, wenn einer meiner Leute, die für mich als Sprachrohre dienten, mir etwas von Bedeutung in persisch sagte. Und von bedeutenden Dingen wurde viel und lange gesprochen. Der Gesandte von Rußland wäre sicher gern unmittelbar bei dieser Unterhaltung zugegen gewesen. Er hatte mit seinem Begleiter sichtbar widerwillig den Palast verlassen, als sich die Diplomaten nach der offiziellen Vorstellung entfernen mußten.

Zum Mittagessen war ich Gast des Herzogs von Edinburgh. Hammelfleisch ist das Lieblingsgericht der Engländer, wie es auch unseres ist. Da haben wir doch mit den Ungläubigen wenigstens etwas gemeinsam. Bei ihnen kommt sehr oft Hammel auf den Tisch, besonders in Gestalt des Spießbratens. Nur hüllen sie ihn nicht in dünnes Fladenbrot, wie wir es zu tun pflegen. Ich habe den Herzog, der neben mir saß, durch Malcolm-Khan auf diese Zubereitungsart aufmerksam machen lassen. Der Herzog allerdings schüttelte den Kopf und wunderte sich sehr über diese ihm unbekannte Verpackung.

Es ist mir überhaupt ein Rätsel, wozu sie bei den Ungläubigen das Brot haben. Sie brocken es nicht wie wir in großen Stücken in die Suppe, um sie anstatt mit dem Löffel mit den Fingern essen zu können. Sie legen auch nicht ihren Braten darauf und wischen sich endlich auch nicht die feuchten Finger daran ab, was wir nun mal tun. Wozu also brauchen sie das Brot? Bloß um es zwischen den verschiedenen Speisen zu kauen und mit dem weichen Inneren Kügelchen zu drehen? Ich glaube, ich gebe es auf, diese Ungläubigen in ihrer Essensart bessern zu wollen. Immer wieder muß ich mich wundern, welche Speisen so aus ihren Küchen kommen. Was da nicht alles auf dem Tisch auftaucht! Sie lassen sich sogar krabbelndes Gesindel auftragen, essen Krebse, die bei uns kein anständiger Mensch anrührt. Was sie aber verstehen und was meine ganze Zuneigung gefunden hat, ist ihr vorzüglicher Käse. Wir haben gerade bei diesem Mahl von dem großen, roten Laib kaum etwas übriggelassen.

Um die Tafel saß eine vielköpfige Versammlung von Damen und Herren, die mir aber auffallend ruhiger erschienen, als sie mich bei Mahlzeiten an anderen Höfen umgeben hatten. Sie haben hier so eine ganz andere Art; sie sprechen bequem und gedehnt, spreizen jede Silbe ihrer Rede gern und breit auseinander, wie sie es mit ihren Beinen tun. Das wären noch am ehesten Ungläubige, aus denen man perserähnliche Menschen machen könnte. Es ist schon ein recht komisches Volk. Da haben sie lange Beine, wissen aber nicht, was sie mit ihnen auf diesen Martersesseln anfangen sollen. Warum schlagen sie diese überlangen Dinger nicht übereinander und setzen sich darauf, dann wäre ihnen und ihren Beinen geholfen. Ich sagte es ihnen auch, aber sie schienen wenig Lust zu einem solchen Versuch zu verspüren. Ein einziger von ihnen hätte es vielleicht probiert, wenn wir allein gewesen wären, nämlich der Prinz von Wales. Er machte den Eindruck, als würde er immer bereit sein, der höfischen Etikette einen Streich zu spielen. Das gefällt mir so an ihm.

Am Abend war ich im Hause des Herzogs von Sutherland. Wie kommt der Mann dazu, den König der Könige empfangen und bewirten zu dürfen? Es ist mir heute noch schleierhaft. Aber er scheint zum Kreis jener Vornehmen der Engländer zu gehören, die ein

Anrecht auf den Empfang fremder Majestäten haben. Malcolm-Khan sagte mir, er habe auch den Sultan der Türkei, den Herrscher der Osmanen, bei sich zu Gast gehabt. Da mußte ich freilich erst recht sein Haus aufsuchen.

Stafford-Haus nennen sie es. Die ungeahnte Pracht der Stoffe, Farben und Edelmetalle lassen es zum Haus eines Herrschers, aber nicht eines Untertanen werden. Ich war ehrlich beeindruckt: glänzender Marmor und Onyx, Gold und Silber, indische Stoffe und feinster Damast an den Wänden in bunter Vielfalt und im Wettstreit der Schönheit, aber auch als herrliche Arbeiten in den Möbeln, Lampen, Schmucktischen, Türen, Fenstern und Fußböden. Statuen, Gemälde und Bronzeteile zieren Wände, Nischen, Kamine und andere Stellen des Saales. Weißes Licht flutete von der herrlichen Treppe bis hinauf in den letzten Winkel des Schlosses. In der Tat, ein heiterer und froh stimmender Anblick!

Aber auch das einzige Erheiternde an diesem Gala-Abend. Menschenmassen quollen durch alle Räume, die Männer in den auffallendsten Stoffen oder im häßlichen, schwarzen, geschlitzten Frack, die Frauen aufgedonnert, schmucküberladen, den Kopf mit Flitter, Diamantenvögeln oder bunten Federn bestückt. Da gab es manch feines, besinnlich blickendes Gesicht, aber auch viel aschfarbene, steinerne und kalte Schönheit, ohne liebreizende Rundung in den Bewegungen, ohne Anmut in den Gliedern, viel gezwungene Steifheit, wenig munteres Leben. Ich konnte mich des Gedankens nicht erwehren, daß sich diese Leute alle sehr gleichgültig waren, ob sie sich nun miteinander unterhielten, ob sie miteinander tanzten oder sich auch nur betrachteten.

Sie hätten eine eigentümliche Art der Unterhaltung,

sagt mir Nazar-Aga. Der eine oder andere zupft ein paar Worte mit der Zunge ab. Dabei kommt aus dem Mund der anderen, die ihm zuhören, fast gemeinsam und in der gleichen, langgedehnten Monotonie das Wörtchen »Yeeeees« hervor. Lebhafter Wortwechsel, bewegtes Spiel der Mienen und des ganzen Gesichtsausdrucks überhaupt — ein anderer als gedämpfter Ton kommt bei diesen Engländern gar nicht vor.

An diesem Abend redeten sie nun auch noch, wie mir Malcolm-Khan sagte, über kein anderes Thema als über meine Diamanten. Ich hatte nämlich meinen Daria en-Nur [»Meer des Lichtes«] angelegt, und so etwas haben sie in London natürlich noch nicht gesehen. Diese Engländer brauchen sich aber ebenfalls nicht schamhaft zu verstecken. Ihre Frauen tragen auch recht hübsche Schatzkammern auf Kopf, Brust und Armen mit sich herum. Fußbänder wie unsere Frauen tragen sie jedoch nicht. Überhaupt werden sie mit ihren Füßen die Dichter wohl kaum begeistern können. Mit denen ist nämlich wirklich nicht allzuviel los.

Der Herzog von Sutherland und seine Frau schienen sich sehr geehrt zu fühlen. Sie drückten dies zumindest durch ein langes, breites Lächeln aus. Sie sind sich beide ebenbürtig. Diese seltsame Heiterkeit in ihren Zügen schien genau abgezirkelt und dosiert zu sein. Auf dem Gesicht des Herzogs war kein Zoll mehr an Fröhlichkeit als auf dem seiner Frau zu sehen. Als hätten es beide jahrelang miteinander geübt, wie weit sie in ihrem Mienenspiel gehen dürften.

Wohlausgemessene Höflichkeit liest man bei den Engländern auch den Gesichtern der anderen Männer und Frauen bei Hofe ab. Bei den Deutschen und Russen hatte ich weit mehr ungezwungene Freude und weniger distanzierten Ton angetroffen. Der Prinz von Wales scheint im ganzen Land der einzige Mann zu sein, der ein echtes Lachen wagt, so richtig befreit aus vollem Herzen. Seine Frau unterstützt ihn dabei recht lebhaft. Sie sah sehr anmutig aus. Die weiße Haut ihres Halses machte, als ich sie eine Zeitlang am Arm führte, meinem Daria en-Nur und seiner Leuchtkraft ernste Konkurrenz.

Meine in der französischen Sprache bewanderten Minister waren sehr in Anspruch genommen und von den Teilnehmern des Gala-Abends umlagert. Abdul Samid-Mirza dagegen fühlte sich weniger behaglich. Er sorgte sogar für nicht geringes Aufsehen. Als er an einer bleichen Schönheit vorüberging, tippte er ihr auf den entblößten Nacken. So etwas aber scheint bei den Ungläubigen wirklich nicht Sitte zu sein. Der gute Junge wollte sich doch gewiß nur überzeugen, ob bei der englischen Schönen, die eine beträchtliche Menge falscher Haare auf dem Kopf aufgetürmt hatte, wenigstens die reizende Haut echt war. Mit diesem Versuch hat er aber erheblichen Wirbel unter den Gästen hervorgerufen, wie man mir selbstverständlich berichtete. Als ich ihm dann zu Hause einige Vorhaltungen machte, daß sein Antippen unter den Ungläubigen nicht üblich sei, meinte er mit sichtlicher Verwunderung: »Verwenden denn die Ungläubigen dazu auch Messer und Gabel? Fassen sie dieses Fleisch auch nicht mit den Fingern an?«

London, 18. Juni 1873

Heute sollen es 36 Jahre her sein, daß die hohe Frau, deren Gast ich hier bin, die Regierung des Inselreiches übernommen hat, also auf dem britischen Thron sitzt [Königin Victoria].

Das Regieren ist hier nicht unbequem, und man kann dabei ganz schön alt werden. Man läßt die Männer, die gegenüber meinem Haus in einem prächtigen Palast, dem Parlament, jeden Abend ihre Sitzungen abhalten, zusammen mit den Ministern, die ihr Vertrauen besitzen, die Staatsgeschäfte erledigen. Haben sie dann ihre Beschlüsse gefaßt, so setzt man seinen Namen unter die Verordnung. Einmal im Jahr eröffnet man persönlich diese Versammlung unter großem Aufwand und Glanz, man hält eine Ansprache, die man vorgefertigt aus der Hand des Premierministers entgegennimmt, und schließt die Parlamentseröffnung ebenso feierlich wieder. Dann gibt man noch eine Reihe von Festen für die Großen des Landes, denen man mit besonderer Freundlichkeit entgegenkommt — und schon hat man das Reich regiert. Tut man das alles brav und hütet sich, selbst einen eigenen Willen spürbar werden zu lassen, dann hat man sogar weise regiert und wird zum Liebling des Volkes.

Das und so soll die Herrscherin dieses Reiches wirklich sein. Es kostet mich alle Mühe, daran zu glauben. Berücksichtige ich ihr Geschlecht, so muß ich dieser Königin meine ganze Hochachtung zollen. Sie ist ein Weib, ein Weib der Ungläubigen, und soll keinen eigenen Willen haben? Sie ist ein Weib und ist nicht zänkisch, nicht eigensinnig, ein Weib und mißbraucht ihr Ansehen nicht, ein Weib und beurteilt die sie umgebenden Männer der Regierung nicht nach ihrem Aussehen, sondern nach ihrer Intelligenz — nun, das scheint mir ein recht merkwürdiges Weib der Ungläubigen zu sein.

Und doch begreife ich noch eher, daß sich auf dem englischen Thron ein Weib wohl fühlt — Nichtstun ist ja letzlich die Seligkeit aller —, als daß dies ein

Die »Großmutter Europas«, Königin Viktoria von England (vorn Mitte) 1894 bei einer Hochzeit in Coburg inmitten ihrer großen Verwandtschaft.

Mann vermag. Bin ich denn König, um nicht zu regieren? Habe ich dafür einen erhabenen Willen, um ihn anderen Leuten, die meine Untertanen sein sollen, zu unterwerfen? Was dann, wenn mein Wort, das doch entscheidend ist, sie nicht erreicht? Und auch mein Schwert wäre zwecklos, weil es solche Leute nicht erreicht, die es eigentlich erreichen sollte? Meine Krone sollte nichts weiter als eine harmlose Kappe sein, fast wie jede andere, nur etwas schöner und reicher? Sie sollte nicht mehr die Allmacht und ungeteilte Gewalt meiner Person repräsentieren? Nein, nein! Bin ich schon Herrscher, dann müssen sie mein sein, alle Großen und Kleinen, die Reichen und Armen im Land. Mir gehören sie ganz, mit Leib und Seele, ich muß sie zu mir emporheben und in den Staub schleudern können. Ihre Köpfe müssen mir gehören, ob ich sie nun für den Kronrat oder für den Henker brauche! Jede andere Art des Regierens ist dumme Spielerei, wie mir scheint, nicht wert, daß man sich darum kümmert. Aber diese Spielerei ist unter den Ungläubigen modern. Auf sie hält man große Stücke.

Auch der deutsche Kaiser hat in Preußen einiges von seiner absoluten Macht abgegeben, sich aber noch genug reserviert, weshalb im Reich fast immer nur das geschieht, was er will. Allerdings versteht es sein geschickter Kanzler, den Willen des Monarchen im Parlament so darzustellen, als handele es sich um den Willen des Volkes. In vielen Dingen des menschlichen Alltags die Zustimmung des Volkes einzuholen ist nun mal ein sehr beliebtes politisches Spiel der Ungläubigen, und in Berlin spielen sie es mit viel Pfiffigkeit und Routine, daß es fast wie überzeugender Ernst aussieht.

Hier, unter den Engländern, ist es aber wirklicher,

tiefer Ernst und ein lang eingebürgerter außerdem noch. Dem Herrscher haben sie nur noch den Mantel und die Krone übriggelassen. Die königliche Herrschaft führt nicht mehr als ein klägliches Schattendasein. Von Zeit zu Zeit poliert man die stumpfe Patina etwas auf.

Die jetzige Königin erweist ihnen, wie ich mir sagen ließ, diesen Gefallen nur noch sehr selten. Seit ihr Mann, der gebürtige deutsche Prinzgemahl Albert, gestorben ist, hat sie keine besondere Freude mehr am Aufpolieren der Königswürde in England. Sie zeigt sich in der Öffentlichkeit höchst ungern und findet sich auch nur dann dazu bereit, wenn es ihr die unbedingte politische Pflicht befiehlt. Von allem anderen hier sehr beliebten Aufwand will die Frau wenig wissen. Sie bewohnt auch das ganze Jahr hindurch Windsor Castle, ein Schloß, einige Meilen von der Hauptstadt entfernt.

Dahin bin ich nun heute gefahren, um der höchst merkwürdigen ersten Frau des Landes meine Aufwartung zu machen. Das war wieder nicht ohne großen Menschenauflauf möglich. Vom Palast bis zur Eisenbahn standen die Leute in Doppelreihen zu beiden Seiten unserer Wagen.

Auch in Windsor selbst belagerten die guten Bewohner dieser Stadt die Straßen, die wir passierten. Weiber und Kinder machten einen heillosen Spektakel; sie riefen fortwährend »Cheer«. Die Kanonen donnerten, die Glocken läuteten, und vor dem Rathaus, wo wir anhielten, erwartete uns eine Anzahl komisch gekleideter Männer fortgeschrittenen Alters. Sie trugen weiße Perücken auf den Köpfen. Einer von ihnen, geschmückt mit einer goldenen Kette, so wie jener in Dover, begrüßte mich mit Worten, die sicher sehr herzlich gemeint waren, die aber auf mich einen überaus langweiligen und schläfrigen Eindruck machten. Malcolm-Khan wurde wieder der Interpret meiner Gefühle, wenn er auch nur meine offizielle Meinung vertrat. Ich sage ihm schon gar nicht mehr, was er zu erklären hat. Er beherrscht bereits glänzend die Klaviatur höchst politischer und unpolitischer Stellungnahmen.

Vor dem Palast angekommen, wurde ich von der hohen Frau persönlich empfangen. Ihre sehr lebhafte Mimik war zweifellos der Ausdruck besonderen Wohlwollens, das sie durch einige Sätze in französisch unterstrich.

Die Königin ist eine äußerst würdige Matrone von ungebeugter Haltung. Ihr Kopf zeigt mehr Energie, als sie für dieses Amt der Herrscherin Englands eigentlich nötig hat. In ihr Antlitz hat tiefer Herzenskummer seine Furchen eingegraben.

An meinem Arm — ich bin das nun schon so gewohnt, den Frauen den Arm zu reichen, wie es vollkommene Ungläubige tun — begab sie sich, umringt und gefolgt von einem Schwarm von Männern und Frauen ihres Hofes, in einen wunderschönen weißen Saal, wo ich ihr eigenhändig den neuen persischen Orden mit meinem Bild in einem Diamantenkranz umhängte. Er schien ihr wirklich Freude zu bereiten. Sie beschäftigte sich, wie ich bemerkte, viel mehr mit dem Bildnis als mit den wertvollen Steinen. Sie hob es prüfend ans Auge und verglich seine Ähnlichkeit mit meinem Antlitz. Erst beim Frühstück ließ sie mir dann einige Höflichkeiten über meinen Diamantenreichtum sagen, ohne aber, wie ich feststellen konnte, auf diesen Glanz einen besonderen Akzent zu legen. In diesem Zusammenhang erwähnte sie auch den Koh in-Nur, jenen berühmten Diamanten, den sie hier im englischen

Thronschatz besitzen. Ich muß ihn demnächst einmal mit meinem Daria in-Nur vergleichen.

Nach Ablauf von eineinhalb Stunden ging es, nachdem ich der Königin persönlich ein paar Worte des Dankes gesagt hatte und sie mir wieder in aller Herzlichkeit Antwort gab, zum Buckingham-Palast nach London zurück. Und wie auf der Herfahrt standen Tausende am Weg, und ich bin fast überzeugt, daß es noch die gleichen waren, die mir schon zuvor Spalier gebildet hatten.

Die unbestreitbar führende Rolle, die der Kaufmann im Leben Englands spielt, wurde mir heute abend recht deutlich bewußt. Sämtliche Kaufleute Londons gaben mir einen Ball in ihrem eigenen Palast mitten in der Stadt, in der Guildhall. Der Mittelpunkt der Hauptstadt des Empires, der älteste Teil, gehört diesen Männern. Hier liegen ihre Lagerhäuser, Hallen, Keller, Niederlassungen, Büros, Wechselstuben und Banken. Haus an Haus dient da in allen Straßen dem Geschäft, das sie mit allen Kontinenten abschließen, dient den dicken Auftrags- und Abrechnungsbüchern. Ihre Bauten liegen hier so bequem wie die Inhaber in ihren Sesseln am Rand der Stadt, und jedes Haus ist in erster Linie für die Wechsel und Schecks bestimmt, für die Geldtresore und die Warenstapel. City nennen sie diese Innenstadt. Sie ist ihr ganzer Stolz, ihr Reichtum, ihr alles. Die Guildhall ist ihre Residenz. Der Lord-Mayor, den sie jährlich aus ihren Reihen wählen, ist gleichsam ihr eigener Herrscher.

Dieser Lord-Mayor ist so recht der eigentliche König von London. Er hat seinen Hofstaat, seine Minister, seine Beamten, seine Polizei-Armee und seine Gesetze. Kommt ein fürstlicher Besuch ins Land, so muß er, weil er Gast der Königin ist, auch Gast der City von London sein, und der Lord-Mayor, dieser Kaiser des größten Geldsackes der Welt — und das dürfte London ohne Zweifel wohl sein —, muß ihm einen Empfang geben.

So wurde an diesem Abend eben auch mir ein Empfang gegeben. Es war ein wahrer Triumphzug, den man mir auf dem Weg vom Buckingham-Palast zur Guildhall bereitete. Zehn Uhr abends war es. Aber die Strecke war taghell beleuchtet, die Straße gestopft voll jubelnder und schreiender Menschen. Die Fenster zeigten nur Fahnen und Köpfe. War das ein Tumult, der sich entlang unserer Wagenreihe ergoß! Hunderttausende müssen auf den Beinen gewesen sein, um unseren Weg zu säumen. Die Riesenstadt soll ja drei Millionen Einwohner haben. Alle scheinen mit einer kräftigen Stimme gesegnet zu sein. Wäre ich nicht der gefeierte Gast gewesen, ich hätte mich gern unter die Menge gemischt. Es muß ein eigentümliches Gefühl sein, in einem solchen mächtigen Menschenmeer mitgeschwemmt zu werden. Man ist dann selbst eine Welle wie jede andere nebenan. Man ist nicht mehr ein Selbst. In einem Wagen sich durch so verstopfte Straßen fahren zu lassen, auch noch schrittweise, ist jedoch kein echtes Vergnügen. Das Ohr wird von diesem Freudengeschrei bald abgestumpft, so daß man schließlich all diese Schreier zum Teufel wünscht.

Was mögen diese Engländer erst mit ihrer eigenen Königin treiben, wenn sie schon mit mir, einem Fremden, so umgehen?

In der Guildhall empfingen uns die weiten Säle mit viel Pracht und Herrlichkeit. Sie haben sich diese Aufmachung schon ein schönes Stück Geld kosten lassen, diese Bürger der City. Der Gewinn aus ihren Geschäften muß von ganz respektabler Höhe sein und ihre Taschen bis zum Rand füllen, wenn sie einen so fürstlichen Empfang geben können. Tausende von Menschen, unter ihnen natürlich wieder Frauen in großer Anzahl, drängten sich bereits in den wunderbaren Räumen. Hellstes Licht überflutete uns und den üppigsten Schmuck an Wänden und Decken, den man sich nur denken kann.

Im Augenblick, als wir den Saal betraten, setzten vier Trompeter, in altertümlicher Tracht aus Samt und Gold, ihre Instrumente an den Mund und bliesen eine kräftige Fanfare. Die Spitze des Zuges führte der Lord-Mayor in Gala an. Unter seiner mächtigen Lockenperücke trieb es ihm mir zu Ehren ganze Bäche von Schweiß aus den Poren. Durch ein Spalier von Menschen führte er mich zu einem Thron, auf den ich mich setzen mußte. Er selbst nahm zu meiner Linken Platz, direkt neben der Frau des Thronfolgers. Rechts waren die Frau des Thronfolgers von Rußland, die Prinzen Arthur, Alfred, Leopold und Cambridge.

Auf ein Klopfzeichen mit einem Stab trat nun einer von den Stadträten — Alderman nennen sie ihn — nach vorne und las getragen und feierlich eine Begrüßungsrede vom Blatt herunter. Recht würdevoll, aber auch recht umständlich. Paßt so viel Aufwand zu dem bürgerlichen Ausdruck, den doch diese Feier haben sollte? Ich möchte es bestreiten. Man schimpft in den Ländern der Ungläubigen, wie man so hört, gern über die kostspieligen, verschwenderischen und zeitraubenden Zeremoniells der höfischen Feste. Bietet sich ihnen aber mal die Gelegenheit, selbst König spielen zu können, so verzichten sie nicht darauf, sondern imitieren all diesen umständlichen Kram.

Hier war es nicht anders. Bürger geben mir ein Fest, und ich sehe vor lauter Festlichkeit keinen Bürger. Das waren so meine Gedanken, während der Lord-Mayor den Begrüßungsbandwurm rezitieren ließ. Ich hielt mich bei meiner Antwort nicht an diesen Sermon, sondern ließ ihnen das sagen, was Malcolm-Khan schon lange vorbereitet hatte. Er gab es ihnen in aller Ausführlichkeit zurück, weil sie ja nun gleichermaßen ausführlich bedient werden wollten, wie sie es mir geboten hatten. Dann überreichte man mir den schriftlichen Bandwurm recht hoheitsvoll in einer fein gearbeiteten Golddose. Ich werde diese Dose recht gut für meine Opiumpillen verwenden können.

Dann kamen die Beine der Engländer und Engländerinnen an die Reihe. Sie begannen einen französischen Tanz, der sehr hübsch aussieht und mehr gesprochen als getanzt wird. Die Prinzessin von Wales mit dem Lord-Mayor und der Prinz von Wales mit der Frau des russischen Prinzen tanzten sozusagen miteinander, tatsächlich aber meistens gegeneinander. Welch ein Glück, daß kein City-Gesetz vorschreibt, der gefeierte Gast der Guildhall solle mit der Frau des City-Königs eröffnen. Ich hätte Abdul Samid-Mirza für diese Arbeit als Vertreter vorschieben müssen.

Die Farben der Männerkleidung waren auch hier wieder recht auffallend. Es gibt zahlreiche Engländer von schöner Gestalt. Sie sind aber alle zu schreiend gekleidet. Tuch, Samt und Seide scheinen mir bei ihren Festen allein die Quelle des Lebens zu sein. Die Männer selbst sind von einer feierlich gelassenen, reservierten Freude.

Man stellte mir an diesem Abend mehrere Dutzend Menschen vor. Sogar eine indische Berühmtheit war darunter, der Maharadscha Dulep-Singh. Wir standen uns einige Minuten gegenüber und unterhielten uns damit, gegenseitig unsere Diamanten und Smaragde zu überprüfen.

Auch der Oberste der Geistlichkeit, der Erzbischof von Canterbury, war da. Ich sah ihn fortwährend in Gespräche mit Frauen vertieft, mit hübschen in besonderem Maße. Überhaupt waren gutaussehende Frauen weit mehr auf diesem Fest als beim vergangenen Gala-Abend zu finden, den ich beim Herzog von Sutherland verbrachte.

Schon erfreulich bald führte man mich zu einem mit erlesensten Feinschmeckereien bedeckten Tisch, mit köstlichen Speisen und edlen Weinen. Wie ich sah, haben sie so wie ich eine Vorliebe für deutschen Wein, und das spricht für ihren guten Geschmack. Sie halten sich ihre Gaumen immer feucht, stets kippen sie etwas hinunter. Und daran tun sie gut. Das macht sie mir sympathisch. Auch ich hielt mich mit meinen Leuten an das reichliche Angebot. Der höchste englische Ungläubigen-Geistliche, der da leider recht nahe bei mir saß, beobachtete sehr aufmerksam unsere gute Meinung vom Wein.

»Er soll ja nicht an unseren Scheich ul-Islam von Täbris schreiben«, flüsterte mir Abdul-Mirza ins Ohr und zog dabei ein sehr bedenkliches Gesicht. Der Junge hatte wirklich Angst vor etwaigen Folgen in den Augen des obersten Priesters unseres schiitischen Glaubens. Aber mit erhöhtem Weinkonsum legte sich diese Furcht doch bald wieder.

London, 21. Juni 1873

Was ist dieses London für eine mächtige Stadt! Ich habe mich heute von einem Wagen der Königin kreuz und quer herumfahren lassen, ohne Programm, ohne festes Ziel. Ich wollte ungestört, ohne Empfang durch hohe oder niedere Lakaien des Landes, sehen, genießen, erkennen, ohne Vorauswahl, mir selbst eine bunte Mischung zusammenstellen. Es war gutes Wetter, so legte ich ein Wams an und verzichtete auf jeglichen Schmuck, nahm kein einziges Stück aus meinem Schatz, weder einen Ring an den Finger noch einen Edelstein auf die Brust oder an den Kopf. Ich hielt dieses Verfahren für das beste Mittel, mir die Leute vom Hals zu halten und mal keine Gaffer um mich zu haben. Und so war es dann auch.

Wir fuhren — Nazar-Aga, Malcolm-Khan und der Ministerpräsident waren bei mir — über große und kleine Plätze, durch lange und kurze, breite und schmale Straßen, durch ihre vornehmen Viertel und wiederum durch solche, die mich recht lebhaft an mein Teheran erinnerten. Ich sah Paläte aus ehrwürdigem Stein und verfallene Hütten des Elends. Ich erblickte Gärten, die wie prächtige Parks gepflegt und mit Ziersträuchern eingezäunt waren, und ich ließ an anderen den Wagen schneller vorüberfahren, um meine Nase zu schonen.

Welches verwirrende, tosende Treiben in diesen Straßen herrscht! Ich stellte fest, daß nur wenige Menschen gemächlich dahingingen. Alle hetzten über die großen Pflastersteine, alle schienen in rastloser Eile zu sein. Und zwischen ihnen, links und rechts und überall, quetschten sich Wagenburgen dahin, wahre Kolosse von Wagen, in denen die Engländer gleich zu mehreren Dutzenden oben und unten sitzen, Männer, Weiber und Kinder. Und wieder Einspänner in großer Zahl dazwischen, feine, zierlich gebaute Wagen und alte, quietschende Karren, stämmige und elegante, zartgliedrige Pferde, Kutscher mit hohen Suppenschüsseln auf dem Kopf und andere in Uniformmützen. Speditionskästen für viele und auch nur für zwei Menschen, Equipagen und Viehwagen — alles wild und ungeordnet durcheinander. Man schleppt Menschen und Fässer, Flaschen und Gemüsekörbe in unverminderter Hast, treppauf und treppab, die Straße entlang, hinüber und herüber.

Welch ein Chaos! Welch ein Durcheinander! Sogar die Hunde haben es eilig und verstehen dabei noch Lärm zu machen. Überhaupt Lärm! Klappernde Pferdehufe, schreiende Kutscher, brüllendes Vieh, laute und ordinäre, aufdringliche und unfreundliche »Straßenindustrielle« und Händler, die nach Käufern plärren wie die bösen Geister nach Erlösung. Sie bieten jene Unmasse von Kleinigkeiten an, die der Ungläubige anscheinend so dringend für sein alltägliches Leben braucht: Stiefelwichse, Wachskerzen, Seide und Taschenmesser, Nagelscheren und Zahnbürsten. Eine wirre Menge von Burschen balgt sich um jeden, der in irgendeiner Weise zu erkennen gibt, daß er etwas von dem Angebot benötigt. Alte, häßliche Weiber bieten mit schrillen Organen ihr Obst an, und man könnte verrückt werden, ginge man in diesem Getöse umher, das heißt, wenn man nicht die Nerven der Ungläubigen besäße[5].

Wieder kamen wir über Plätze, wo ein Brunnen das einzige Lebendige zu sein schien. Da trafen wir Menschen an, wenige Menschen, die tatsächlich ruhig dahinspazierten oder die Denkmäler nachahmten, die dort standen. Hier herrschte nahezu unheimliche Stille, aber schon ein paar Schritte weiter brauste erneut der Orkan dieser Stadt mit ihren drei Millionen Einwohnern auf.

An einem belebten Platz verließen wir unsere Wagen. Malcolm-Khan führte mich eine zwei Stock tiefe Treppe hinab. Da haben sie unter der Erde, wohl weil oben noch nicht genug Lärm herrscht, einen Schienenweg angelegt, der durch die ganze Stadt läuft, haben gleichsam mitten durch ihren Riesenleib einen Ring von Eisen gezogen, der Stadt sozusagen einen Bauchring zum Schmuck angelegt. Nasenringe und Fußringe kennen sie nicht, aber Bauchringe werden in den großen Städten der Ungläubigen jetzt modern. Da unten fährt alles, was oben keinen Platz mehr findet und es noch eiliger hat als die vielen Menschen, die sich in Wagen oder zu Fuß über der Londoner Erde eine hastige Fortbewegung suchen.

Es sind nicht wenige, die auf diesem unterirdischen Weg rasch von einem Ende der Stadt zum anderen fahren. In den langen Höhlen im Bauch von London stehen die Eisenbahnwagen, alle bequem und gut beleuchtet. Da steigen die Reisenden ein, da schreien die Wärter, nicht anders als ihre Kollegen auf den Schienensträngen der Oberwelt. Wie ein geheimnisvolles Irrlicht glüht uns das Auge der Maschine an. Männer und Frauen nehmen auf den Sitzen Platz, und schon jagt der Zug durch die Höhle davon, während ein anderer wieder herangeflogen kommt. Man könnte glauben, mitten unter allen bösen Geistern dieser Welt zu weilen. Man ist versucht, dies alles für einen mitternächtlichen, gespenstischen Spuk zu halten, wären die Geister, die durch das Stück Erdenbauch da unten quirlen, nicht langbeinig, in schwarzes Tuch oder Seide gekleidet und hätten sie nicht große Zeitungsblätter in den Händen, um sich zu erkundigen, was heute in dieser Welt, die sich London nennt, alles geschieht.

Ich verspürte keine Sehnsucht zu einer Spritztour durch den Riesenbauch der englischen Hauptstadt und zog eine Fahrt über der Erde vor. Malcolm-Khan und Nazar-Aga versicherten mir, die Engländer seien in Tunnelbauten dieser Art richtig vernarrt. Man kann sich gar keinen vernünftigen Zweck dabei denken. Und doch hätten sie angeblich einen großen Spaß daran, in die Eingeweide der Erde hineinzudringen und sich Platz zum Atmen und zum Leben zu schaffen. Sie haben schon vor Jahren einen solchen Weg unter dem Fluß hinweg, der durch ihre Stadt fließt, gemauert. Das verschluckte viel Geld und brachte keines ein.

Vor den erfinderischen Köpfen dieser englischen Ungläubigen hat unsere gute Erde nun einmal keine Ruhe, auch nicht das Meer und noch weniger die Luft. Während wir in Iran und an anderen Orten, wo Allahs Sonne scheint, froh sind, wenn uns die Elemente mit ihren Gewalten nicht heimsuchen, binden diese Ungläubigen in übermütiger Weise immer wieder mit ihnen an. Die Engländer und die Yankees in der Neuen Welt sind stets führend, wenn es gilt, die Erde, das Wasser oder die Luft zu überlisten. Tragen sie sich zur Zeit doch ernsthaft mit dem Gedanken, unter den bösen Kanal hinweg, der das britische Königreich von dem der Franzosen trennt, einen Tunnel zu bohren, durch den sie mit der Eisenbahn schneller und ohne die abscheuliche Seekrankheit nach Frankreich gelangen könnten. Auch an eine Post durch die Luft haben sie schon gedacht.

Meine Gedanken geraten völlig durcheinander, wenn

ich von ihren Plänen höre. Ich möchte nicht ihr Gott sein. Wie sie es noch eines Tages schaffen können, zu ihm in die Höhe zu steigen, weiß ich im Augenblick noch nicht. Sie werden es aber bestimmt versuchen. Sie werden überhaupt alles versuchen und doch mal plötzlich aus ihren hochfliegenden Träumen heruntergeworfen werden. Sie werden nicht nachgeben, bis sie einen Weg gefunden haben, der ihnen Sicherheit und Tragfähigkeit für ihre Unternehmungen garantiert. Sie besitzen genügend Geld für ihre Experimente und lassen sich jeden Versuch, die widerspenstigen Geister in der Natur zu bezähmen, große finanzielle Investitionen kosten.

So kann ich mir lebhaft vorstellen, daß es ihrem lieben Herrgott da oben eines Tages mal zuviel wird, wenn das so fortgeht. Schließlich muß er in seinem Paradies ein Gefühl der Unsicherheit verspüren. Da hat es unser Allah, sein Name sei gepriesen, unter den großen Scharen seiner Gläubigen doch weit besser. Er braucht noch lange nichts zu befürchten.

Unsere Neugier reicht nicht so weit, unser Wissensdurst ist nicht so groß, an den Schleiern seiner Welt zu zupfen.

Als ich nach Hause kam, bemerkte ich erst, daß ich vier Stunden bei dieser Bummelfahrt durch die Straßen verbracht hatte. Vor dem Palast tummelte sich wieder eine große Menschenmenge. Später erzählte man mir von einem Zwischenfall, der sich bei unserer Ankunft abgespielt hatte.

Malcolm-Khan hörte beim Aussteigen aus dem Wagen eine Frau aus dem Volk in ihrer Sprache sagen: »Daß er heute sein Haus gar nicht verlassen hat, der Schah!«

Er ging auf die Frau zu und fragte sie: »Was wollen Sie vom Schah?«

»Herr«, sagte sie, »ich möchte den großen Mann sehen.«

»Und warum?« erkundigte sich Malcolm-Khan.

»Warum? Ganz einfach, weil ich noch nie einen Schah gesehen habe und auf meine alten Tage mit aller Gewißheit auch keinen mehr zu sehen bekommen werde.«

»Wenn's weiter nichts ist. Dort ist der Schah, der gerade mit mir aus dem Wagen gestiegen ist«, versicherte ihr Malcolm-Khan.

»Der Schah? Jener dort der Schah? Daß ich nicht lache! Das können Sie meinem kleinen Bob da weismachen, aber mir nicht. Ich lese meine Zeitung recht aufmerksam. Da ist ein Bild vom Schah drin. Der überquert ja nicht einmal die Straße, ohne seinen Diamantenrock anzuziehen. Und der dort? Nein, nein!«

So meinte es die Frau in fester Überzeugung. Es half nichts, daß ihr Malcolm versicherte, daß ich der Schah sei. Ich konnte es für sie einfach nicht sein, weil ich einen Rock ohne Diamanten trug.

Sie schaute Malcolm-Khan an und meinte plötzlich: »Da sind Sie ja noch weit eher der Schah. Ja, ja, je mehr ich Sie betrachte, desto klarer wird es mir. Ich erkenne Sie nach dem Bild meiner Zeitung. Sie haben auch zwei schöne Steine auf der Brust. Cheer, cheer!«

Sofort begann sie ein lautes Hurra-Geschrei, in das die anderen Frauen und Männer auf der Straße einstimmten. Es blieb also dabei: Malcolm-Khan war der Schah. Denn einmal hatte die Groschenzeitung sein Bild veröffentlicht und es als mein Konterfei bezeichnet. Dann hatte er zwei Türkise auf der Brust — somit die beiden wesentlichsten Gründe für dieses Ungläubigenvolk der Straße, ihn für den König der Könige zu halten.

Dieses Ereignis erklärte mir auch, warum ich den ganzen Vormittag über vor den Gaffern meine Ruhe gehabt hatte. Es konnte ja niemandem einfallen, daß ein Mensch in dem einfachen Wams, das ich trug, ohne einen einzigen Edelstein am ganzen Leib, der Schah-in-Schah sein konnte, auch wenn er eine Lammfellmütze auf dem Kopf trug. Ich bin sicher, daß mich auch der Kutscher, der da so gravitätisch, so vornehm gepudert und aufgeputzt auf dem Hochsitz unseren Staatswagen durch die Stadt lenkte, für nichts weiter als einen einfachen Perser im Dienst des Schahs gehalten hat. An den, der ich in Wirklichkeit war, dachte er sicher nicht. Das belustigte mich doch sehr.

Sie können nun mal den Begriff »Schah« nicht von der Vorstellung einer Unmasse an Diamanten, Rubinen und Smaragden trennen. In dieser ihrer Vorstellung wurden sie von einer Londoner Tageszeitung unterstützt. Wie mir Doktor Tholazan vorlas, hatten diese Zeitungsschreiber berichtet, ich ginge grundsätzlich mit der Diamantenfeder und dem prunkvollen Säbel zu Bett. Oberbett und Kissen meiner Ruhestätte seien außerdem mit den feinsten Edelsteinen besetzt. Was für ein Unfug! Nur immer fest drauflos lügen! Mit dem Säbel ins Bett? Vielleicht erfinden sie noch die schöne Mär, daß mein gesegneter Unterleib mit Diamanten bestückt sei. Es sollte mich nicht wundern, wenn auch solcher Blödsinn für bare Münze genommen würde.

Am Abend erwarteten mich die guten und leichtgläubigen Engländer im Theater ihrer Königin. Sie ließen es sich eine schöne Stange Geld kosten, mich dort zu sehen. Nach dem Erlebnis am Tag wollte ich mir schon den Spaß machen und auch ins Theater ohne den geringsten Schmuck gehen. Gar zu gern hätte ich meinem Koch ein paar Edelsteine auf Mütze und Rock gesteckt und ihn in der Theaterloge an meiner Seite präsentiert — sie hätten den Tropf seines Schmuckes wegen ganz gewiß für den König der Könige gehalten.

Aber Malcolm-Khan und auch Reuter sprachen eindringlich auf mich ein, daß ich mich an diesem Abend den Engländern in all meinem Glanz zeigen müsse. Da sei die eleganteste Welt im Theater vertreten, und was sie noch für Argumente vorbrachten, um mich zu überzeugen.

So ließ ich mich also bewegen, auf Rock, Hemd, Säbel und Mütze meinen schönsten Schmuck anzulegen. Selbst die Epauletten, meine kostbarsten Stücke, nahm ich. Als ich, auf diese Weise für das eitle Auge des Engländers wohlgerüstet, meine Loge betrat, brachen sie, wie angedeutet, alle, Männer und Frauen, in ein lärmendes Jubelgeschrei aus. Was keinen Beifall spendete, starrte mich voll Verwunderung nur mit weitaufgerissenen Augen an. Tausende von Operngläsern waren auf mich gerichtet.

Ich konnte mir nicht helfen, aber gerade in diesem Augenblick größter Feierlichkeit mußte ich an meinen köstlichen Einfall mit meinem Koch denken, an dessen Ausführung mich meine Minister gehindert hatten. Nur mühsam konnte ich mir das Lachen verbeißen, als ich mir die Situation mit meinem Koch und dem Jubel vorstellte, den er ausgelöst hätte, wenn er in diesem Augenblick mit mir in die Loge gekommen wäre.

Nachdem sich das Freudengeschrei gelegt und ich mich auch ein halbes dutzendmal über die Brüstung der

Loge hinaus verneigt hatte, begann ein anderer Lärm, der musikalische. Auch er strapazierte das Gehör ausgiebig. Ich ließ die Sänger und Sängerinnen auf der Bühne in ihrem Element und besah mir, was da an »elegantester Welt« anwesend war. Sie hatte sich in ihrer Weise ebenfalls aufgedonnert und ihre Schmuckkästen geplündert. Das blitzte und funkelte, glitzerte und blendete von den Hälsen, Ohren und Armen der vornehmen Frauen der Ungläubigen, die in vielen Logen neben mir, mir gegenüber und unter mir Platz genommen hatten. Weit mehr als auf allen Festen und Gala-Abenden, auf die man mich bisher geschleppt hatte, erblickte ich die jugendliche Weiblichkeit. Unter ihr war manches hübsche Köpfchen mit dem von Hafis besungenen »wollusttrunkenen Blick«, der schönsten Gottesgabe eines Weibes.

Malcolm-Khan erzählte mir, wieviel Geld man es sich habe kosten lassen, um mich zu sehen. Für eine Loge im ersten Rang hätten sie hundert Tuman und mehr bezahlt, ein Platz unten im großen Saal, in dem nur Männer, den langen Hals in die weiße Binde geklemmt, mit dem zweischwänzigen schwarzen Festkleid und den Handschuhen an den Fingern, saßen, kostete immerhin noch zwanzig Tuman. Der kleinen Sängerin, die sie auftreten ließen, hätten sie für diesen Abend die schöne Summe von vierhundert Tuman gezahlt. Auch die persische Musik, die man aufführte, sollen sie teuer von jenem Mann, der sie komponiert hatte, erstanden haben. Die guten Engländer geben ihr Geld für ganz merkwürdige Dinge aus, die mir gefallen sollen, mich aber im Grund völlig gleichgültig lassen. Sollen sie doch ihr Geld brav bis zu dem Augenblick zusammenhalten, in dem bei ihnen mein Finanzminister um eine Anleihe vorsprechen wird. Er wird ihre Tuman alle, alle brauchen können. Dann mögen sie doch mal zeigen, was sie für den König der Könige zu tun bereit sind. Dann will ich nicht zögern, ihnen mein »Bravo, bravo!« zuzurufen, und ihrer immer in aufrichtiger Freude gedenken. Die Engländer haben unwahrscheinlich viel Geld, diese Erfahrung kann ich hier jeden Tag machen. Gut, Iran wird die britische Insel zu seinem Bankier machen. Und Iran wird auch den Profit nicht vergessen!

London, 25. Juni 1873

Zwei Tage lang war es meiner gesegneten Hand nicht möglich, eine Aufzeichnung zu machen, so sehr haben sie hier vorgestern meine Nerven strapaziert. Meine Augen tränen heute noch vom Pulverdampf ihrer Kanonenungeheuer. Ich glaube die dicken Rauchwolken noch über meinem Haupt zu fühlen; die letzte ist noch gar nicht vorübergezogen. In meinen Ohren dröhnt es unaufhörlich fort. Trotzdem ist, seit man mir jenes Schauspiel in den Gewässern von Portsmouth vorgeführt hat, die Sonne bereits zweimal aufgegangen.

Sie sind ein recht gründliches Volk, diese Ungläubigen des Inselreiches. Sie lassen in mir keine oberflächlichen Eindrücke aufkommen, ob sie mir nun beim Mittagstisch mit ihren Musikinstrumenten, die für mich bisweilen zu den Mordwerkzeugen gehören, bis in die tiefste Seele hineinblasen oder ob sie mir den Inbegriff ihrer Macht und Staatsgröße durch die Vorführung ihrer Geschwader demonstrieren.

Auf jeden Fall werde ich diesen Tag von Portsmouth so schnell nicht vergessen. Aber ich hätte es auch nicht getan, wenn sie mir die Ohren etwas weniger vollgedonnert hätten. Mein Glaube an ihre Seemacht stand schon außer Zweifel, als ich von Ostende nach Dover übersetzte und von ihren Schiffsungeheuern und eisengepanzerten Wasserriesen umzingelt war. Dieser erste Eindruck sollte aber noch überboten werden, und so mußte ich zur festgesetzten Stunde hinaus.

Anfänglich war es eine ungetrübte Freude für das Auge. Da waren bei der Fahrt über das Wasser viele nett geschmückte Schiffe aller Art, von denen die Fahnen meines Reiches grüßten. Auf allen riefen die munteren Männer und Frauen ihr »Hurra«, als ich mit meinen Leuten in Portsmouth einlief. Bald nachdem wir an Land gegangen waren, hatte ich auch die übliche Rede des Bürgermeisters von Portsmouth überstanden — die vierte dieser langweiligsten aller langweiligen Arten von Reden, die ich ertragen muß.

Sie war mir wieder in einer goldenen Sardinenbüchse zum ewigen Gedenken überreicht worden. Dann wurde mir eine ganze Reihe alter Seehelden vorgestellt, die sich des Gedankens erfreuen, daß sie die Erde noch trägt, und die mühsam ans Tageslicht gekrochen kamen, um den König der Könige zu sehen. Auch dies war bald vorüber, so daß wir die schöne Jacht der Königin des Reiches betreten konnten, die ihren und ihres verstorbenen Gemahls Namen trug. Dabei führte ich die reizende Prinzessin von Wales am Arm. Im Gefolge waren dann der Prinz von Wales mit der Prinzessin von Rußland und die ganzen in London zur Verfügung stehenden Prinzen und Prinzessinnen.

Hinter uns und neben uns zogen die Schiffe daher, auf denen sich mein Gefolge, die persönlichen Ratgeber der Königin und die Männer der beiden regierenden Häuser, des Ober- und Unterhauses, befanden. Wir passierten eine Reihe von Kriegsschiffen, die den Ruhm des Inselreiches schon vor Jahren durch die Welt getragen haben. Sie waren voller Ehren und Wunden, voll mit durchlöcherten Fahnen. Das waren Schiffe, die so berühmte Namen wie Wellington und Nelson führen durften, Namen, die heute noch die Engländer so oft im Mund bereit haben und in begreiflich hohen Ehren halten. Der Herzog von Edinburgh wurde nicht müde, sie mir alle zu zeigen, auch jene, die ohne die starke Bestückung von heute ihre Feinde ins Meer zu werfen verstanden hatten. Er war vom Ruhm der Geschichte begeistert. Sein junges Auge glühte, als er davon sprach. Sicher ist er ein Seemann mit Leib und Seele, was man von seinem Bruder, dem Thronfolger, nicht behaupten kann, wenn man seinen kalten Blick sieht.

Kaum hatten wir den Hafen verlassen und das offene Meer angesteuert, als die überlaute Attacke auf mein Ohr begann. Vor uns formierte sich eine dichte Reihe von Kanonenbooten, die das Vorspiel einleiteten. Noch hatten sie einiges Erbarmen mit meinen Nerven, als wir an ihnen vorbeifuhren, obwohl sie 23 Einheiten stark waren. Aber weiter drüben warteten bereits die gepanzerten Ritter des Meeres, elf Ungetüme, die nur noch durch eine weitere Reihe von furchteinflößenden Eisenkästen an äußerem Eindruck überboten werden konnten.

Als wir zwischen diesen beiden Feuerlinien hindurchdampften, wurde auf ein Zeichen mit einem Schlag diese Symphonie des Donners auf uns losgelassen. Es krachte und heulte durch Wasser und Luft, daß beide wie durch Urgewalten zu erbeben schienen. Der gute Herzog von Edinburgh hielt mich mit beiden Händen fest, sonst wäre ich sicherlich vor Schreck in die Knie gegangen. Über dem Meer hatten sich Dämpfe und Rauch zu einer dichten Wolke zusammengeballt, die sich nur langsam in hohen, brodelnden Wogen, gleichsam ein Meer über dem Meer, von uns entfernten. Noch hatte sich die letzte Wolke nicht verzogen, da begann die Donner-Arie einen neuen Begrüßungsgesang. Gleich zwanzigmal wurde das für morgenländische Nerven unerträgliche Schreckenslied wiederholt. Jedesmal schnob es luftschwärzenden Qualm aus und verursachte ein wahres Seebeben. Es muß etwas Wahres daran sein, wenn man diesen Engländern, Männern wie auch Frauen, nachsagt, sie hätten dort Schiffstaue im Leib, wo gewöhnliche Sterbliche Nerven besitzen. Die Frauen von Iran wären bei einem solchen Spektakel vor Schrecken ins Meer gefallen, und ich sah hier auch Männer von meinen Leuten, die nicht weit von einem Zusammenbruch entfernt waren. Die Frauen der Prinzen aber, die sich auf unseren Schiffen befanden, waren beim Krachen der Geschütze in bester Laune.

Ich war von Herzen froh, als mir der Herzog von Edinburgh mitteilte, daß endlich der letzte Schuß gefallen sei. Mit meinem Gefolge mußte ich dann zwei dieser Seeungeheuer besichtigen — eines davon hatte den orientalischen Namen Sultan — und mich über die neuesten Errungenschaften und Systeme des Feindtotschlagens unterrichten. Ich wäre weit aufnahmebereiter für die freundlichen Erklärungen und die sicher nicht uninteressanten Konstruktionen gewesen, hätte man mir nicht zuvor meine ganzen Sinne betäubt. So aber war ich heilfroh, möglichst rasch aus dem Bereich dieser unfreundlichen Schiffsriesen der Engländer zu kommen. Sehnsuchtsvoll rief jedes meiner Glieder: »Land, Land!«

Der Londoner Hafen, von William Lionel Wyllies 1883 gemalt, machte auf den Besuch aus Persien besonders großen Eindruck.

Die Roben der Damen, von Nasreddin oft kritisiert, hat James Tissot im Jahr des Schahbesuchs festgehalten.

Es war eine Wohltat, als man mich ins Haus der Admiralität von Portsmouth einlud. So gut hat mir auf der ganzen Reise noch kein Frühstück geschmeckt. Der Wein hatte in meinem ramponierten Organismus vieles wettzumachen und die halbroten Lebensgeister wieder zu wecken, die von der »Devastation«, dem »Sultan«, dem »Cyclop« und anderen brüllenden Giganten beinahe erwürgt worden wären. Sosehr man sich aber auch um mich bemühte, mich hielt es nicht mehr lange an diesem Ort des Schreckens, von wo aus ich die donnernden Ungeheuer immer noch sehen konnte. Ich hatte allen Grund, ihnen nicht zu trauen. Sie konnten jeden Augenblick erneut ihre Mäuler aufreißen und meine Ohren und Glieder zermürben, die nun mal leider nicht gepanzert sind.

Erst als ich wieder in meinem Eisenbahnwagen saß, fühlte ich mich vor ihnen sicher und spürte in mir die alte Kraft. Ich war aus einer Art Seeschlacht zurückgekehrt. Nur in meinen Ohren hämmerte noch das Echo jener furchtbaren Donnersprache, die von der Flotte des Inselreiches dem König der Könige zu Ehren, aber auch zu seiner Pein, geführt worden war. Diese wuchtigen Töne verließen mich auch in der Nacht nicht. Mein Hirn war ein Tummelplatz, auf dem sich unheimliche Schiffsgestalten in beängstigender Größe austobten. Das dampfte und krachte immer noch aus kolossalen Leibern heraus, Menschen in blauen und bunten Jacken wirbelten in der Luft herum, brennende Balken prasselten in das Meer hinein, und ein unentwirrbares Schreien, Wehklagen auf der einen, Jauchzen und Hurrarufe auf der anderen Seite erfüllte in weitem Umkreis die entsetzte und aufgeregte Natur. Es war eine geisterhafte Seeschlacht, die mir mein erregtes Hirn vorführte. Zwischen welchen Völkern wurde sie ausgetragen? Ich konnte mir kein Bild machen. Nur wußte ich, daß Irans Schiffe nicht unter den Gegnern der britischen Seeungeheuer waren.

Ich war in einer äußerst üblen Verfassung, als ich nach der großen Kanonade am nächsten Morgen mein Lager verließ. Die ganze Nacht hindurch hatte mich der Alptraum dieser Gespensterschlacht gequält. Ich hatte in dem grausigen Seegefecht meiner erregten Sinne zwar keines meiner gesegneten Gliedmaßen eingebüßt, aber allen Appetit zum Frühstück verloren.

Mein Oberkaffeemeister bekam gleich meine schlechte Laune zu spüren. Er brachte viermal den Tee und den Zwieback und bekam ihn viermal zurück. »Herr, ich will auf der Stelle sterben«, stammelte der arme Mann mit zitterndem Leib, »es ist der nämliche Tee, der Eurer Majestät gestern und vorgestern so vorzüglich gemundet hat.«

Er mochte ja völlig recht haben, aber mein gesegneter Magen lehnte nun mal alles ab. Ich ließ Doktor Tholazan rufen. Er empfahl mir Ruhe, nichts anderes als Ruhe.

Ruhe? Direkt ein Hohn!

Die Ungläubigen Englands kennen das Wort Ruhe und seine tiefe Bedeutung nicht, noch weniger als die Deutschen oder die Russen. Ruhe, Ruhe, hatte mir der Arzt empfohlen. Aber draußen stand schon wieder jener unerbittliche Mahner des Hofes, der Protokollchef, der mich zu einer Heeresparade abholen sollte. Ich war im ersten Augenblick fest entschlossen, mich um diesen Mann überhaupt nicht zu kümmern und die Erholung auf meinem Diwan zu genießen. Aber Nazar-Aga und Hadschi Mirza Hussein-Khan bedrängten mich und malten mir aus, wie sehr ich die Engländer bis in die Tiefe ihres stolzen Herzens hinein beleidigen würde, wenn ich mich weigerte, ihre Heerschau anzusehen.

»Aber«, rief ich unwillig, »was wollen sie denn nur von mir? Ich habe mir erst gestern stundenlang von ihrer Armee zu Wasser die Nerven aufreiben lassen müssen. Sollen sie mich doch heute mit ihrer Landarmee verschonen oder die Parade verschieben, bis ich den Kanonendonner von gestern verdaut habe.«

Was half mein Jammern, es war einfach nicht zu ändern. Meine Leute erklärten mir, die Parade sei schon aufgestellt. Zu verschieben sei sie auch nicht, weil jeder kommende Tag mit einem Programm zu meinen Ehren voll ausgefüllt sei.

Ehren, Ehren und immer wieder Ehren! Was habe ich von all den Ehren — ist denn mein gesegneter körperlicher Zustand nichts wert? Ich zankte mich eine volle Stunde lang mit meinen Prinzen herum. Es half nichts. Im Grunde hatten sie ja recht, wenn ich mir die Sache in aller Vernunft überlegte. Ich mußte ihnen zustimmen und den Engländern zu Willen sein. Ich bin nun mal unter die Ungläubigen gekommen und muß eben die ganze Sklaverei ihres Hofprotokolls über mich ergehen lassen. So wurde der Mann vom englischen Hof endlich vorgelassen.

Das Wetter war auch wieder freundlicher geworden. Meine alte Freundin, die Sonne, kam hinter den trüben Wolken hervor, als wollte sie mir Mut zusprechen. So machten wir uns also auf den Weg nach Windsor. Dort nahmen uns gleich die alten Bekannten, die Söhne der Königin, der Herzog von Cambridge, Prinz Teck und die anderen, in Empfang. Ich bestieg meinen

Schimmel. Wir ritten auf die große Wiese des Paradefeldes, wo die Truppen Aufstellung genommen hatten. Bald erschienen die Königin selbst und die Prinzen in ihren Wagen. Auf der Wiese standen ein paar tausend Mann — du meine Güte, wegen dieser Rotröcke hatte ich nun meinen Diwan verlassen müssen!

»Ist das ihre ganze Armee?« fragte ich Nazar-Aga.

»Sie haben nicht viel mehr Truppen zu Land«, meinte er.

»Dann hätten sie mich nicht hierher zu holen brauchen. Solch eine Handvoll Soldaten habe ich im Leben schon oft gesehen«, antwortete ich recht unwillig.

Ich habe mir bei den Deutschen ein großes Heer siegreicher Soldaten vorführen lassen, jeder einzelne ein Genuß für das Auge. Diese Engländer aber zeigen mir ein paar armselige Krieger! Ihre ganze Herrlichkeit und Kraft sind ihre Geschwader, die auf allen Meeren mit Recht gefürchtet sind. Darauf können sie zweifellos stolz sein. Aber das scheint ihnen nicht zu genügen. Sie müssen auch mit einer Landarmee protzen, die sie wirklich nicht haben. Warum den ganzen Zirkus? Etwa aus Prestigegründen, weil mir Rußland und Deutschland ihre Landarmeen gezeigt haben? Dann hätten mich beispielsweise die Deutschen in ihre Häfen schleppen müssen, um mir ein paar Schiffe zu zeigen. Nichts als Eitelkeit! Sollen sie doch alle bei dem bleiben, was für sie von Bedeutung ist!

Mir zumindest hätten sie ihre Heerschau mit den Landtruppen ersparen können. Was wollen sie mir schon Neues zeigen? Ich kenne sie doch, ihre Rotröcke aus dem Krieg, den nur zum Ausgleich mein Heer mit ihnen geführt hat[6]. Und sie kennen genauso meine Armee! Bei Chuschkik haben wir uns vor sechzehn Jahren geschlagen. Die Engländer bekamen damals einen Geschmack von meinen Soldaten. Wir wissen, daß dies ihnen nicht gerade in guter Erinnerung ist. Wie wenig erfolgreich sie waren, haben damals das Schlachtfeld und der Rückzug der Rotröcke nach Schif bewiesen. Schließlich haben zwei ihrer Generäle aus Kummer über die Schlappe ihrem Leben selbst ein Ende bereitet. Das spricht genug über sie. Also, nur nicht so stolz, meine englischen Freunde, es sei denn, ihr serviert mir eure Geschwader!

Solche Gedanken mußten mich einfach beschäftigen, als ich die paar tausend Mann vor mir sah. Ich hielt es aber nicht für ratsam, diese Gedanken an die große Glocke zu hängen; denn letztlich war ich nicht gekommen, um alte Wunden, auch wenn sie noch so klein waren, wieder aufzureißen. Ich sagte daher dem Herzog von Cambridge ein paar unverfängliche Worte der Zufriedenheit und überreichte ihm zum Andenken an meinen Londoner Aufenthalt einen Säbel, dessen Griff reich mit Edelsteinen besetzt war. Dieses Geschenk machte ihm sichtlich große Freude; denn er ritt sofort mit dem Erinnerungsstück zur Königin und den Frauen der Prinzen, um sich von ihnen bewundern zu lassen. Die Diamanten werde ich mir schon auf irgendeine Weise wieder hereinholen. Man muß sich diesen Ungläubigen von England freigebig zeigen, dann geben sie selbst leichter zurück, und Iran braucht von ihnen mehr, als sie je von uns bekommen können.

Nach dieser Parade haben sie mich wenigstens nicht, wie nach dem Manöver von Portsmouth, zu einer Musikdarbietung in die grandiose Halle, die Albert Hall, geführt und mich da von über tausend Sängern und Sängerinnen mit einer recht seltsamen »persischen Nationalhymne« anschreien lassen. Der Mann, der dieses angeblich persische Musikstück komponiert hat, bekäme, wenn er bei mir in Iran wäre, mit Sicherheit die Bestonade. Hier aber besitzt dieser Kerl auch noch die Frechheit, den Löwen- und Sonnenorden für dieses Krachwerk zu verlangen! Daß sie in England doch alles gleich so massiv machen müssen, so gewaltig und übertrieben, ob es sich nun um eine riesige Halle, eine Tunnelröhre unter der Erde oder um ein Musikstück handelt, das recht tief ins Herz dringen soll, dabei aber im Ohr nur Schmerzen bereitet!

Ganz ungeschoren ließ man mich auch an diesem Abend nicht. Ich mußte wieder mal zu einer Gesellschaft, die diesmal in den Salons des Außenministeriums stattfand. Da begegnete ich wieder den Prinzen, Ministern der Königin und den vielen Großen des Reiches.

Der übliche Ablauf solcher Festivitäten: Rundgang durch die Säle und Vorstellung eines guten Dutzends mir völlig gleichgültiger Gesichter. Endlich konnte ich mich genießerisch in eine stille Ecke eines abgelegenen Salons zurückziehen. Dorthin hatte ich mir den Gesandten von Konstantinopel mitgenommen. Sofort stellte man wieder Vermutungen an, was ich wohl mit diesem Diplomaten zu besprechen hätte. Sie witterten vielleicht einen besonderen politischen Coup zwischen uns beiden. O diese Spekulanten! Dabei hatte ich mir den guten Mann nur ausgesucht, weil ich aus der Erfahrung heraus annahm, bei seinem Gerede am besten ein kleines Nickerchen machen zu können. Und ich hatte richtig kalkuliert. Ich kam zu einem erquickenden Schläfchen. Das war meine kleine Rache für die Truppenschau. Und ich genoß sie und ihre Süße.

London, 26. Juni 1873

Nazar-Aga hat mir heute eine der Zeitungen gebracht, die hier täglich von den »Leuten der Feder« geschrieben werden. Wie ihre Beine, ihre Theater, ihre Musikhallen, ihre Tunnels, so sind auch ihre Zeitungen unendlich lang. Aus dem gewaltigen Stück Papier, das sie jeden Tag mit Millionen von Buchstaben füllen, könnte man gut und gern eine warme Matratze machen und würde für eine Schlafmütze immer noch ausreichend Material übrig haben. Jedes Blatt dieser Art hat zehn bis zwölf und noch mehr Seiten, die auf mehreren Spalten mit einer Unzahl kleiner Buchstaben bedeckt sind.

Und dieses Unding lesen die Engländer Tag für Tag von Anfang bis Ende durch, sagt Nazar-Aga. Ich kann es kaum glauben, aber Malcolm-Khan bestätigte es. Sie berichten einfach alles, was in der Welt vor sich geht. Sie schreiben von Staatsgeschäften, die ihr Land, und von solchen, die andere Länder angehen. Sie bringen Wort für Wort die Debatten im Unter- und Oberhaus, Ereignisse des Tages, die großen und kleinen. Sie wissen, was ihre Königin tut, was sie nicht tut, was sie tun und lassen soll. Sie drucken die geheimsten Gedanken ihrer Minister und des einfachen Mannes der Straße, der ja hierzulande und überall, wenn er darf, immer etwas zu wünschen hat. Sie glauben die Gespräche im Buckingham-Palast und in den Königszimmern von Schloß Windsor zu kennen. Sie stecken ihre Nasen in die Schlafzimmer der vornehmen Damen des Westends und in die Verbrecherhöhlen an den Ufern der Themse. Die Abenteuer des Thronfolgers, des Prinzen von Wales, sind ihnen ebenso bekannt wie die finanziellen Schwierigkeiten ihrer jungen Staatsmänner. Sie können an ihren Ministern alles vom Kopf bis zum Fuß hersagen. Sie verschweigen nichts über den Mann oder die Frau, die da irgendwo auf der Anklagebank vor Gericht sitzen. Diese Zeitungsschreiber kontrollieren die Tresore ihrer Bank und die Kassen der Stadt, veröffentlichen den Tagesablauf ihrer Herrscherin nicht anders als die frechen Schliche ihrer Diebes- und Räuberbanden — es ist ein unheimliches Geschäft. Nichts, aber auch gar nichts ist ihnen unbekannt, kein Geheimnis kann vor ihnen gehütet werden, das da auf dem Riesenjahrmarkt ihres täglichen Lebens geschehen mag oder verborgen ist. Alles, bis in Kleinigkeiten alles erzählen sie, besprechen es, beurteilen es frei und offen, ob es nun einem mächtigen Mann oder einem kleinen willkommen oder unangenehm ist, ob es einen Minister den Sessel oder einen Mörder den Kopf kostet, ob es einen Fleck im Staatsgewand oder im Kittel des Arbeiters bedeutet. Sie machen da keinen Unterschied.

So sind diese Leute von der Feder eine Macht neben der Macht des Staates. Man hört auf ihr Wort im Dienstzimmer des Ministers und in der Werkstatt, im Thronsaal und im Büro des Kaufmanns. Man kennt diese Männer größtenteils gar nicht vom Angesicht her, und doch gehen sie überall ein und aus. Sie haben tausend Köpfe und spazieren doch nur unter einem daher, der aber mächtig und auch gefürchtet ist. Der Name des einzelnen unter ihnen bedeutet nichts; alle zusammen aber nennt man sie die öffentliche Meinung. Und vor dieser geheimnisvollen Person beugen sie sich hier alle oder werden von ihr gebeugt. Sie zittern vor ihr und tun alles, um sie zu verwöhnen.

Die größte von den vielen Vertreterinnen jener geheimnisvollen öffentlichen Meinung, die sogenannte Times, ist nach der Meinung von Nazar-Aga auch die mächtigste. Warum setzen sie diese Times nicht gleich anstelle ihrer Königin auf den Thron?

Zur Zeit sprechen die Leute von der Feder fast ausschließlich von mir. Ich habe mir beim Frühstück von Nazar-Aga einiges aus ihren Artikeln übersetzen lassen. Ich kann mit Beruhigung feststellen, daß jene geheimnisvolle Person, die öffentliche Meinung, mit mir im allgemeinen recht zufrieden ist. Sie weiß wirklich alles. Sie begleitet mich, wohin ich auch gehe, zur Königin, zum Premierminister Gladstone, in den Zoologischen Garten oder zum Herzog von Cambridge. Sie sitzt neben mir bei Tisch, ob ich nun beim Prinzen von Wales oder beim Minister Granville speise, ob ich bei Sutherland zu Abend oder beim Herzog von Edinburgh zu Mittag esse; sie steht hinter mir, wenn ich mich mit den Gesandten der europäischen Länder unterhalte; sie hält sich bei mir in der Loge des Theaters oder in der Albert Hall auf. Ja, sie sieht, welche Frauen mir gefallen, bemerkt sogar, wenn sich der arme Junge, Sultan Abdul Samid-Mirza, mit den Fingern an fremden, schönen Schultern vergreift. Und was ganz verwunderlich ist, diese öffentliche Meinung weiß selbst so manches, was in meinen Zimmern geschieht oder gesprochen wird.

Das ist doch ein starkes Stück! Ich werde auf jeden Fall die Diwane meiner Appartements genau untersuchen lassen, ob nicht jemand von ihren Leuten unter den Seidenpolstern versteckt ist. Aber was soll's? Die öffentliche Meinung ist ja mit mir sehr zufrieden, und das ist schließlich die Hauptsache. Und da sie ja in allem, also auch in den Geldangelegenheiten des Reiches mitzureden hat, muß ich sie schon bei guter Laune halten, sonst erlaubt sie nicht, daß die Engländer ihr Geld zu dem Eisenbahndarlehen, das Iran brauchen wird, hergeben. Reuter ist der gleichen Meinung. So will ich diese wichtige Person weiter an meinem Frühstück, am Mittag- und Abendessen teilnehmen und, falls es gewünscht wird, auch neben mir schlafen lassen.

Ob diese öffentliche Meinung wohl etwas dagegen haben wird, daß ich heute einer ganzen Reihe von Leuten, die mich zu sprechen und einzuladen wünschten, keine Audienz gewährt habe? Diese Engländer treiben es mit ihrer Gastfreundschaft aber auch wirklich zu weit. Eine ganze Anzahl von Städten hat mir bereits Delegationen gesandt, die mich inständig um einen Besuch baten. Liverpool, Manchester und Crow habe ich es versprochen; jetzt soll ich auch nach Glasgow, Dublin und wer weiß wohin sonst noch kommen. Wie viele Schatullen mit Bürgermeisteransprachen soll ich denn noch nach Iran schleppen? Es ist mir längst bekannt, wie so ein Stadtkönig von England aussieht.

Schottland will mich sehen! Ich bin doch kein exotisches Tier, das man von Stadt zu Stadt transportiert und den Gaffern zur Schau stellt. Die Schotten, die mich sehen wollen, mögen gefälligst nach London kommen, wo ich tagsüber oft genug zu sehen bin, weit mehr, als mir manchen Tag lieb ist. Ich habe den Bürgern von Glasgow herzlich gedankt und ihre Einladung nicht angenommen. Nicht weniger unerbittlich war ich einer Reihe von Gesellschaften gegenüber, die mich in ihren Räumen als Gast sehen wollten. Da ist zum Beispiel die Geographische Gesellschaft, unter der ich an einem Abend weilen sollte. Einer »Sitzung« sollte ich beiwohnen. Sie wissen ja nicht, wie sehr mir dieses Wort schon zuwider ist: Sitzung — der erste Grund bereits, diese Gesellschaft nicht zu besuchen! Sitzen und immer wieder sitzen und obendrein in der abscheulichen Art der Ungläubigen, das ist aber wirklich nichts für mich.

»Und was tun sie sonst in dieser Gesellschaft, außer daß sie sitzen?« fragte ich Nazar-Aga.

»Die Gelehrten halten dort voreinander Vorträge über fremde Gegenden«, sagte er, »morgen werden sie über Chiwa reden.«

Sie sollen sich nicht stören lassen, die Herren Professoren! Mich geht das nichts an. Sie werden sich doch nicht einbilden, mir über das Gesindel von Chiwa, das die Russen so einfach besiegen konnten, etwas Neues erzählen zu können? Was diese Leute für Vorstellungen haben. Ich bin doch nicht nach London gekommen, um mir etwas von Türken, Afghanen oder Beludschis berichten zu lassen! Genügt es mir doch wahrlich, daß ich sie zu Nachbarn habe. Da bin ich herzlich froh, von diesen elenden Burschen nichts zu hören. Und diese Gelehrten hier laden mich ein, ich solle wertvolle Stunden damit totschlagen, mir solche Dinge anhören zu müssen? Ich würde einschlafen. Nazar-Aga meint zwar, in dieser Gesellschaft schliefen auch andere Männer und Frauen ein. Meinetwegen. Ich schlafe lieber ohne Geographie und ohne Chiwa.

Das wäre so nach unserem Geschmack in Iran! Bei uns zu Hause lädt man seinen König zu einer guten Reismahlzeit oder einem feinen Ragout, aber nicht zur Geographie ein. Die Delegation der Geographen wollte nicht eher von mir gehen, bevor ich ihr nicht versprochen hatte, ihr Ehrenmitglied zu werden und das Diplom, das mich zu einem solchen machen soll, anzunehmen. Das versprach ich den Männern. Warum auch nicht? Mein Reisegepäck verträgt mehr als ich. Soll es also auch das Diplom der Ehrenmitgliedschaft einer geographischen Gesellschaft nach Iran zurückbefördern!

Um die Mittagszeit erwartete man mich in der Bank von England, in dem Haus, das sie zu einem so großen Geld- und Goldspeicher gemacht haben sollen, daß man einige Iran damit reich machen könnte. Ich ließ die Herren erst etwas warten und ihnen dann mitteilen, daß ich nicht kommen könnte.

Die guten Ungläubigen haben mir für diesen Tag zuviel des Glücks und der Ehre zugedacht. Was half es, daß sie sich in den Straßen, die vom Buckingham-Palast zu jenem prächtigen Goldhaus führen, wieder in großen Massen versammelt hatten und schon die Hurra-Rufe bereithielten, mit denen sie mich anschreien wollten? Was half es, daß sie schon die mächtigen Maschinen poliert hatten, mit denen sie sich Geld machen, wenn sie welches brauchen? Was half es, daß sie die Kassen und Tresore, in denen ihre wertvollen und begehrten Shilling-Stücke ruhen, geputzt und die mächtigen Papierballen mit den Hundert- und Tausend-Pfund-Noten und was noch alles für mich bereitgelegt hatten, um es durch mich bewundern zu lassen — ich verzichtete auf diese Wunder und ging nicht hin.

Eine Menge solchen Goldes zu besitzen, ist zweifellos ein Vergnügen, es aber nur anzuschauen — du meine Güte, darauf kann man leicht verzichten, wenn man so abgehetzt ist wie ich und noch eine Menge Arbeit vor sich hat.

Nachdem wir den Besuch der Bank aufgegeben hatten, fuhren wir nach ein Uhr zu unserer sonstigen Arbeit. Zuerst zum Tower, jenem alten Gefängnis, das mit den Schreckensbildern der Geschichte dieses Inselvolkes so eng verknüpft sein soll. Auch da sollte ich hineingehen und den alten Kronschatz des Reiches bewundern. Ich sollte mir auch die Stelle ansehen, auf der das Beil des Henkers so manchen übermütigen Kopf für immer beruhigte, die Stelle, auf der Könige und Minister, Männer und Frauen, Pfarrer und Leute vom Hof verbluteten. Ich legte keinen Wert auf den Rundgang. Mein Leibhenker hat mir ein solches Schauspiel schon oft vorgeführt.

Nachdem ich aber von da aus den Dampfer nach Greenwich, in die alte Matrosenstadt, benutzen wollte, so blieb ich kurze Zeit, ließ die Soldaten, die am Tower Wache standen und ebenfalls recht abenteuerlich aufgeputzt waren, vor mir salutieren. Dann ging ich zu einem Tor hinein und zum anderen wieder hinaus und bestieg das Schiff. Auf dem schönen, weiten Fluß wimmelte es ringsum von Kähnen und Booten, die uns das Geleit gaben. Vom schwarzen Haus des Unglücks, vom Tower, brüllten mir wieder die bekannten 21 Salutschüsse — eine wahre Unglückszahl für mich, diese 21 — ihren Donner hinterher. Da ging es endlich fort, den Fluß hinab.

Ich wurde entschädigt; denn es gab nun einen interessanten Rundblick, so weit das Auge reichte. Rechts und links den Fluß entlang Schiff an Schiff, große und kleine Frachter, vor Anker liegend, die vollgepackt aus allen Teilen der Welt hierher gekommen sind und wieder vollgepackt über die Meere hinwegfahren, ein Gewimmel von unzähligen Flaggen und Masten, die Farben ihrer Heimat und Irans zeigend. Es war ein Wald, den das Auge nicht durchdringen konnte, immer wieder belebt von braungebrannten Gesichtern, leuchtend vor Freude, mich zu sehen — oder vom Wein und Whisky. Die Werften und Kais voller Menschen, die einen Augenblick lang ihre Arbeit unterbrachen, um uns vorüberfahren zu sehen, und immer so fort, ohne Unterbrechung, ohne ein leeres Fleckchen Wasser oder Ufer.

Es war ein eindrucksvoller Anblick und wert, ihn nicht zu vergessen. Das allein, und nicht tote Goldbarren, zeigt lebendig und anschaulich die Bedeutung dieses Reiches, seine Macht und Herrlichkeit, die Größe seines Welthandels, die friedliche Eroberung, die dem Auge gefälliger ist als die gepanzerten Ungetüme, die man mir Tage zuvor auf der See präsentierte.

Ich konnte meine Bewunderung nicht zurückhalten, und meinen Leuten ging es nicht anders. Von diesem überwältigenden Bild beeindruckt, blieben wir an Deck stehen und ließen uns ringsum von großen und kleinen Weltfahrern, von Flaggen und Menschen begrüßen, die alle Zonen der Kontinente gesehen hatten. Da waren sie aus der Türkei und aus Ägypten, von den Kanarischen Inseln und aus der Neuen Welt gekommen. Welches brodelnde Leben in den großen Docks der Westindischen Kompanie, in den Lagerhäusern und auf den Werften!

Wir mochten gut drei Stunden gefahren sein, ohne daß dieses Bild auch nur einen Augenblick lang an Großartigkeit verloren hätte; da endlich waren wir in Greenwich angekommen. Nach Verlassen des Schiffes stiegen wir die Stufen zum Invalidenhaus hinauf, das die alten Teerjacken der Themse versorgt. Oben empfing mich der Flottenminister Goeschen und hieß mit mir meine Fürsten, den Prinzen von Wales, die Herzöge von Cambridge, Edinburgh und die gesamte Begleitung willkommen. Er führte uns in einen großen Saal, in dem sie allerlei Dinge, die an die bedeutenden Schlachten der Engländer und ihre berühmten Helden erinnern, aufbewahren. Da liegen Kleidungsstücke von Wellington und Nelson, Hüte, Mastteile und Kompasse bekannter Schiffe und viel anderes Zeug.

Dann ging es zu einem guten Bissen, der auch nicht zu verachten war; denn die Luft über dem Wasser hatte mich für ein ordentliches Essen sehr empfänglich gemacht. Anschließend zeigte man mir die Schule der jungen Seeleute und ließ gleich einige Hundert von ihnen, kräftige Burschen, ihre Übungen vorführen. Ob wohl einer von ihnen das Glück hat, ein zweiter Wellington oder Nelson zu werden? Der Minister Goeschen wußte das wohl ebensowenig wie ich.

Nach etwa einer Stunde gingen wir wieder an Bord unseres Schiffes und kamen bald zum Buckingham-Palast zurück. Dort konnte man sich bei einer Ruhepause, gut gestopfter Pfeife und munteren Reden erholen. Malcolm-Khan, Nazar-Aga, Hadschi Mirza Hussein-Khan und Doktor Tholazan waren sich alle in einem Punkt einig. Sie behaupteten, daß diese Fahrt nach Greenwich keine Anstrengung, sondern ein wahres Vergnügen gewesen sei. Welch ein Wunder! Denn eine ungeteilte Meinung ist bei diesen meinen Männern eine ganz große Seltenheit.

Am Abend gab es wieder ein hartes Geschäft und einen Ball im Buckkingham-Palast. Irgend jemand muß diesen englischen Ungläubigen das Märchen erzählt haben, daß ich ein gewaltiger Tänzer vor Allah sei und das Ballet über alles liebte. Vielleicht halten sie mich am Ende noch für den Prinzen Karneval, den sie alle so verehren, die Engländer fast so wie die Deutschen und Russen! Ich bedaure aufrichtig, daß sich mir das Geheimnis dieses Tanzvergnügens noch immer nicht entschleiert hat. Ich verspreche ihnen aber, daß ich nach meiner Rückkehr in Teheran darüber sehr eingehend und tief nachsinnen werde und mich dann, wenn ich demnächst wieder zu den Ungläubigen kommen werde, mit aller Energie unter die Verehrer und Verehrerinnen dieses wirbelnden Männer- und Weiberspiels mischen dürfte. Wenn sie mich nur bis dahin von jeder Teilnahme an ihren Festbällen entbinden würden! Leider tun sie das aber nicht. Mir kommt es so vor, als nähmen sie hier meinen Aufenthalt zum Vorwand, um außer der normalen Zeit möglichst oft tanzen zu können. Die armen, langen Beine der Engländer, die da jeden Abend müde gedreht werden! Ich habe mir gestern eigens den Namen eines jungen Mannes vom hohen Adel nennen lassen, da ich ihn nicht nur gestern, sondern auch auf allen anderen Bällen zuvor mit einer seltenen Ausdauer und Beharrlichkeit kreiseln gesehen habe. Eine solche Tapferkeit im Tanz muß gewürdigt werden. Er soll dafür mein Bild mit Brillanten bekommen. Ich muß doch auch mal einen komischen Helden der Ungläubigen vor anderen auszeichnen.

London, 3. Juli 1873

Das Ende des mühseligen Vergnügens, das mich bereits viel länger als anderswo festhält, ist endlich vorbei. Morgen geht es von Portsmuth aus über Cherbourg ins Land der Franzosen.

In den letzten Tagen habe ich alle Lust an der Niederschrift meiner Erlebnisse verloren. Was soll's auch? Es ist doch immer die gleiche Mühle, durch die sie mich drehen, ob sie mich hierhin oder dorthin laden, ob sie mir einen Gala-Abend in einem Schloß oder ein Gartenfest geben. Ich habe kurze Zeit in Trentham auf dem Schloß jenes Herzogs von Sutherland verbracht, der mir hier als erster Großer ein Nachtfest bereitete. Wozu, frage ich mich. Ich finde keine Antwort darauf. Dieses Fest stand eben auf dem Programm des Mannes, der bei Hof hier über meinen Leib verfügt und mich je nach Bedarf heute dahin und morgen dorthin transportieren läßt.

Wie freue ich mich darauf, einmal den Thronfolger von England und gar diesen freundlichen Herzog von Sutherland bei mir in Teheran eintreffen zu sehen. Die Herren würden sich schon wundern. Ich würde ihnen von meinem Zeremonienchef ein gewürztes Programm diktieren lassen. Was sie wohl sagen würden, wenn ich in die Reihe der »Vergnügungen« auch noch Wallfahrten nach Kerbela und Maschdad[7] einstreuen ließe und sie alle zwei Meilen mit Einladungen von den Häuptlingen der Nomaden, die sie alle bei sich sehen wollen, überraschen würde?

Der Aufenthalt in Trentham war angenehm. Diese Adeligen verstehen es, ihr Leben so recht zu genießen. Landschloß und Umgebung sind hübsch. Meilenweit ziehen sich prächtige Wälder hin. Teiche und geräumige Parkanlagen bieten einen abwechslungsreichen Blick. Auch Spielplätze haben sie, sowohl in den hohen Räumen des Schlosses wie auch unten im Park, in ausreichender Menge zur Verfügung.

Sie spielen fast immer mit Bällen auf grünen Tischen und auf dem Rasen. Aber wie das nun mal so bei ihnen ist: Das Vergnügen scheint ihnen dabei Nebensache zu sein; Bewegung und Arbeit haben den Vorrang. Und

Schah Nasreddin wurde in London auch zum Pferderennen eingeladen. Das zeitgenössische Gemälde von William Powell Frith »The Derby Day« gibt die Atmosphäre wieder.

dann muß man sich ihren Nationalsport vorstellen! Da gehen sie aufeinander mit den Fäusten los und schlagen sich auf den halbnackten Leib und ins Gesicht. Den größten Spaß haben sie dann, wenn sich die Männer blutig schlagen und einer von ihnen so zusammengehauen ist, daß er sich nicht mehr vom Boden erheben kann. Recht eigentümlich ist diese Art ihrer Unterhaltung, das muß ich schon zugeben. Mich wundert nur, daß sie mich nicht aufgefordert haben, auch einmal mit einem Gegner zu boxen, wie sie dieses Spiel nennen.

Die Zeit in Trentham verging übrigens sehr rasch. Wir hatten alle höfischen Manieren abgelegt und lebten ganz nach unserer iranischen Gewohnheit. Wir liefen im Hemd umher und legten uns beim Essen, Trinken, Schlafen und allem, was sonst noch der Ungläubige daran an Sonderheiten liebt, keinen Zwang auf. Auch hatte ich Ruhe vor all den Menschen, die mich zu sehen oder gar zu sprechen wünschten. Da gab es keine Gesellschaftsdelegationen und kein anderes neugieriges Ungläubigenvolk. Der Herr des Hauses schirmte mich vor allen Besuchern ab, ließ niemanden aus London vor und beschäftigte sich selbst, um das Maß meiner Ruhe , die er mir von Herzen zu gönnen schien, voll zu machen, fast überhaupt nicht mit mir und meinen Leuten. Ich wußte das wohl zu schätzen und schied deshalb mit aufrichtigem Dank von ihm.

In Liverpool und Manchester mußten sie natürlich das Beispiel Londons nachahmen. In beiden Städten lasen sie mir endlose Begrüßungs- und Wunschadressen vor. Wieder übergaben sie mir dann diese Reden in geschriebener Form, fein in Leder gebunden oder in einer Hülse verpackt. In beiden Städten sahen die Ratsherren wieder recht spaßig aus. In beiden Städten mußte ich ihre Guild Halls besichtigen, mich zu ihnen an die Tafel setzen und alles mit ihnen tun. Zum Glück verschonten sie mich, mit ihnen zu schlafen. In beiden Städten tanzten sie zur Belustigung meiner Augen und wollten mich überreden, doch länger ihr Gast zu bleiben. Ich kann nur annehmen, daß sie sich in der Umgebung des Königs der Könige gefielen. Damit sie aber in der Musik nun ja nicht hinter den Leistungen ihrer Hauptstadt zurückstehen müßten, wollten mich ausgerechnet ihre Gesangvereine bei sich empfangen. Ich denke, sie singen deshalb immer in einer großen Schar, damit den einzelnen Sänger unter ihnen bei einem falschen Ton keine Schuld trifft. Ja, beide Städte hatten sich eigens in London eine persische Hymne komponieren lassen, die ich mir anhören sollte. In der Hauptstadt muß es wohl einen Musik-Fabrikanten geben. Ich verzichtete auf den Kunstgenuß. Was sind diese Männer von Liverpool und Manchester doch für rührige und eifrige Kaufleute! Unablässig arbeiten sie mit Dampf in ihren Fabriken und haben doch für solche Dummheiten genügend Zeit.

Nach London zurückgekehrt, erwartete mich der letzte Rest der Feste, ein Gartenfest beim Prinzen von Wales. Es war dort recht munter, weit ausgelassener als sonst bei anderen Festen der Engländer. Aber es reichte nicht an den unvergeßlichen Abend von Potsdam heran, der sich meinem Gedächtnis für immer eingeprägt hat. Dann kam ein Fest im wunderbaren Glaspalast von Sydenham, in dem sie ein Kaufhaus aller Völker aufgebaut hatten. Da gab es eine Menschenmenge, wie ich sie sonst noch nicht in London auf einem Haufen beisammen gesehen habe. Es gab Musik von betäubender Lautstärke, es gab Frauen, die offensichtlich anzubändeln suchten, es gab eine bunte Mischung von Beleuchtungszauber und Feuerwerk, und es gab Lärm, echten Londoner Lärm.

Das denkwürdigste Ereignis dieses Abends wird wohl gewesen sein, daß mein guter Junge Abdul Samid-Mirza wieder einmal für eine Nacht verlorengegangen war.

In diesen Tagen habe ich noch manches gesehen, was mir gefiel. Da war zum Beispiel das Wachsfiguren-Kabinett der Frau Tussaud und Company, in dem neben allen berühmten Herrschern und Herrscherinnen aus den Ländern der Ungläubigen auch die größten ihrer Spitzbuben, Mörder und Staatsverbrecher in Wachs nachgebildet sind. Was für eine gemischte und interessante Gesellschaft! Wie sie sich alle gut vertragen, Orsini und Napoleon, der Papst und Kaiser Wilhelm, Victor Emanuel und Franz von Neapel, Bismarck und die Frau Eugenie von Chislehurst, Mac Mahon und Moltke, Pierre Napoleon und Victor Noir und andere Männer und Frauen. Es sollte mich nicht wundern, wenn ich nicht bald nach meiner Abreise in Wachs hier auch wieder auftauchen würde. An diesen Schah in Wachs werde ich dann alle noch auf mich zukommenden Ansprachen und Adressen schicken lassen.

Noch heute verabschiede ich mich von der Königin und den Prinzen des englischen Hofes. Sie haben mir in diesen schönen Londoner Tagen zwar manchmal recht hart zugesetzt, aber ich bin überzeugt, daß sie es gut mit mir gemeint haben. Für diese ehrliche Absicht will ich ihnen herzlich die Hand drücken. Eindrücke von bunter Mannigfaltigkeit nehme ich zur Genüge mit. Die Ungläubigen hier haben mir ihren Rausch der Freude über mein Erscheinen stets laut und beeindrukkend bewiesen. Ihr Gold kommt hoffentlich sehr bald hinterher. Wenn sie nur nicht aus ihrem Rausch erwachen und nüchtern werden!

Bei den Franzosen

Paris, 6. Juli 1873

Die Reise geht weiter. So bin ich nun auch seit einigen Stunden unter den Franzosen in ihrer schönen Hauptstadt, von der man mir in Teheran jahrelang vorgeschwärmt hat. Die Lust, nach hier zu kommen, hatte sich bei mir in den letzten Tagen merklich verringert. Jenes London hatte mich die maßlose Freundlichkeit der Ungläubigen fürchten gelehrt. Das begann auf die Dauer unheimlich zu werden. Wenn es so weiterginge, wie es unter den Engländern angefangen hat, dann könnten sich meine in Iran lauernden Feinde zu dem Zustand beglückwünschen, in dem ich bei ihnen wieder eintreffen dürfte.

Auch die schlechte Nachricht, die mir der Telegraph aus Teheran übermittelt hatte, daß nämlich die Königin-Mutter in das Paradies des Propheten eingegangen sei, ließ mich doch etwas zögern, so daß ich Frankreich am liebsten nicht besucht hätte. Wie mir aber Nazar-Aga und mein Premierminister sagten, lege man allergrößten Wert auf mein Kommen. Die Franzosen würden sich in der Tiefe ihrer eitlen Seelen kränken, wenn ich ihren ganzen Stolz, ihr Paris, nicht gesehen hätte. Dazu sind sie unglücklich, und das Unglück, wenn auch größtenteils selbst verschuldet, hat Anspruch auf Schonung.

Meine Minister behielten wieder einmal recht. So sitze ich nun in dem Palais, in dem sie vor drei Jahren meinen armen Freund Napoleon vom Thron geworfen haben. Der Einzug in Paris tat mir nach dem vielen Londoner Lärm sehr gut. In anderer Form hätte er mich sicher in sehr schlechte Laune versetzen können. Wäre dieses Paris auf meiner Reise die erste Stadt der Ungläubigen gewesen, ich glaube, ich wäre nach meinem Eintreffen sofort wieder zu den Toren hinausgeeilt, so mäßig und lauwarm war der Empfang der Franzosen für den König der Könige, dessen Besuch sie doch so gewünscht, ja, mit viel Nachdruck verlangt hatten.

In einer Vorstadt mußte ich die Eisenbahn verlassen. Da kam der Herrscher des Landes, der aber zugleich von der Nationalversammlung beherrscht wird, Marschall Mac Mahon, auf mich zu und sprach ein paar Worte der Begrüßung. Er sieht wie ein Korporal und nicht wie ein Regent aus. Muß am Ende der Präsident einer Republik so aussehen? Na, ich will dem Mann nicht weh tun; er sitzt erst kurze Zeit auf dem Präsidentenstuhl und nicht sonderlich weich, wie man mir sagte. Nach einigen Worten meiner Erwiderung, die Nazar-Aga ins Französische übersetzte, stellte man mir ein halbes Dutzend Generäle vor. Der General scheint jetzt in Frankreich alles zu sein. Die Männer in ihren glänzenden, goldstrotzenden Röcken und Federhüten tragen den Kopf sehr hoch. Es schien, als wollten sie bei mir recht großen Eindruck schinden, wonach jeder von ihnen in der Lage wäre, einen ganzen Kontinent zu unterwerfen. Ich machte mir aber das Bild der Wirklichkeit selbst. Denn diese Männer hatten doch erst vor kurzem sehr empfindliche Niederlagen einstecken müssen. Sie schienen davon aber nichts mehr zu spüren.

Auch die Minister des Marschalls wurden mir vorgestellt, eine Reihe sehr selbstbewußter Leute, von deren Tapferkeit und Witz bisher aber noch nichts bekannt geworden ist. In ihren Staatsroben sahen sie sehr imponierend aus, allen voran der Herzog von Broglie, eine gewaltige Erscheinung. Seine Miene schien immer sagen zu wollen: »Wenn du mich gesehen hast, o Schah, so hast du das Reich der Franzosen gesehen!« Der Marschall schien für ihn sehr wenig zu bedeuten.

Wir fuhren nun zur Stadt. Ich war überrascht, daß eine prächtige Staatskarosse als unser Beförderungsmittel diente. Denn ich hatte mir immer vorgestellt, daß Gold, Silber und schöne Pferde in einer Republik keine Rolle spielten, daß die Einfachheit vorherrsche und daß man sogar die zu Besuch kommenden Könige in einer gewöhnlichen Kutsche oder gar in einem Leihwagen befördere. Das wäre mal was Neues gewesen und hätte mich gereizt, aber in goldenen Wagen hatte ich nun schon zur Genüge gesessen. Menschen waren zwar entlang der Straßen genügend aufgestellt, im schönen Bois de Boulogne drängten sie sich sogar in dichter Menge, aber die Freude über meinen Besuch muß ihnen die Sprache geraubt haben. Die Leute zogen hier und da ihre Suppentöpfe vom Kopf, aber kein einziger Begrüßungsruf war zu hören.

Mich freute dies eigentlich; denn ich war in letzter Zeit genug angeschrien worden. Mein Onkel und Nazar-Aga, die bei mir im Wagen saßen, schienen sich jedoch zu ärgern. Als wir beim Triumphbogen ankamen, den man mit Blumen, Kränzen und persischen Wappen verkleidet hatte, drangen einzelne Rufe an mein Ohr.

»Was rufen sie da?« fragte ich Nazar-Aga.

»Es lebe Mac Mahon, rufen sie«, antwortete er.

»Ja, feiern sie denn den Einzug ihres Marschalls?« dachte ich bei mir.

Da ertönten andere Rufe. »Jetzt«, sagte Nazar-Aga, »jetzt rufen einige: Es lebe die Republik!«

Bin ich die Republik? Empfangen sie die Republik oder empfangen sie den Herrscher von Iran, dem die Ungläubigen von Rußland, Deutschland und England zugejubelt haben? Und warum lassen die einen ihren Mac Mahon und die anderen die Republik hochleben? Ist die Republik doch etwas anderes als Mac Mahon? Es scheint so. Der Marschall zog auch ein schiefes Gesicht, wenn er die Hochrufe auf die Republik vernahm. Die Vivat-Wünsche für sein eigenes Leben scheinen ihm auf jeden Fall sympathischer zu sein. Nun, ich bin erst einige Stunden hier und werde sicher noch zur rechten Zeit über alle Strömungen in der Politik aufgeklärt werden.

Am Triumphbogen begrüßten mich die Ratsherren der Stadt. Das waren wenigstens schlichte Männer ohne Hochmut im Gesicht, freundlich und entgegenkommend. In ihren Worten lag ein Ausdruck echter Herzlichkeit. Der Anblick des weiten, schönen Platzes vor dem Triumphbogen, die Tribünen mit hübschen, laut schwatzenden Frauen waren Genüsse, die mich für manche erste Vorsicht entschädigten. Die herrliche Straße, durch die wir dann weiterfuhren, wo die Menschen aus den Fenstern, von den Dächern und aus den Wipfeln der langen Baumreihen auf uns herabschauten, all das ließ mich schnell wieder vergessen, daß sich diese sonst als sprühend und lebendig bekannten Franzosen heute so ruhig verhielten, als wäre ihnen beharrliches Schweigen befohlen worden. Ich bin einmal ohne Krach der Kanonen und Kehlen in einer Ungläubigenstadt angekommen, meine Nerven können sich darüber nur freuen. Im Palast angelangt, empfing ich noch eine Delegation jener vielköpfigen Regierung, von ihrem Chef angeführt, die in Versailles ihren Sitz aufgeschlagen hat.

Dann zog ich mich in meinen Salon zurück, nachdem ich die vielen unnötigen Bedienstetenseelen, die mir anscheinend in den Mund sehen wollten, aus dem Raum geschafft hatte. Da endlich war Ruhe. Solch eine Republik hat doch auch ihre guten Seiten. Es gibt keine Audienzen von Prinzen und Prinzessinnen, keine Vorstellungen von Dutzenden von Leuten des Hofes, kein gezwungenes Lächeln von wildfremden Menschen und was sonst noch alles an Anspannung bei jedem Eintreffen in einem neuen Palast eines Landes der Ungläubigen für mich bereit war. Ich habe also allen Grund, heute mit dem Ruf »Es lebe die Republik!« zu Bett zu gehen. Wenn mich nur der Präsident dieser Republik nicht hört!

Paris, 7. Juli 1873

Sie scheinen sich hier arg in den Haaren zu liegen, die lieben, artigen Franzosen. Nazar-Aga, Malcolm-Khan und Ali-Mirza Kuli haben bei ihren alten Freunden von früher, bei Männern in den verschiedensten höheren Staatsdiensten, Besuche gemacht und erzählen mir so manches über die politischen Spiele, die hier exerziert werden. Meine Minister sind sich in ihren Berichten darüber einig, daß die meisten dieser Männer das Brot der Republik, teures und kostspieliges Brot, essen, von ihrer Brotgeberin aber nichts wissen wollen. So haben viele das Ziel, den Präsidentenstuhl möglichst in einen Thron zu verwandeln, sind sich aber über die Person, die sie auf diesen Thron setzen möchten, nicht einig. Die einen denken an den Prinzen Henri von Bourbon, den Nachkommen eines längst verjagten Herrscherhauses, der seit Jahrzehnten auf einem Landschloß in Österreich ruhig seine Tage verbringt und der nicht im Traum damit gerechnet hat, jemals wieder den Thron seines verbannten Großvaters besteigen zu können. Ihm wollen sie nun mit aller Gewalt den Purpur über die Schultern hängen.

Andere bemühen sich um den Grafen von Paris, den Enkel jenes Orleans, der nach der Verbannung des letzten Bourbon im Jahre 1830 den Thron bestieg, um nach achtzehn Jahren davongejagt zu werden. Da gibt es auch noch eine dritte Gruppe, die mit dem kleinen Sohn Napoleons III. spekuliert, während schließlich eine weitere Interessengemeinschaft eine Vereinigung der Orleans und der Bourbonen herbeiführen und die damals gewaltsam auseinandergebrochenen Teile der französischen Dynastien ebenso gewaltsam wieder zu einer zusammenflicken möchte.

Alle anderen Männer in Frankreich, die mit diesen politischen Spielen nicht einverstanden sind, die eben diesen alten Kehricht der Bourbonen und den noch etwas jüngeren der Orleans nicht wieder im Lande riechen möchten, sind die Anhänger der Republik. Es sind, wie ich mir sagen ließ, recht vernünftige, ehrliche und tüchtige Leute. Nur sind sie in der Nationalversammlung in Versailles eben noch in der Minderheit und werden unter diesen Aspekten, wie man mich wissen ließ, wenig Aussichten haben, sich der Wiedereinführung einer Monarchie erfolgreich zu widersetzen.

Geradezu belustigend ist es für mich, daß sich, wie mir meine Minister erzählen, die einflußreichen Franzosen einbilden oder sich selbst einreden, ich könnte an einer Wiedergeburt der Monarchie in ihrem Land besonders interessiert sein. Alles, was sich in diesem Frankreich seit drei Jahren abspielte, ist den Ungläubigen in den übrigen Ländern Europas sowieso schon rätselhaft. Wie kann man dann von mir verlangen, der ich aus Iran komme, daß ich mich in ihrem parlamentarischen Durcheinander so auskenne, um für die eine oder andere Seite Partei zu ergreifen? Ich sehe wirklich nicht ein, warum mir der Wissenschaftler Thiers, falls ich ihn noch auf seinem Stuhl in Versailles angetroffen hätte, nicht minder angenehm sein könnte als dieser Marschall Mac Mahon.

Und doch interpretieren sie hier ihre eigenen Wünsche als meine Meinung. Ihre Zeitungsschreiber wissen heute schon zu berichten, daß ich gestern den Ratsherren von Paris gesagt hätte, ich würde mich freuen, den Marschall an der Spitze der Regierung zu sehen, der allem Anschein nach von Volk und Armee sehr geliebt werde. Ich hätte eine solche Lächerlichkeit nicht für möglich gehalten, wäre sie mir nicht von Nazar-Aga Wort für Wort aus ihren Zeitungen übersetzt worden. Was soll man schon zu solchen dummen Behauptungen sagen?

Die erste faustdicke Lüge ist, daß ich mich freue, den Marschall als Regierungschef zu wissen. Ich bin keineswegs nach Paris gekommen, um diesen Mann zu bewundern, und ich wäre genauso zufrieden, wenn an seiner Stelle irgendein anderer, auch ohne Säbel und Uniform, auf dem Präsidentenstuhl in Versailles säße. Allerdings muß ich da eine Einschränkung machen; denn einer aus den Reihen der Kommunisten wäre mir sicher nicht sympathisch, da er mir gleich bei der Ankunft alle Diamanten abgenommen hätte. Die zweite Lüge wird dann wohl sein, daß Volk und Armee den Marschall so sehr zu lieben scheinen. Ich kann mir gar nicht vorstellen, was an diesem Mann so attraktiv sein könnte, der mehr Schlachten verloren, als er je gewonnen hat oder noch gewinnen wird; es müßte denn sein, daß die Franzosen von heute ausgerechnet ihre ganze Anhänglichkeit einem Heerführer beweisen, der sie doch maßgeblich ins Unglück gestürzt hat.

Es gab einmal eine Zeit, da begeisterten sie sich für den General Bonaparte. Er wurde für die Franzosen zum Abgott und zur Allmacht ihrer Größe, weil er Schlachten auf Schlachten führte, mit denen er die ganze Welt in Angst und Verwirrung stürzte. Wenn man sich dieser Tatsache erinnert, so fragt man sich, wie man heute in eben diesem Volk einen Feldherrn lieben kann, der ein Großer in Niederlagen war. Das wäre selbst in einem ungewöhnlichen Land und Volk ungewöhnlich genug.

Mit dieser Bemerkung will ich aber einer Verehrung von Mac Mahon durch seine Leute nicht im Wege stehen. Sollen sie mit ihm machen, was sie wollen. Aber mögen sie doch den König der Könige aus dem Spiel lassen und ihn nicht zum Jahrmarktschreier für eine politische Figur degradieren. Jetzt verstehe ich auch die Rufe von gestern. Der Marschall hätte sich gern neben mir von seinen Franzosen feiern lassen, aber die guten Leute taten ihm nicht den Gefallen. Es scheint also mit der Liebe des Volkes nicht ganz so berauschend zu sein. Für die liebe Eitelkeit aber ist nichts zu simpel, und selbst die Lüge mag einem Mann sehr wohltun. Ich bin nur neugierig, ob ich morgen, wenn ich sein Gast in Versailles sein werde, in seiner Gunst schon etwas gestiegen bin. Im Grunde müßte es wohl so sein, nachdem ich mich, zumindest in den Berichten der Gazetten, so schmeichelhaft über ihn ausgesprochen haben soll. Es ist zu vermuten, daß man seinen Zeitungsschreibern alles aufs Wort glaubt, was sie da über ihn und mich gesagt haben.

Die »Leute vom Säbel«, die Militärs, machen sich hier ganz schön breit. Heute hat mich gleich ein ganzes Dutzend im Palais aufgesucht. So richtig lernte ich sie jedoch erst kennen, nachdem sie mich wieder verlassen hatten. Da mußte mir nämlich Nazar-Aga, der in der Geschichte des erst vor zwei Jahren beendeten Deutsch-Französischen Krieges gut beschlagen ist, all die Schlachten aufzählen, die jeder einzelne von diesen gewichtigen Generälen verloren hat. Seitdem weiß ich um ihre Bedeutung im Reich und verstand auch, warum sie es für nötig hielten, daß ich ihre persönliche Bekanntschaft machte. Von den deutschen Generälen, ja nicht einmal Moltke selbst, fand es keiner für opportun, mir gegenüber besonders großsprecherisch aufzutreten. Jene aber hatten damals doch gesiegt.

»Das liegt im Blut«, sagte Nazar-Aga.

In einem nicht besonders gesunden, meint er wohl. Die deutsche Therapie scheint ihnen also wenig Blutauffrischung gebracht zu haben.

Paris, 8. Juli 1873

Habe einen schönen Nachmittag in Versailles, in der Stadt der 750 Parlamentarier Frankreichs, verbracht. Die früheren Herrscher des Landes haben sich in diesem Sommersitz, für den ich keine Parallele an Pracht und Reichtum, in Formen und Ausstattung wüßte, ganz herrlich eingerichtet. Das mag ein Leben der Wonnen gewesen sein, das die alten Ludwige in den hohen Marmorsälen und in den verspielten Parkpavillons geführt haben, als hier Rosen blühten und Nachtigallen schlugen, als verführerische Frauenlippen des Harems, den sie hier Hirschpark nennen, die Galane in die weiten Laubengänge und in die verborgenen Büsche lockten, als schließlich über die hohen Gitter der Umzäunung noch nicht das ordinäre Getöse der wilden und aufgebrachten Volksmenge brandete.

Wenn man sich von dieser überwältigenden Schloßanlage einen Eindruck verschafft, so kann man verstehen, daß es die zahlreichen Thronprätendenten, die hier im Gespräch sind, danach gelüstet, von diesen Prunkgalerien und den verborgenen Winkeln der Liebe so bald wie möglich Besitz zu ergreifen, und daß sie im wollüstigen Vorgefühl gar nicht viel danach fragen, ob ihnen der Sitz in Versailles ebenso gut bekommen wird wie ihren Vorgängern bis hinauf zum sechzehnten Ludwig. Nur muß man hier eben ein echter König, wie der vierzehnte Ludwig einer war, sein können oder man läßt die Finger davon. Und es soll sehr schwer sein, im heutigen Frankreich einen der alten Ludwige zu spielen. Wer sich mit solchen Gedanken abgibt, sollte neben dem Versailler Pomp nicht die nüchterne und kalte Zelle im Temple vergessen, die dem siebzehnten Ludwig als letzte Wohnung diente. Wer sich schon in der goldbeladenen Königskutsche sieht, sollte auch an den königlichen Armesünderkarren denken und wissen, daß aus dem edlen Tafelmesser leicht das Beil des roten Henkers werden kann, den sie hier den Herrn von Paris nennen, den man aber nicht mit dem Grafen von Paris, der auch dessen Herr sein möchte, verwechseln darf.

Die Männer der sogenannten Republik haben sich, soweit ich bis jetzt feststellen konnte, im alten Glanz des Königtums sehr gut zurechtgefunden. Es wundert mich nur, daß sich die ganzen 750 Volksvertreter nicht allesamt mit Frauen und Kindern in Versailles einquartiert haben. Da gäbe es genug Platz für ein prächtiges Leben für alle. Ich fand, daß die Leute hier noch lange nicht den Mut haben, den ihre Könige einst besaßen. Nur ihr Präsident wohnt zur Zeit hier, nicht einmal der Marschall.

Mein erster Besuch galt jenem gewaltigen Präsidenten der Nationalversammlung mit ihren 750 »Regenten des Reiches«. Der Mann fühlt sich und empfängt wie ein König, nur spricht er mehr, als es Könige im allgemeinen für gut empfinden. Er hielt einen langen Sermon, was mich jedoch nicht daran hinderte, meine Blicke auf die herrlichen Deckengemälde abzulenken. Nachdem er seine Rede beendet hatte, wurde ich durch die Räume des prächtigen Sommerpalastes geführt.

Es schloß sich die Vorstellung bei Marschall Mac Mahon an. Der Präsident der Republik wohnt in dem nahen Haus des Präfekten. Er hieß mich freundlich und mit wenigen Worten willkommen und stellte mir seine Frau, fünf Kinder und die ganze Sippe vor. Die Frau scheint so ein kleines Hochmutsteufelchen im Leib zu haben. Ich glaube nicht, daß sich Katharina von Medici vornehmer und stolzer bewegt hat. Diese Frau möchte wohl am liebsten gleich den Thron Frankreichs besteigen. Man lasse mir etwas Ironie: Wenn ihr Mann noch ein paar so erfolgreiche Schlachten wie vor drei Jahren zu schlagen versteht, dürfte das nicht allzu schwierig sein. Nach Weißenburg, Wörth und Sedan ist er immerhin schon Präsident der Republik geworden.

Nachdem ich bald den ganzen Lebenslauf des Präsidenten und seine Verwandtschaft kennengelernt hatte, fuhren wir in den Park von Versailles, um das Schloß und seine Kunstschätze zu besichtigen. Der Park war voller Menschen, die sich in den Alleen und rund um die großen Fontänen tummelten, mich sprachlos angafften und im besten Falle oberflächlich grüßten. Nach ihrem Präsidenten scheinen die Republikaner und Republikanerinnen sehr wenig zu fragen. Sie kümmerten sich kaum um ihn, von einer Begrüßung oder gar freudigen Zurufen gar nicht zu reden. Ein recht amüsantes Verhältnis zwischen der Republik und ihrem Präsidenten. Er entfernte sich übrigens sehr bald wieder, um seine Befehlshaber zu empfangen, von denen viele zum Essen geladen waren.

Mit Nazar-Aga wanderte ich unterdessen durch die Säle, treppauf, treppab, durch die hohen Galerien, deren königlicher Schmuck, Marmor, Glas, Damast, Kaschmir-Teppiche, Gold und Edelsteine, mein Auge erfreute. Ein wirklich königliches Schloß. Der General, der zu meinem Ehrengeleit abkommandiert worden war, und ein kleines, schmales Männchen, das bei der französischen Regierung als Dolmetscher tätig ist, von dessen Persisch ich aber bis zur Stunde kein Wort verstanden habe, waren an unserer Seite.

Der General war ein unermüdlicher und recht guter Plauderer. Er zeigte uns die großen Stunden der französischen Geschichte auf, die hier einst in allen Sälen und Galerien geschlagen haben und auf vielen Decken- und Wandgemälden in imposanter Weise festgehalten waren. Er hielt sich aber scheu zurück, wenn die Erinnerung an schwere Krisen des französischen Staates und Volkes rühren wollte. So mußte ich ihn fragen lassen, wie das mit dem Bankettsaal war, vor dessen Fenstern damals die wilden Stimmen der angerückten Pariser nach einer neuen Verfassung riefen, ebenso wie mit jener berühmten Treppe, auf die der siebzehnte Ludwig von den Marktweibern aus Paris geschleppt worden war. In ihrem Schwebezustand zwischen Republik und Monarchie erinnern sich diese Männer nur ungern solcher historischer Gegebenheiten, mit denen man kein Ruhmesblatt füllen kann. Auch daß gerade in diesem Schloß erst noch vor kurzem der König von Preußen gewohnt hat und in einer der schönsten Galerien des Hauses zum Kaiser der Deutschen proklamiert wurde, erwähnte weder der General Hartung noch der etwas seltsame Dolmetscher, Professor Biberstein. Vielmehr wies mich Nazar-Aga auf diese Tatsache hin.

Man sollte sich überhaupt nicht scheuen, neben den glorreichen Gedenkstätten auch solche Erinnerungsbilder anzubringen, die stets an die Gefahren falscher Politik aus Beispielen der Vergangenheit heraus mahnen. Auch hier in Versailles wäre es gut, neben den grandiosen Taten Napoleons I. die Rückschläge nicht zu vergessen. Von der Wand herab leuchten farbenfroh die heldischen Szenen von Abukir, während an Sedan kein Pinselstrich erinnert. Ohne mich durch Andeutungen in dieser Richtung vielleicht unbeliebt machen zu wollen, wanderte ich mit anerkennenden Worten durch die Säle, auch durch jene berühmte »Galerie der Spiegel«, die mich so lebhaft an meinen »Pfauensaal« in Teheran, aber auch an das Geschehen erinnert, das den Franzosen begreiflicherweise nicht sonderlich angenehm war.

Warum sollte ich ihnen die Freude verderben, warum

den Vorgeschmack auf ein köstliches Mahl, das die Franzosen doch so vortrefflich zubereiten können, durch ungeschickte Bemerkungen versalzen? Als wir dann bei Tisch saßen, ließ ich rundum alles genußreich essen und griff selbst nach verschiedenen erlesenen Bissen der Tafel. Was haben diese Republikaner doch für einen Appetit! Und mit welcher Eleganz nehmen sie ganz ungeniert die einzelnen Stücke aus goldenen Schüsseln und von silbernen Platten, nicht anders als die Könige, ohne sich — und da sind sie den Königen ebenfalls ähnlich — viel darum zu kümmern, ob jeder Mann in ihrem Land zur gleichen Stunde so viele und so gute Sachen auf seinem Tisch stehen hat.

Nach dem Mahl erstrahlte der Park in Tausenden von kleinen Flammen, die sich mit den Wassern der Fontänen in einer bunten Pracht mischten. Durch den milden Abend prasselten die Feuerschläge in die Höhe. Es war ein prächtiger Abschluß eines Tages, an dem ich viele schöne Eindrücke gewonnen hatte.

Paris, 9. Juli 1873

Heute war ich in den beiden wohl berühmtesten Kirchen, in Notre Dame und im Invalidendom. Der steinerne und metallene Prunk der Kathedrale hat mich sehr kalt gelassen. Ich bin ja auch in Iran kein Verehrer der Moscheenherrlichkeit. Für mich ist der blaue Himmel immer noch die schönste Moscheendecke, unter der man zu Allah beten kann. Wunderwerke, wie die berühmten beweglichen Minaretts von Chalidan, können die Ungläubigen allerdings nicht vorweisen.

Dafür machen sie ihre Kirchen durch bekannte historische Grabdenkmäler interessant. Die liebe Eitelkeit vergreift sich sogar am Allerheiligsten. Drei Dynastien haben die Franzosen schon verjagt, mit den Gebeinen der Verbannten und Umgebrachten machen sie aber Staat und zeigen sie den Fremden als Sehenswürdigkeit. Im Invalidendom haben sie den großen Napoleon zur letzten Ruhe gebettet, nachdem sie ihm diese Ruhe auf Sankt Helena geraubt hatten. Vielleicht kommt auch einmal die Zeit, da sie die Gebeine des dritten Napoleon zu denen des ersten legen; Chislehurst ist ja schließlich von Paris nicht so weit entfernt wie Sankt Helena. Und was der gute Louis Philippe getan hat, kann auch der mögliche Bourbone oder Orleans machen, vielleicht gerade deshalb, weil man in Frankreich immer mit einem königlichen Mißgeschick rechnen muß und dann wenigstens die Beruhigung hat, der posthumen Aufwertung durch einen Nachfolger gewiß zu sein, selbst wenn ein solcher noch einmal Napoleon heißen sollte.

Man weiß in diesem Land sehr wohl, wie man König werden kann, wie man einen Thron besteigt, aber man weiß im voraus nie, wie, wann und wohin man von diesem Thron herunterfällt. Eines aber ist jedem Monarchen gewiß, als toter König oder Kaiser wird man besser als bei Lebzeiten behandelt.

In Notre Dame hat mir der Erzbischof von Paris eine mir zugedachte Freude verdorben. Er gestattete es nicht, daß die Kirche für einen Gläubigen des Islams beleuchtet wurde. Die Engstirnigkeit der Religion und besonders ihrer Repräsentanten scheint doch überall gleich zu sein. Aber gerade hier in Frankreich, in diesem Land der höchsten Aufklärung unter allen Ungläubigen, haben die Geistlichen eine sehr große Macht. Sie sind wieder führend, wie mir Malcolm-Khan berichtete und Nazar-Aga bestätigte. Sie haben sich schon ihre

Plätze unter den 750 Mitgliedern der Nationalversammlung, in den Ministerien, in den Redaktionen der Zeitungen und sogar in den Reihen der Armee gesichert.

Während meines hiesigen Aufenthalts sind die Wallfahrten das Tagesgespräch. Wo die Geistlichkeit von einem Wunder spricht, dort versammeln sich Tausende von Menschen, Männer, Weiber und Kinder, unter ihnen Staatsmänner, hohe Generäle, Angehörige der ersten Familien des Landes mit Namen vom alten Adel. Sie werfen ihre Leiber vor die Füße von Gnadenbildern und flehen um alle möglichen Erhörungen, sogar um neuen Kriegsruhm. In den Sitzungen des Parlaments ruft man zu solchen Bittgängen auf, und nicht wenige der 750 Volksvertreter nehmen an den Wallfahrten teil. Schlachtenglück und Revanche für die erlittenen Niederlagen und Rückgewinnung der von den Deutschen eroberten Provinzen erbitten sie von den Heiligen der Geistlichkeit. Ich kann mir nicht helfen, aber das müssen in der Tat seltsame Heilige sein, die sich auf solche Bitten einlassen.

Auch in unserem Land gibt es Wallfahrten. Man zieht nach Mekka, um das Wort des Propheten zu erfüllen und sich hinterher Hadschi nennen zu dürfen, man besucht Qum, Kerbela oder Maschhad, um dann den Titel Kerbelai oder Maschhadi tragen zu können. Daß man aber Wallfahrten macht, um eine politische Einbuße, einen verlorenen staatlichen Rang oder gar in Verlust geratene Provinzen wiederzugewinnen, ist wirklich etwas Neues, das wir armen, ungebildeten Muslims bisher nicht kannten. Man lernt bei diesen Ungläubigen eben nie aus.

Die Franzosen sind für ihre Lebensart bekannt. So gewinnen sie auch einer solchen Wallfahrt die besten

Seiten ab. Wie man mir sagt, benutzen sie die Eisenbahn, nehmen hübsche Frauen und vorzügliche Weine mit auf den Weg und wallfahrten, wenn es hoch kommt, gerade einen Tag lang, davon aber manchmal noch nicht ein Viertel der Strecke als echte Wallfahrt. Das soll man nun Wallfahrt zu Ehren Allahs oder seiner Propheten nennen!

Der Mann aber, der von einer Wallfahrt nach Mekka in seine Heimat Iran zurückkehrt, hat neun Monate größter Entbehrung hinter sich, eine Wanderung durch die schreckliche Wüste. Er hat auf alle Freuden des Daseins verzichtet, er hat das Totenlied rund um sich gehört, hat Kämpfe mit Räubern überstanden, hat keinen Schluck Wein zu sich genommen, war vielmehr schon glücklich, wenn er täglich irgendwo in der Einsamkeit eine Quelle mit Wasser fand. Hier nehmen sie ihre Frauen mit, er aber, der von Mekka kommende Mann, hat kein Weib berührt. Das alles ist doch noch echte Wallfahrt, etwas ganz anderes als solch eine moderne Franzosen-Wallfahrt.

Mittags wurden mir die verschiedenen hier akkreditierten Botschafter und Gesandten vorgestellt. Für zwei interessierte ich mich besonders, den Botschafter des deutschen Kaisers und den Gesandten Italiens. Mit dem Deutschen begann ich mit Hilfe Nazar-Agas und meines Gesandten ein längeres Gespräch, wobei ich andeutete, daß ich die Tage von Berlin in bester Erinnerung behalten hätte. Hinterher sagte man mir, daß diese meine Unterhaltung dem französischen Ministerpräsidenten unangenehm aufgefallen sei. Das tut mir leid; denn ich wollte niemanden provozieren oder in irgendeiner Weise verletzen.

Über die zweite interessante Persönlichkeit, den Gesandten Italiens, hatte ich bereits in Teheran einige prickelnde Geschichten gehört. So soll dieses Mannes Staatskunst vor allem auf die Frauen besonderen Eindruck gemacht haben. Er sei auch am Hofe Napoleons III. ein Freund der Kaiserin Eugenie gewesen. Was sich die Leute nur immer alles zu erzählen haben! Nach all dem Gerede war ich sehr enttäuscht. Der Mann war ausgesprochene Mittelklasse, mehr nicht, leidlich aussehend, mit vorlauten Manieren und süßlichem Wesen. Seinen Geist aber mußte man mit der Lupe suchen.

»Trotzdem schwatzt er recht munter daher«, entgegnete Nazar-Aga, als ich ihm meine Beobachtungen mitteilte. Dieses Schwatzen wird es auch gewesen sein. Was mag er der Frau des armen Kaisers alles vorgeschwatzt haben! Vielleicht brauchen die Franzosen ihrem Herrscher gar nicht nachzutrauern; denn Schwatzen scheint an seinem Hof die größte Tugend gewesen zu sein. Ein gutes Wort ins Ohr Eugeniens geschwatzt, und man hatte nur noch einen kurzen Schritt zum Minister. Weniger Schwatzen wäre ihnen wohl besser bekommen.

Paris, 11. Juli 1873

Und wieder eine Parade! Für die Franzosen ist eine solche Truppenparade ein allgemein beliebtes Spiel. In hellen Scharen eilen sie herbei, um ja nichts zu versäumen. Wenn man in allen europäischen Ländern der Ungläubigen beschließen würde, die Armeen abzuschaffen, ich glaube, die Franzosen würden sich wohl am schmerzhaftesten von ihren Soldaten trennen. Ihre Frauen würden untröstlich sein, und ihre Söhne wüßten sich keinen Rat mehr, was sie ohne rote Hosen und blaue Röcke anstellen sollten. Der Soldat gehört in Paris nun mal mit in das Schaufenster des öffentlichen Lebens, das sich dem fremden Auge so weit und so wohlgefällig zu öffnen versteht.

So können auch militärische Rückschläge die Liebe der Franzosen zu ihren Soldaten nicht mindern. Ist doch jeder der hunderttausend Mann, die sie heute vor mir auf dem weiten Feld am Bois de Boulogne aufmarschieren ließen, in ihren Augen ein Held des Vaterlands und wird es auch bleiben, selbst wenn man den Deutschen fünf Milliarden zu zahlen hat. Davon lassen sich die Franzosen, wie mir Nazar-Aga sagte, auch nicht abbringen.

Nun, wenn ich mir über meine Eindrücke Rechenschaft gebe, muß ich gestehen, daß die gewöhnlichen Soldaten mir recht gut gefallen, fast besser als ihre Generäle und Marschälle. Es sind frische, hübsche Burschen, geschmeidige Jungen. Sie marschieren exakt und stecken in einer sauberen Uniform, die Eleganz des Franzosen drückt sich in jedem Schritt aus. So mögen sie verständlicherweise für die Frauen sehr anziehend wirken, weit mehr als andere Soldaten der Welt. Aber noch attraktiver scheinen die Offiziere zu sein, vom Leutnant bis zum General. Da gerät das weibliche Geschlecht ganz aus dem Häuschen. Wie bei uns in Iran die Gelehrten das Tintenfaß am Gürtel mit sich herumtragen, so dürften diese Offiziere das Parfümfläschchen am Säbel oder am Marschallstab tragen. Sie riechen nach Schönheitswässerchen aller Art, selbst die ältesten unter ihnen. Da ist zum Beispiel der General Changarmier, fast nur noch das Gerippe eines Heerführers und dabei doch ein eitler Geck, wie ich selten einen unter den Ungläubigen gesehen habe.

Man muß aber auch das versteckte Nicken, das wissende Lächeln und das verliebte Mienenspiel der Frauen mit angesehen haben, die da neben mir auf der Tribüne in rauschenden Kleidern und mit verrückten Hüten saßen, um diese Männer und ihr Auftreten richtig würdigen zu können.

Ich ritt zuerst mit dem Präsidenten der Republik die angetretenen Kompanien ab. Mit uns in der ersten Reihe waren noch die Grafen von Orleans, um die sich aber kein Mensch kümmerte, so sehr sie sich auch um die Volksgunst bemühten. Haben die Herren etwa von mir eine Demonstration für ihre Thronansprüche erwartet? Es mag sein, daß man hier für jeden, der etwas bedeuten will, demonstrieren soll. Vielleicht sähen es die Grafen am liebsten, wenn ich auf die Tribüne stiege und über die Menschen hinweg riefe: »Es leben die Orleans!« Die Legitimisten wiederum hätten es gern, wenn ich den Bourbonen meine offizielle Zustimmung gäbe. Die Bonapartisten möchten wohl meinen Ruf hören: »Es lebe Napoleon IV.!« Und die Republikaner sind überzeugt, daß mein Wort nur: »Es lebe die Republik!« lauten könnte. Selbst aber wagt von den Leuten niemand, seinen Mund für eine Partei zu öffnen, weil er befürchten muß, von den Andersgesinnten niedergeschrien zu werden. Dieser Tatsache verdanken meine gesegneten Ohren eine köstliche Ruhe, die sie schon lange nicht mehr genießen konnten.

Nachdem ich die Truppenfront abgeritten hatte, begleitete man mich zur Tribüne. Dort empfing mich der Präsident der Nationalversammlung, der Chef jener 750 Volksregenten, wieder mit einer Ansprache, in der er die Bedeutung der Armee recht ausführlich unterstrich. Alles, die Orleans, die Bourbonen, die Republikaner, alles liebkost den blauen Rock und die rote Hose, jede Partei will ihrer Gunst gewiß sein, wenn es einmal gelten sollte, die andere niederzuschlagen. Der Säbel ist zur Hoffnung aller geworden. Er könnte bei einer Entscheidung ausschlaggebend sein.

Die 750 Volksregenten oder zumindest jene, die aus Versailles hierher gekommen waren und auf der Tribüne in meiner Nähe standen, schrien den vorbeimarschierenden Truppen aus Leibeskräften zu. Sie machten sich zu den Provokateuren einer Begeisterung, die in den großen Massen der Zuschauer nicht richtig zünden wollte. Es war ein munteres Wechselspiel, das ich nicht ohne Lächeln verfolgte. Auf den Tribünen der vornehmen Männer und Frauen lärmte man, als die Garde und die Zuaven vorbeikamen. Die 750 Volksvertreter machten dann einen großen Radau, als Artillerie und Volksgardisten vorüberzogen — vielleicht brauchen sie diese Einheiten in nächster Zeit sehr dringend. Auf der Tribüne, wo die Madame Mac Mahon mit ihrer großen Hofdamenschleppe Platz genommen hatte, jubelte man und schwenkte Tücher, als eine Abteilung Kürassiere vorbeiflog.

»Das sind die Kürassiere von Reichshofen«, sagte Herr Buffet, bei dem ich mich durch Nazar-Aga nach der Bedeutung der besonderen Ovation erkundigte.

»Haben sie in einem Gefecht gesiegt?« ließ ich ihn weiter fragen.

Herr Buffet aber gab keine Antwort auf diese Frage, sondern machte sich nebenan auf der Diplomatentribüne zu schaffen. Das Volk, das am Rand des weiten Feldes stand, applaudierte nur den Männern der Marine-Infanterie, die als einzige Truppengattung den Deutschen tapferen Widerstand geleistet haben soll. Diese verschiedenartigen Sympathien und Antipathien mußten auf mich, wie auf jeden Fremden, keinen sonderlich guten Eindruck machen. Aber war es nicht typisch für die Zerrissenheit dieses schönen Reiches, das von so vielen Interessen bedrängt wird, ein treues Spiegelbild, das mehr als viele Worte zu sagen in der Lage war?

Am Abend war ich in ihrem großen Zirkus. Die Logen steckten voller Frauen, deren Augen mit ihren Diamanten um die Wette zu mir heraufleuchteten.

Die schönsten Blicke waren nicht immer die züchtigsten. Mein junger Bruder schnappte mir aber gerade diese mit besonderer Vorliebe weg. Die französischen Frauen scheinen in ihm wieder außerordentliche Zuneigung zu den Ungläubigen geweckt zu haben. Noch in London war er der Verzweiflung so nahe gewesen, daß er an unserer Europareise nicht weiter teilnehmen und diese unseligen Länder sofort verlassen wollte. Was einige heiße Blicke da vermögen . . .!

Die Spiele, die sie mir im Zirkus vorführten, waren von nicht allzu bewundernswerter Größe. Sicher, sie haben da manch schönes Tier, das allerlei Tanz- und Sprungkünste versteht. Ich sah auch ein paar gute Artisten und Clowns. Aber sie halten keinem Vergleich mit den Spielen stand, die auf dem weiten Platz in Teheran von Mensch und Tier vorgeführt werden. Unsere Gaukler, Feuerschlucker und Clowns sind unerreichbar in ihrem Können. Und wo sind denn die Könige solcher Darbietungen, die Leoparden, Tiger, Löwen, Elefanten, die bei uns auf dem Feld umherspazieren, wo sind die Stierkämpfe und die Duelle unserer afghanischen Fechter? Nichts von allem! Dafür immer wieder eine Reifenspringerin nach der anderen und wieder tanzende Pferde.

Das war nicht nach meinem Geschmack. So hielt es mich nicht mehr lange im Zirkus, und ich verließ die Vorstellung wieder nach einer halben Stunde.

Noch etwas. Das »Vive le Shah!« habe ich heute zum erstenmal von den Franzosen gehört. Es muß also im Zirkus eine ganz unpolitische Gesellschaft beisammen gewesen sein.

Paris, 12. Juli 1873

Diese Franzosen haben sich hier ganz schöne Haufen von Kunstwerken, von Gemälden und Plastiken zusammengetragen. So im Palais Luxembourg, wo mich heute die vornehmsten Ratsherren der Stadt umherführten. Hier saßen noch unter Napoleon III. die Männer des Senats. Es waren seine am besten gefütterten Günstlinge, denen er an dieser Stelle weiche Polster besorgt hatte, auf daß sie all das zu beschließen hatten, was er nur immer von ihnen beschlossen haben wollte. Da hockten sie in eleganten Samtsesseln und trugen die Abneigung des Volkes mit großer Gelassenheit und einer Pfründe von vielen tausend Francs im Jahr. Und als dann schließlich 1870 der Tag kam, wo man in Paris zum zweitenmal mit dem Bonapartismus aufräumte, da saßen die fetten Senatsherren und brachten vor Zittern und Beben an allen Gliedern kein einziges Wort der Rettung für ihren in große Not geratenen Brötchengeber aus dem Mund.

Dieses Gesindel von Höflingen ist doch überall in der Welt gleich. Ganz wie in Iran stehlen und stopfen sie das Geld in sich hinein. Aber meine Gnade ist nicht so übermäßig, daß sie den Staatssäckel aushöhlen würden. Hat sich mal einer meiner Höflinge auf Kosten des Landes zu gut ernährt, so nehme ich ihm eines Tages das Fett aus seinen Goldsäcken wieder heraus, und ein armer, magerer Wicht bleibt übrig. Hier und auch in Rußland geben sie keinen Heller von ihrer Beute ab. Sie haben den Staat unter einem Napoleon ausgeplündert und warten nun auf den Augenblick, da sie sich unter dem nächsten Herrscher, mag er heißen, wie er will, wieder vollsaugen können. Und die jämmerliche Erkenntnis dabei ist, daß es niemandem einfällt, ihnen das Diebesgut wieder abzunehmen, noch weniger, ihren Kopf dafür zu verlangen.

Vor wenigen Jahren war ich drauf und dran, einen solchen Rat, wie er hier ist, in Iran zu bilden. Ich habe es nicht getan, weil ich keine neue Horde von Müßiggängern heranzüchten wollte. Freilich dachte ich nie daran, sie so feist aufzublähen, wie es das selige Kaiserreich mit den Senatskapaunen getan hat. Ein paar Scheffel Reis hätten meine Senatoren täglich bekommen und sonst nichts. Aber selbst der Reis wäre ihre Arbeit nicht wert gewesen.

Heute hatte ich einen ganz unerwarteten Besuch bei mir. Die Juden von Paris schickten mir eine Gesandtschaft. Zunächst glaubte ich, sie brächten mir Diamanten zum Kauf oder wollten mir ein Ständchen singen. Irrtum! Sie kamen, um für ihre Glaubensgenossen in Iran Fürbitte einzulegen. Ihr Wortführer, Crémieux, ein Mann, der schon mehrere Male französischer Minister war, wenn auch nur immer für ein paar Monate, hielt eine lange und breite Ansprache, dazu in einer Zungenfertigkeit, die selbst einem besseren Kenner der französischen Sprache, als ich es bin, große Schwierigkeiten bereitet hätte. Dabei ist dieser Mann so häßlich, daß ich ihn nicht lange anschauen konnte. Der letzte Limonadenverkäufer in Teheran unter meinen iranischen Juden sieht im Vergleich zu diesem Mann wie ein Fürst aus.

Als die Männer mit den scharfen Gebärden und erregten Handbewegungen wieder verschwunden waren, setzte mir Nazar-Aga auseinander, was sie zu mir geführt hatte. Sie waren mit der Bitte gekommen, ich möchte bei meinen »Reformen« in Iran doch die Juden nicht vergessen. Was für vorwitzige Leute! Woher wollen sie überhaupt wissen, daß ich reformieren will und werde? Und dann dieser unberechtigte Vorwurf! Ihre Genossen sind unter meiner Regierung nicht im geringsten unterdrückt. Schließlich vergesse ich es nicht, daß es ein Jude war, nämlich Hadschi Ibrahim, der meiner Kadscharen-Dynastie zum Thron von Iran verholfen hat, und daß meine geliebte Frau Dscheiram und ihr Sohn Kassim-Khan — sie ruhen beide schon in Allahs Paradies — an einem Juden, dem Leibarzt Hak-Naezar, einen zuverlässigen Freund hatten. Gewiß, Minister sind die Juden bei mir noch nicht geworden. Sie haben auch gar nicht den Ehrgeiz, es zu werden; denn diese Leute legen viel zu großen Wert auf ihre schön geschnittenen Köpfe und machen lieber mit Ammoniak, Salpeter und Juwelen ihre Geschäfte.

Abschluß des Tages mit einem Abend in der berühmten Oper. Vom Palais der ehemaligen Gesetzgeber, die langen, sauberen Boulevards entlang, an der herrlichen Place de la Concorde vorbei, fuhren wir, ich, der Marschall und mein Ministerpräsident, im ersten Staatswagen durch ein großes Menschenspalier. Alle versuchten, möglichst nahe an unser Gefährt heranzukommen. Das war wieder einmal echte Neugierde der Ungläubigen, wie ich sie zuletzt in London erlebt hatte. Nur fehlte hier der herzliche Jubel. Das Theater bot ein heiteres, bewegtes Bild. Was sie hier die große Welt nennen, war zugegen, ältester und jüngster Adel, die Älteren weit besser in Stimmung als die Jungen, eine Reihe vornehmer, feiner Köpfe und Köpfchen, glänzende Uniformen, diamanten- und perlenbesetzte Toiletten, fast ganz entblößte Rundungen der Frauen, zierliche Händchen und ganz besonders eine Unzahl plappernder Mäuler, deren lebhafte Tätigkeit das ganze Foyer und den Theaterraum ausfüllte.

Auf beiden Seiten wurde ich von französischen Ministern begleitet, als wenn ich eine Sitzung des Staatsrates leiten wollte. Viel lieber hätte ich mir ein weibliches Gefolge aus den verschiedenen Logen ausgesucht und gegen dieses Ehrengeleit ausgetauscht. Mein gesegneter Arm ist es von London her so gewohnt gewesen, bei derartigen Gelegenheiten ein liebliches weibliches Nebenan zu spüren, das mir an diesem Abend entschieden fehlte. Diesen bedauerlichen Schönheitsfehler konnte weder Monsieur Balbie noch Monsieur Beulé, selbst nachdem beide mein in Diamanten gefaßtes Bild umhängen hatten, auch nur annähernd korrigieren. Selbst die Anwesenheit des nicht unbedeutenden Grafen von Broglie und anderer festlich gekleideter Minister des Parlaments der 750 Volksvertreter konnte mich für diesen Verlust nicht entschädigen. Warum hat man nicht eine der Prinzessinnen oder Gräfinnen der Orleans neben mich gesetzt?

Aber ich vergesse immer, daß ich mich in einer Republik befinde. Man übersieht diese Tatsache in Gegenwart des Marschalls, des Grafen von Broglie, des Ministers Ernoul und anderer Größen des Landes zu leicht.

Was zu erwarten war: die persische Nationalhymne, hier von den Ungläubigen einmal zur Abwechslung mit Geigen, Flöten und Pauken gespielt, eröffnete wieder den Reigen der Unmöglichkeiten. Ich werde diese tönende Mißgeburt bestimmt noch öffentlich verleugnen müssen, um ihrer endlich entledigt zu werden. Dann kamen Tänze aller Art, in Gruppen und als Soli. Diesmal brauchte mein Ballett-Minister Abdul Samid-Mirza an mir nichts auszusetzen. Welch reizende Nymphen, mit denen sich schon mal eine Begegnung gelohnt hätte. Aber wir sind ja in einer frommen Republik. Was würde denn die Geistlichkeit dazu sagen? Es ist in ihren Augen sicher schon Sünde, daß man mir die schönen, wogenden Busen der Ungläubigen-Frauen, nicht die der Frauen in den Logen, sondern auf der Bühne natürlich, in solcher Vollendung und ohne Verpackung zeigt. Wahrscheinlich wollten sie keiner Konfession weh tun. Deshalb führten sie mir schließlich noch ein Stück aus der Oper »Die Jüdin« vor. Hätte sich nur die »Alliance israélite« am Vormittag bei mir lieber für diese »Jüdin« mit einem bittenden Wort um gute Behandlung verwendet. Ich hätte ihr den Flammentod geschenkt, nur um früher das Theater verlassen zu können.

Paris, 15. Juli 1873

Ohne meine Absicht zuvor auch nur mit einem Wort zu verraten, besuchte ich gestern die Nationalversammlung jener 750 Volksregenten. Sozusagen inkognito. Ich zog nämlich einen ganz einfachen schwarzen Rock an, setzte eine kleine Mütze auf und hatte auf jeden Schmuck verzichtet. Ohne Diamanten gibt es auch für die Ungläubigen in dieser Stadt keinen Schah-in-Schah.

In solcher Verwandlung war ich ein einfacher Bürger.

So kam ich mit Nazar-Aga, dem ich ebenfalls das kleinste Schmuckstück verboten hatte, unbemerkt nach Versailles. Mit den beiden Eintrittskarten, die mein Adjutant schon am Tag zuvor besorgt hatte, betraten wir, nicht anders als die übrigen Besucher, die Zuschauertribüne.

In jenem großen Raum, der einmal den Herrschern Frankreichs als Theater gedient hatte, saßen sie bereits alle. Auf einem erhöhten Stuhl präsidierte mein neuester Freund Buffet - hier bezeichnet man sich ja so gern als »ami«, der Mann, der mich bei meinem Aufenthalt in Paris bis zur Stunde mit einem solchen Übermaß an Worten zu traktieren verstand, daß ich allein mit seinen Ansprachen ein ganzes Buch herausgeben könnte. Ein unter ihm stehender Herr las aus einem Papier mit monotoner, einschläfernder Stimme etwas vor, während sich die Versammlung rund herum ausgezeichnet zu unterhalten schien. Gruppenweise redeten sie aufeinander ein, liefen zu anderen irgendwo im Saal, schrien ihre Meinung über mehrere Reihen hinweg, gestikulierten leidenschaftlich mit den Händen und taten alles, um ja nichts von dem zu hören, was ihnen dort vorne ihr Kollege vorzulesen wußte.

»Was hat denn der Mann so Wichtiges vorzutragen, daß ihm auch nicht einer der Volksvertreter zuhört?« fragte ich Nazar-Aga.

»Das Protokoll der letzten Versammlung«, erklärte mir mein Adjutant.

»Warum können sie dann nicht ihren Mund halten, während er liest?« fragte ich weiter.

»Weil es sicher eine recht langweilige Angelegenheit ist«, erhielt ich zur Antwort.

Langweilig? Die Herren Volksvertreter sind wohl sehr sensibel? Sie möchten anscheinend selbst bei den Staatsgeschäften nicht auf eine flotte Unterhaltung verzichten. Ich muß mir in Teheran fast täglich beim Frühstück von meinen Ministern die langweiligsten Dinge vortragen lassen. Nicht zu vergessen, ich höre sie an und bin doch der unumschränkte Herrscher des Morgenlandes, als solcher vom iranischen Volk weder gewählt noch dafür bezahlt. Trotzdem höre ich zu. Diese Herren hier werden aber vom französischen Volk bezahlt, auch um sich Langweiliges anzuhören!

Warum lesen sie das Zeug dann überhaupt vor? Der Form halber, meinte Nazar-Aga. Form und wieder Form und immer wieder Form! Vor lauter Formalitäten rufen sie Herrscher aus, um sie dann in aller Form wieder zum Teufel zu jagen.

Der Form halber nennen sie ihr Frankreich eine Republik, der Form halber Mac Mahon den Präsidenten dieser Republik, und in Beachtung aller Form treiben sie munter, was sie wollen, und nicht, was das Land gerne will.

Ich sollte aber noch mehr überrascht werden. Es folgte die Beratung eines Gesetzes. Ich habe noch nie einer solchen gesetzgebenden Versammlung beigewohnt, wie sie jetzt unter den Ungläubigen Europas mehr und mehr zur Mode geworden ist. Ich hatte mir aber vorgestellt, daß man bei einem derartigen Akt von Bedeutung ruhig und sinnvoll beraten würde. Auch Aussprache und Beschluß hätten meiner Meinung nach in einer Atmosphäre der Vernunft vonstatten gehen müssen. Gewiß, viele Köpfe können nicht immer auf einen Nenner gebracht werden, das war mir klar. Aber sie könnten doch durch einen sachlichen Gang der Überzeugung einander angenähert werden, so daß man sich dann auf den besten Vorschlag einigen könnte.

So viele Köpfe, so wichtige Beschlüsse — da müßte doch die Ruhe im Vordergrund aller Beratungen stehen. Dachte ich mir. Was bin ich doch einfältig gewesen! Seit mehr als einem halben Jahrhundert hatte man diese Nationalversammlung eines Volkes den anderen Staaten der Ungläubigen als Musterbeispiel hingestellt. Gerade in solchen Dingen sollte sie vorbildlich sein. Davon war ich fast überzeugt gewesen.

Was aber bot sich mir? Ein Spektakelhaufen von Männern, ein Gewirr schreiender Stimmen, höhnische Rufe, Eskalationen des Zornes, zu wilder Drohung erhobene Arme und geballte Fäuste, alles wüst durcheinander, alle um ein eigenes Vorrecht kämpfend. Sind denn diese Männer nicht gleich in ihren Positionen und Rechten? Es scheint nicht der Fall zu sein. Einer will seinen Nebenmann niederbrüllen, einer herrscht den anderen an, als wäre er der eigentliche Präsident und der andere nur ein aufdringliches Subjekt.

Die Stimme jenes Mannes, der als Berichterstatter der Gesetzesvorlage auf Anweisung des Präsidenten Buffet die Sprecherlaubnis besaß, war in diesem aufgewühlten Meer von aberhundert Meinungen, die durch eine Passage seiner Rede verursacht worden waren, längst hoffnungslos untergegangen. Es war unmöglich, das ganze Geschehen auf einen Blick zu erfassen. Wie von einer Tarantel gestochen, sprangen dort vier bis fünf Männer von ihren Sitzen hoch und stürmten auf ihn los. Aber gleich eilten andere herbei, um den Redner zu verteidigen. Links riefen sie Schimpfworte, rechts wurden sie wieder niedergeschrien, während die Mitte unter Einsatz ihrer ganzen Lungenkraft eine andere

Ansicht vertrat. In all diesem Kampf der lautstarken Auseinandersetzung versuchte die bimmelnde Glocke des Herrn Buffet, wieder Ruhe zu schaffen. Es dauerte eine geraume Zeit, bis sich die Gemüter beruhigt hatten und der Redner seine Ansprache fortsetzen konnte.

Aber wie lange! Schon setzte erneut ein Murmeln an verschiedenen Stellen der Abgeordnetenreihen ein. Immer heftiger wurden die Mißfallenskundgebungen, und schließlich war wieder der schönste Krach da. Eine Viertelstunde lang tobte man sich mit aller Leidenschaft aus. Kein Wunder, wenn ich als unbeteiligter Zuhörer glaubte, da unten könnte die Meinungsverschiedenheit bald in eine handfeste Keilerei ausarten, bei der die 750 Volksvertreter versuchen würden, sich ihre Ansichten über die zur Debatte stehende politische Frage gegenseitig in die Schädel zu trommeln.

Haben diese Männer überhaupt Achtung voreinander? Ich kann es mir nicht vorstellen. Sie haben links und rechts ihre Prinzipien, in der Mitte wieder andere. Jede Seite ist überzeugt, die richtigen zu haben, jede will sie der anderen aufdrängen. Niemand denkt auch nur daran, ein Zugeständnis zu machen, nicht einmal dem Stärkeren gegenüber. Hände, Füße und Lungen werden bis an die Grenze des Zumutbaren strapaziert.

So muß sich also ein Kampf voll Erbitterung und Leidenschaft entfachen, ein wüstes Bild der Zerstrittenheit, das sich mir als Ergebnis dieser vielköpfigen republikanischen Nationalversammlung eingeprägt hat.

Diese Schlacht der Hitzköpfe soll, wie man mir berichtete, nicht einmal außergewöhnlich gewesen sein. Sie entspinne sich bei den geringsten Anlässen immer wieder und werde nie ganz ausgefochten, nur jeweils auf die nächste Zusammenkunft vertagt. Zu den vielen erregten Gemütern, an denen das französische Volk sowieso nicht arm ist, gesellt sich in dieser Volksvertretung noch das Unheil, das die Säbelwetzer unter ihnen, die Generäle, durch ihr Mitspracherecht anrichten. Wenn es nach mir ginge, dürfte ein Soldat in eine solche Versammlung überhaupt nicht gewählt werden; denn das Schwert kennt keine Besonnenheit, und hier sollten doch nur besonnene Männer sprechen.

In vielen Ländern sitzt das Schwert sehr locker. Die Franzosen machen da keine Ausnahme und ließen ihr Schwert, über das eigentlich die Regierung zu bestimmen hätte, längst zu einer Partei werden. Die Bonapartisten haben ihren eigenen Säbel, die Legitimisten ebenso, und die Republikaner kämpfen wieder mit einem anderen Degen. Und all diese Waffenträger sind sich auf Leben und Tod verfeindet. Das aber ist sehr traurig.

Westliche Reformen für mein Land? Würde ich eine Anzahl einsichtiger Männer aus Iran hierher zum Studium des französischen Parlaments schicken, sie würden sich klar entscheiden, wenn ich ihnen die Wahl ließe zwischen mir, meiner Regierung und einer solchen Herrschaft, wie sie die 750 Volksvertreter Frankreichs praktizieren. Ich glaube nicht, daß sie sich für das französische Vorbild aussprächen. Sie würden erstaunt vor einem derartigen Drama stehen. Sie würden gleich mir die Frage stellen, die ich an Nazar-Aga richtete, als wir durch die Türe nach draußen gingen und hinter uns noch die Redeschlacht im Saal tobte: »Haben sich diese Volksvertreter wirklich noch nicht verprügelt?«

Paris, 16. Juli 1873

Mir zu Ehren gab Marschall Mac Mahon gestern einen Gala-Abend. Kurz nach zehn Uhr war ich mit meinen Leuten im Elysée-Palast erschienen. Im Elysée-Palast wohnte einst Napoleon III., bevor er sich zum Kaiser machte. Im Elysée-Palast wohnte auch Abdul Aziz, der Sultan von Konstantinopel, als er sechs Jahre vor mir den Franzosen zeigte, wie ein islamischer Herrscher aussieht. Und im Elysée gab noch vor Monaten der gelehrte Thiers seine Empfänge. Die Mauern dieses Palastes werden sich also über nichts mehr, auch nicht über meine Anwesenheit, wundern.

Der Palast ist wohl besser für einen Präsidenten der Republik als für einen Kaiser eingerichtet. Der Graf von Chambord wird aber, sollte er einmal wiederkommen, doch mit diesem Bau vorlieb nehmen müssen, da die Kommunisten von Paris ihm die Tuilerien niedergebrannt haben, weil sie wahrscheinlich nicht ahnen konnten, daß er eines Tages wieder darin wohnen möchte.

Warum ich hier den Grafen von Chambord erwähne? Nun, an diesem Abend im Elysée kam es mir vor, als sei er schon in Paris und müßte mir jeden Augenblick aus einer Tür mit einem huldvollen Gruß entgegentreten. Der Marschall machte mir zwar die Honneurs, wenn er sie auch nicht mit königlicher Eleganz zu tun verstand, und seine Frau blickte nicht minder vornehm drein, doch konnte ich mich des Gefühls nicht erwehren, als warte man noch auf den bestimmten Mann, der dieser Gesellschaft erst den rechten Glanz verleihen könnte, nachdem er sich selbst die Krone Frankreichs aufgesetzt hätte.

Ich mußte mir immer wieder einreden, in einer republikanischen Gesellschaft zu sein. Wohin ich auch blickte, Adel und Abkömmlinge von königlichen und fürstlichen Dynastien, die Aumale, Joinville, Nemours, Chartres, Alençon, Montpensier. Jeder hielt über einen glänzenden Kreis uniformierter und stolz blickender Männer Hof. Da wurden Prinzessinnen von Frauen umgeben und angehimmelt. Männer schienen nur darauf zu warten, die Dienste des Kammerherrn zu übernehmen; man sah ihnen die demütigen Augen und den abgerichteten Nacken an, man merkte deutlich, wie sie jedem schwarzen Frack mit dem Großkreuz der Ehrenlegion, das in Paris auf der Straße zu liegen scheint, auswichen und den Menschen, der weiter nichts als Republikaner ist, geflissentlich übersahen.

Man muß an diesem Abend wohl die Absicht gehabt haben, mir einen auserlesenen Extrakt sämtlicher Dynastien Frankreichs zu zeigen. Man präsentierte mir Würdenträger aus der ersten Restaurationszeit, wahre Legitimitätsruinen, Kammerherren, denen der Regenschirm Louis Philippes das Heiligste im Lande war, Pairs seiner ersten Kammer, Generäle seiner Armee und wieder Männer jenes sauberen Senats, den sich Napoleon III. im Palais de Luxemburg schön warmhielt. Man führte mir Männer vor, die Frau Eugenies Schleppe getragen und für ihres Mannes Reitställe gesorgt hatten, andere, die seine Politik und ihre Intrigen zu gleicher Zeit erledigten, weitere, die für seinen und ihren Harem zuständig waren — ja, ja, wundert euch nur, ihr unzivilisierten Muslim, diese Frau auf dem Thron Frankreichs, wie auch viele ihrer Vorgängerinnen, hatte auch ihren Harem. Und daneben noch eine ganze Menge kleinerer Hof- und Staatssatrapen des ehemaligen Kaisers. Nach welchem Mann ich immer fragte, er war gewiß ein Diener des zu Chislehurst verstorbenen Herrschers gewesen. Sie schienen es darauf angelegt zu haben, sich mir in großer Zahl zu zeigen. Waren doch sogar noch persönliche Überbleibsel der Sippe Napoleons da, eben die Prinzen Murat.

Ich hätte zu gern Thiers, Gambetta, Favre, Périer, Pelletan und andere Männer, denen ich noch nicht begegnet war, sehen mögen. Sie waren nicht anwesend. Schon die Frage nach ihnen schien eine Beleidigung dieses Hauses, dieser Gesellschaft und vielleicht auch ihrer selbst zu sein. Ich ließ es daher auch bleiben. Es gab andere, die mich für diesen Mangel entschädigen sollten. War zwar der eigentliche Erbe der Orleans, der Graf von Paris, den ich bisher noch nicht zu Gesicht bekommen habe, nicht zugegen, so hatten sich schon seine Onkel und Vettern versammelt. Fehlte auch der Prinz Plon-Plon, so sah ich doch die Murats. Für den abwesenden Grafen von Chambord wurde mir Chesnelong vorgestellt. Nazar-Aga mußte mir in meiner Unkenntnis dieser als Kronprätendent so außerordentlich wichtigen Person erst einmal erklären, welche Bedeutung dieser Mann für die Zukunft Frankreichs haben könnte.

»Und was ist denn dieser Prophet der Bourbonen?« erkundigte ich mich bei meinem Adjutanten.

»Er handelt mit dem Fleisch jenes unreinen Tieres, das wir nicht berühren, des Schweines«, sagte Nazar-Aga.

Ein Schinkenhändler! Und es gibt einen Prinzen, der aus solch unreinen Händen ein Königreich entgegennehmen will? Der Graf von Chambord wird sich doch nicht mit Schweinefett das königliche Haupt salben lassen?

Es ist schon recht drollig, was da für Königsmacher

in Frankreich herumlaufen. Der gute Rouher, der auch an diesem Abend teilnahm, wird sich wohl etwas gedacht haben, als er den Monsieur Chesnelong anlächelte, vielleicht, daß da die Morny, Persigny, Fleury doch aus ganz anderem Holz geschnitzt waren. Waren sie das wirklich? Aber auch das von ihnen beschaffte Salböl roch nicht sonderlich gut, und jenseits des Kanals wartet ein vaterloser Junge auf ein anderes und besseres. Wird es ihm der Herr Rouher beschaffen?

Daß ich es nicht vergesse, ich hatte auf diesem Fest im Elysée-Palast mit einem ehemaligen Kammerherrn Napoleons III. einen kleinen Konflikt, der mir leicht die Feindschaft aller Bonapartisten hätte einbringen können. Ich hatte den Mann bei der Parade kennengelernt und war ihm beim Gala-Abend im Elysée-Palast mit mir harmlos erscheinenden Frage entgegengetreten: »Haben Sie etwas Neues vom Prinzen Loulou gehört?«

Der Mann versteinerte beinahe und antwortete: »Majestät, ich kenne keinen Prinzen Loulou.« Barsch drehte er sich um und verschwand.

Ich rief Nazar-Aga herbei und erzählte ihm, was sich zugetragen hatte. Er klärte mich auf, daß Loulou der von den Franzosen gebrauchte Spitzname des kleinen Prinzen sei. Jetzt wußte ich, warum sich der Kammerherr so aufgeregt hatte. Dabei hatte ich nicht die geringste Absicht, den kleinen Prinzen von Chislehurst oder seine Anhänger zu beleidigen. Nicht ich, sondern meine persische Sprache trägt Schuld an diesem Mißverständnis. Bei uns heißt Lulu nämlich die Perle. Was lag näher für mich als der Gedanke, die Franzosen würden diesen Prinzen deshalb Loulou nennen, weil er eben die Lulu, die Perle der Bonapartisten, sei. Das war freilich ein großer Irrtum, und das Kompliment, das ich dem Kammerherrn machen wollte, sah sehr schlecht aus.

Nazar-Aga machte sich auf den Weg, um den Franzosen aufzuklären und das Mißverständnis von seinem Ursprung her zu deuten. Ich glaube nicht, daß Iran in einen Krieg mit Frankreich verwickelt wird, sobald Loulou — ich meine wieder nur die Perle der Bonapartes — auf den Thron kommen sollte, den vorerst noch mit Hilfe seines Gottes und eines Schweinehändlers der Graf von Chambord besteigen möchte.

Paris, 17. Juli 1873

Minister Beulé stattete mir einen Besuch ab. Ich benutzte die Gelegenheit, um ihm mein Erstaunen über die Szene auszudrücken, die ich, ohne daß es bekannt geworden war, in der Nationalversammlung der 750 Volksregenten in Versailles erleben konnte.

Er war von meiner Erfahrung, die ich bei dieser Sitzung machen konnte, sichtlich unangenehm berührt. Wahrscheinlich hätte man eine ruhige Tagung arrangiert, wenn man von meiner Anwesenheit im Saal gewußt hätte. Im Arrangieren sind sie ja schließlich Meister, sogar die besten unter den Ungläubigen. Sie organisieren alles, Pferderennen, Truppenparaden, Theaterdarbietungen und selbst Königskrönungen.

»Es wird bald anders werden«, sagte der Minister etwas geheimnisvoll, als wolle er mich beruhigen und über den schlechten Eindruck hinwegtrösten. Fast sieht es so aus, als schämte man sich hier vor mir, keinen Herrscher an der Spitze des Landes zu haben. Wie Nazar-Aga heute aus Unterredungen mit einigen ihrer Staatsmänner entnehmen konnte, seien sie der Monarchie tatsächlich näher, als sie je der Republik waren. Mit dem Mann aus Froschhof habe man die Standpunkte so weit geklärt, als sich die Sippe Louis Philippes mit den Nachkommen der Bourbonen über das Geschäft geeinigt hätte. Der Mann aus Froschdorf soll Frankreich wie ein Kaufmann die Konkursmasse eines bankrotten Kollegen übernehmen. Er soll den Grafen von Paris als Prokura-Führer einsetzen, selbst vorläufig als Königsfirma unterzeichnen und das Versprechen abgeben, diese »Firma« bald an den Prokura-Führer zu übereignen, da er keinen eigenen Nachwuchs zur Fortsetzung des Geschäfts aufweisen kann.

Das Land selbst hat nichts dreizureden. Der Wollhändler fragt seinen Ballen ja auch nicht, ob er lieber dem oder jenem gehören möchte. Das Geschäft wird von den Maklern des Hauses Bourbon und Co., die als Volksvertreter in Versailles sitzen, ausgehandelt, gegen gute Prozente versteht sich. Sie verpflichten sich, die für die Unterzeichnung des Vertrags mit der neuen »Firma« erforderlichen Stimmen in der Versammlung beizubringen, wenn es sein muß um jeden Preis. Man braucht nicht zu befürchten, daß sie schlecht ausgestattet seien. Sie haben, wie ich höre, allerhand in Reserve, haben Ministersessel und Herzogskronen, Generalsepauletten und Richterstühle zu verteilen und vor allem eine ganze Menge Geld auszuschütten. Wenn das keine Angebote sind!

Kein Wunder, daß die Herren Volksvertreter in Versailles mit diesen Möglichkeiten liebäugeln. Minister und Herzöge, Polizeidirektoren oder Intendanten, Hofbankiers und Hofjuweliere — das alles ist zu haben. Das möchten sie gerne werden. Da andere auf die Bestallung als Fürsten, Herzöge, Generäle und Präfekten warten, dürfte es nicht schwierig sein, ihre Zustimmung einzuholen. Auch die Zeitungsschreiber soll man bereits mit einigen schönen Batzen Geld gewonnen haben. Sie laufen den Leuten mit prallen Geldsäcken die Tür ein. So ist das Gold hier die Vorstufe für den möglichen neuen König. Es muß für diesen künftigen Monarchen doch ein erhabenes Gefühl sein, wenn er sich sagen kann: »Diesen Thron hast du dir gekauft!«

Einen Thron erben, einen Thron erobern, das bedeutet doch gar nichts. Aber einen Thron kaufen, das ist schon eine Leistung. Und der neue Monarch wird mit einer guten Beteiligung rechnen können, hat er doch so viele Anteilscheine ausgeben lassen.

Bei dieser ganzen Königsmacherei verstehe ich eines nicht. Wenn man schon in diesem Land mit Geld König werden kann, warum bemüht sich der reichste Mann Frankreichs, Baron Rothschild, nicht, den Thron für sich zu kaufen? Nazar-Aga meint, Rothschild habe es nicht nötig, auch noch Herrscher von Frankreich zu werden; also muß man es nötig haben, sonst gibt man sich nicht dazu her, König der Franzosen zu werden? Na, es scheint mir schon ein sonderbares Reich und eine sonderbare Krone zu sein. Sollte auf diese Weise wirklich ein König an die Regierung kommen, dann schämt sich der König der Könige heute schon seines »lieben Bruders«. Wenn es nur beim Geld bleibt! Meistens kommt das Blut hinterher.

In keinem Land der Ungläubigen bin ich um meinen Löwen- und Sonnenorden so stark umworben worden. Über tausend Bittgesuche liegen mir bis jetzt vor. Es ist für mich und mein Land ein Glück, daß ihn die meisten Antragsteller auch in der einfachen Ausführung, ohne Brillanten, annehmen. Das ist wirklich rücksichtsvoll.

Verdient gemacht haben sie sich ja alle sehr um mich. Die einen haben Fotografien von mir verbreitet und mein Gesicht »populär« gemacht, wie sie sagen. Andere haben mit dem gedruckten Wort meinen Ruhm vermehrt. Wieder andere sind Dichter und haben mein gesegnetes Dasein in Versen besungen; darunter befinden sich welche, deren Epigrammen mit ihrem versteckten Sinn und Witz selbst die besten Kenner des Französischen unter meinen Leuten nicht auf die Spur gekommen sind. Und dann sind da viele, viele andere, die alles mögliche für mich getan haben wollen.

Unter dem ganzen Haufen der Bittsteller verdienen zwei meine besondere Aufmerksamkeit. Da ist ein General, der sich den Orden nur deshalb wünscht, weil er damit seine Sammlung vervollständigt hätte. Ein asiatischer Orden, so jammerte er mir vor, fehle ihm einfach noch auf der Brust, die mit allen europäischen gespickt sei. Er soll seinen Orden haben! Ich kann doch Asien auf seiner Brust nicht unberücksichtigt lassen, der Kontinent meines Landes muß schon vertreten sein. Neben diesem alten General wünscht sich eine Tänzerin der Oper mein Bild mit Diamanten, wie sie es am Hals Mac Mahons und des Herzogs von Broglie gesehen haben will. Aber sie möchte damit auch nur ihre Reihe vervollständigen, in der bereits die Bilder des Prinzen von Wales und anderer königlicher Verehrer vorhanden sind. Dieses so unbescheidene Mädchen, das mich geradezu unter seine Verehrer drängen möchte, vergaß bei seiner Bitte aber nicht die Einschränkung, daß es die Diamanten auch ohne mein Bild entgegennehmen würde, wenn es »Le Koran« nicht gestatte, daß eine Tänzerin die bildliche Darstellung des Königs der Könige erhalte. Die schlaue Person ist sogar von vorneherein um mögliche Hindernisse des islamischen Kultes besorgt. Ich neige übrigens zur Annahme, daß sie auch mit einem kleinen Rubin zufrieden sein wird. Diese Frau gefällt mir aus ihrer Aufrichtigkeit heraus weit besser als aufgrund ihres beiliegenden Fotos. Ich will doch einen anderen als Abdul Samid-Mirza zu ihr schicken und mal anfragen lassen, ob sie das Maß ihrer Bitte nicht etwas zurückschrauben kann. Sie hat wirklich keinen Grund, sich zu schämen, wenn sie ihren Wunsch etwas reduziert. Frankreich handelt ja auch mit seinen Verehrern und wird dabei mit seinen Forderungen billiger.

Paris, 18. Juli 1873

Eine Soirée beim Herzog von Broglie war gestern das letzte Fest, das sie hier für mich veranstaltet haben. Der Höhepunkt des Abends, bei dem man mir vom Trocadero aus die prächtige und üppige Hauptstadt Frankreichs in einem Feuerzauber zeigen wollte, war meinen Gastgebern allerdings durch ein böses Unwetter in übler Weise verdorben worden. So blieb ihnen nur die glänzende Repräsentation in allen Salons, die zu organisieren sie besonders gut verstehen, weit besser als die schwerfälligen Engländer, die immer nur ihren Reichtum zeigen, sich selbst aber nie offen geben, obwohl sie das Auge des Fremden sicher wohltuend für sich einnehmen würden.

Der Herzog von Broglie wird einmal eine gute Figur als Ministerpräsident des Herrschers von Frankreich abgeben. Dafür legte er gestern gleichsam die Generalprobe ab. Diese Fähigkeit wird ihm sicher auch kein Anhänger der bourbonischen, orleanistischen oder gar napoleonischen Gruppen, die mit Wohlgefallen die Salons bevölkerten, absprechen können. Die Großen der Republik aber, denn auch sie waren dort vertreten, wissen sehr wohl, daß er nicht zu ihnen und sie nicht zu ihm passen. Sie waren derart in der Minderzahl, daß man sie kaum wahrnahm. Dafür war der Adel von Orleans um so zahlreicher anwesend, der Marschall mit seiner kleinen, energischen Frau, die Minister, viele Volksvertreter der monarchistischen Partei, Generäle und Gesandte in großer Zahl.

Server Pascha, der hier den Sultan von Konstantinopel vertritt, sprach mit mir kurze Zeit. Er machte sich zum Dolmetsch der überaus glücklich scheinenden Gefühle seines Herrschers, der von der Nachricht sehr angetan sei, daß ich auf der Heimreise seiner Hauptstadt am Bosporus einen Besuch abstatten wollte. Im prächtig illuminierten Park, in den die Nacht zu einem Spaziergang einlud, traf ich auch Gontaut-Biron, den Botschafter Frankreichs am deutschen Kaiserhof. Ich hatte den Mann bereits in Berlin kennengelernt und ihn bei weitem nicht so pfauenhaft wie manche seiner Landsleute gefunden. Er gefiel mir. Ich freute mich ehrlich, ihn hier wiederzusehen. Nach einer kurzen Begrüßung fragte ich ihn, wie es meinem Freund, dem Kaiser, gehe. Er antwortete kurz angebunden: »Gut!«

»Er ist doch ein bedeutender und kluger Mann, nicht wahr«, sagte ich darauf, »und ich glaube fest, daß er die Liebe eines Volkes verdient.«

Über das Gesicht des Botschafters zog eine Wolke des Unbehagens, die mir meine Ansicht nicht gerade zu bestätigen schien. Können Politiker, ob nun Franzosen oder andere, wirklich ehrlich sein?

Aber ich rechne diesem Mann zugute, daß er vielleicht in Gegenwart so vieler Generäle seines Landes, die immer nur an Revanche denken, sein wirkliches Gefühl nicht preisgeben und kein anerkennendes Wort für den Kaiser des Feindes sagen kann.

Unter diesen Generälen lernte ich noch einige mir bisher unbekannte Männer kennen. Da lief der letzte Kriegsminister des Kaiserreiches, Palikao, herum, der damals aus dem Sommerpalast des Kaisers von China zuviel herausgeholt hatte, weshalb Frankreich denn auch erfuhr, warum es überhaupt Krieg mit China geführt hatte. Nazar-Aga zeigte mir auch einen General, dessen Geschichte mich erneut lehrte, daß der Mensch in seiner Schwäche nie etwas beschließen soll, von dessen Ausführung er nicht überzeugt ist. Es war General Ducrot, eben jener tapfere Mann, der den verängstigten Bewohnern von Paris geschworen hatte, daß er unter den Mauern ihrer von den Deutschen belagerten Stadt sterben oder auf ihnen siegen wolle. Paris ist gefallen, wurde vom Feind erobert. General Ducrot aber hat nicht gesiegt, ist jedoch auch nicht tot oder schwerverwundet. Man sollte eben nichts versprechen, was man nicht halten kann oder wozu man nicht den Mut aufbringt. Ich wollte ihn ja nicht mit der Frage: »Oh, mon général, Sie leben?« in Verlegenheit bringen.

Bei Broglie unterhielt ich mich auch mit dem Gesandten der Schweiz, dem Doktor Kern, einem einfachen, schlichten Mann, dessen Heimatland ich anschließend auf der Reise nach Österreich kennenlernen will. In herzlichen Worten dankte er mir für meinen Entschluß. Ich legte ihm dar, daß ich mal einen Blick in eine echte Republik werfen wolle. Der Mann verstand mich.

Um Mitternacht nahmen wir vom Herzog von Broglie, vom Marschall und seiner Frau, auch von den Ministern Abschied. Auf der Heimfahrt erzählte mir Hadschi Mirza Hussein-Khan von einem komischen Mißverständnis, das mein junger Bruder heraufbeschworen hatte, unbewußt natürlich, aber aufgrund seiner nicht allzu perfekten Kenntnisse des Landes und der Sprache. Er hatte ziemlich Langeweile verspürt und war fortwährend zwischen Saal und Park hin und her gelaufen, ohne etwas zu finden, womit er sich hätte beschäftigen können. Vor allem sah er kein Mädchen, keine attraktive Tänzerin, für die er wohl sofort seine Zeit geopfert hätte. Da faßte er notgedrungen einen seiner ganz üblichen, aber immerhin den besten Gedanken; er wollte, da schon seine Phantasie keine Nahrung fand, wenigstens eine für seinen Magen suchen. Wie immer in solchen Dingen ging er kurz entschlossen auf den nächsten Mann zu, unter dessen Uniform er ein mitfühlendes Herz vermutete, und kramte sein bestes Französisch hervor: »Monsieur, où est buffet?«

»Tout de suite, mon prince«, antwortete der Angesprochene, nahm meinen Bruder bei der Hand und bat ihn mitzukommen.

Sie gingen ein paar Schritte. Aber anstatt vor einem mit Süßigkeiten und Champagner beladenen Tisch anzuhalten, wie es mein Bruder gewünscht hatte, standen sie plötzlich vor dem Präsidenten der Nationalversammlung, vor Herrn Buffet. Der Mann in der glänzenden Uniform muß wohl angenommen haben, daß mein Bruder mit dem gewünschten buffet nur den Buffet, nicht aber das Buffet gemeint haben könnte. Der Minister, der glücklicherweise neben dem Buffet stand, den mein Bruder nicht aufsuchen wollte, begriff sehr schnell das Mißverständnis und brachte ihn zu seinem buffet. So kann es passieren, wenn man den gleichen Namen wie eine nützliche Einrichtung hat.

Morgen heißt es Abschied nehmen. Da werden Besuche bei den Großen des Landes notwendig sein, beim Marschall und seiner Frau, der ich im Hinblick auf ein angenehmes Gedenken an mich einen kostbaren Diamantenschmuck schenken möchte, beim Herzog von Broglie und den übrigen Ministern. Dann wollen wir dem wirklich reizvollen Paris Lebewohl sagen und die Stadt ihren Bourbonisten, Orleanisten, Papisten und Republikanern überlassen. Mögen sie doch alle in Frieden miteinander leben!

Übermorgen früh geht es dann nach Dijon, wo wir die letzte Nacht unter französischem Himmel verbringen werden. Anschließend führt uns unser Weg in das kleine Land der Schweizer und in eine ihrer bedeutendsten Städte, nach Genf. Von da werden wir durch Italien nach Wien, zum Kaiser von Österreich, reisen.

Durch die Schweiz und durch Italien

Mailand, 26. Juli 1873

Bei den Ungläubigen geht alles schnell, auch das Reisen. Wie im Flug habe ich gerade zwei weitere Länder dieses Erdteils durchquert.

Ich muß gestehen, daß ich vor meiner Abreise in Iran von dem einen Land nie ein Wort gehört hatte, vom anderen herzlich wenig. Als man mir in der Hauptstadt der Engländer erstmals von einem Besuch in einem Land, das sich die Schweiz nennt, berichtete und mich darauf vorbereiten wollte, war ich sehr erstaunt. Meine Minister und Prinzen bedauerten, sie wußten nichts. Kein Wunder, waren sie doch in der Geographie der europäischen Länder nicht besser als ich selbst bewandert.

Schließlich konnten mir Malcolm-Khan und Nazar-Aga doch einige Angaben machen. Sie unterrichteten mich, daß dieses Land zu drei Teilen von Deutschen, Franzosen und Italienern in voller Harmonie bewohnt werde. Die Leute seien keinem Herrscher untertan und ließen sich von auserwählten Männern aus ihren Städten und Dörfern regieren. Es hieß, sie würden Kühe und Fremde melken, Fremde, die aus allen übrigen Ländern der Ungläubigen, selbst über das unwirtliche Meer, Sommer für Sommer zu ihnen kämen, weil sie die beste Luft, die schönsten Schneeberge und die herrlichsten Täler hätten. Sie sollen den schmackhaftesten Käse und die besten Uhren herstellen.

Da kam mir eine ganz schwache Erinnerung. Die erste

Ahnung von diesem Land hatte mir eben dieser Käse vermittelt, als ich vor langer Zeit in Teheran und neulich wieder in Paris davon gegessen hatte.

Ein käsemachendes Land — das war mal eine Abwechslung auf dieser Reise. Seine Hauptstadt konnte ich allerdings nicht besuchen, sie lag abseits meiner Route. Und so begnügte ich mich mit dem Besuch der zweitgrößten Schweizer Stadt, mit Genf. Es ist ein lieblicher Flecken, dieses Genf, an einem See und an einem Fluß gelegen, wie ich ihn schöner und blauer noch nirgends gesehen habe. Alles ist sauber und blankgeputzt, wie in den besten Städten der Franzosen. Ein Bummel durch die Straßen ist ein Vergnügen. Da gibt es hübsche Häuser, gepflegte Läden und Uhren in Massen. Ein weißer Riese, der Montblanc, wächst am Horizont empor, ein faszinierender Anblick. Immer wieder mußte ich zu seiner Eisflanke hinaufschauen.

Neugierige fand ich hier weit weniger als in anderen Ländern. Nicht einmal meine Diamanten machten besonderes Aufsehen. Das ist verständlich, wenn es stimmt, daß hier ein Mann lebt, ein vertriebener deutscher Fürst, der den Beinamen »Diamanten-Baron« erhalten hat. Seine Schätze scheinen die Schweizer für meinen Schmuck bereits weniger empfänglich gemacht zu haben. Wie bedauerlich, daß er gerade um diese Zeit krank war; so war eine Begegnung zwischen ihm und mir nicht möglich.

Der Oberste des Bundes, den die Völker dieser Berggegenden geschaffen haben, hatte mir einen freundlichen Empfang bereitet. Freundlich, schlicht und einfach — schon deshalb, weil er keine Soldaten und lärmenden Kanonen aufgeboten hatte. Er unterstrich mit Nachdruck die Einfachheit seines Landes, dem es durch seinen Charakter und seine staatliche Grundordnung nicht erlaubt sei, beim Empfang des Königs der Könige mit den großen Reichen, durch die ich bisher gekommen war, zu konkurrieren. Das gefiel mir sehr. Die Leute geben sich dort ungekünstelt, wie sie eben sind. Ihre Republik macht keine Anstalten, wie ein Königreich zu glänzen. Niemand entschuldigte sich mir gegenüber, daß man keinen König aufweisen könne, wie man es in Frankreich getan hat. Sie sind Käsehändler und Uhrmacher und wollen keine Fürsten um sich haben, noch weniger wie solche auftreten.

Übrigens sah ich bald ein, daß ich einem Irrtum unterlegen war, als ich annahm, ihre Regierung bestehe nur aus Käsehändlern und der Oberste ihres Bundes müsse dementsprechend der größte Käsehändler sein. Er wird sicher nicht beleidigt gewesen sein, daß ich ihn gleich nach den ersten Empfangsworten fragte, wie wohl der köstliche Käse in diesem Jahr gediehen sei. Ich glaubte ihm und seinem Land damit ein anerkennendes Wort gesagt zu haben. Bei uns in Iran erfreut sich der Käse nämlich eines hohen Ansehens, sogar in meinem königlichen Hause. Ich habe meinen Koch beauftragt, mit der Schweiz in geschäftliche Verbindung zu treten. Ich bin überzeugt, daß mir solche Kontakte besser bekommen als manche diplomatischen Beziehungen mit einem größeren Reich Europas.

Das kleine Land der Schweiz soll sehr wohlhabend sein. In seinen Städten wohnen mehrere Leute, die einige Millionen Barvermögen besitzen. Ein solcher Mann mit Namen Favre veranstaltete mir zu Ehren in seinem schönen Palast, der in einem Ort bei Genf am Seeufer liegt, einen Gala-Abend. Das Fest bewies mir, daß sich auch in einer Republik die Leute das Leben recht angenehm und unterhaltsam machen können. Die Tafel bog sich unter den erlesensten Bissen, wie sie mir auch in den Hauptstädten von Frankreich und England nicht besser geboten worden waren. Den ausgezeichneten Champagner darf ich nicht vergessen, der wie Feuer durch die Adern fließt. Besonders schön und amüsant fand ich die Menschen dieser Berge allerdings nicht. Außerdem reden sie mir zuviel und zu schnell, wie die Franzosen.

Ein paar angenehme Stunden verlebte ich auf einer der weißen Höhen. Ich war hinaufgeritten und genoß von dort einen so überwältigenden Fernblick, wie ihn wohl noch kein Herrscher Irans erlebt haben dürfte. Einen Sonnenuntergang in dieser Schnee- und Eiswelt sehen zu können ist ein grandioses Ereignis, dessen Glanz wohl nur ein Dichter beschreiben kann. Es hat auch mich zu ein paar Versen angeregt, die den ungeteilten Beifall meiner Begleitung gefunden haben. Mein Hofpoet soll staunen, wenn sie ihm vorgetragen werden. So etwas hat er noch nie besingen können.

Man hat mir so manches in Genf gezeigt, auch eine Insel im Rhone-Fluß, den ich ja schon als so herrlich blau geschildert habe. Diese Insel haben die Schweizer nach einem berühmten französischen Gelehrten benannt, der sich hier aufgehalten hat und Jean Jacques Rousseau hieß. Der Mann soll viele Bücher geschrieben haben. Sie werden nach der Meinung von Nazar-Aga besonders gern in Frankreich und Deutschland gelesen. Sein ganzes Leben lang habe er kein Fleisch gegessen und öffentlich gegen den Fleischgenuß gewettert. Wie kann man nur so verschroben sein und den Menschen das verbieten wollen, was sie stark und kräftig macht? Was empfahl er ihnen dafür? Gemüse! Na ja, Und einen solchen Menschen verehren nun die gebildeten Ungläubigen als einen der klügsten Gelehrten des vergangenen Jahrhunderts! Wenn man auf dieser Insel sein Denkmal aus Stein näher betrachtet, so glaubt man, daß er kein Fleisch angerührt hat. Mit einem solchen Aussehen kann er aber keine Jünger für seine Theorien gewinnen. Im Gegenteil, als ich so an ihm hochblickte, hatte ich erst recht einen Heißhunger auf Fleisch. Die Wohltaten eines guten Bratens beflügelten meine Schritte für den Heimweg, um möglichst bald eine schmackhafte Mahlzeit einnehmen zu können.

Die Republikaner der kleinen Schweiz zeigten sich doch einmal zuvorkommend — sie arrangierten für mich ein großes Festessen. Es hat mir sehr gut geschmeckt, ihnen aber wohl weniger. Dies sagte mir Gasteiger, der täglich ihre Journale liest. Die Zeitungsschreiber haben nämlich sehr harte Worte über die Kosten dieses Festessens gebraucht. Sie haben dem Staat auch die anderen Ausgaben vorgehalten, die ihm durch meinen Besuch entstanden sind. Die Leute sind hier in solchen Dingen peinlich genau. Jeder, auch der kleinste Mann, hält dauernd die Kreide in der Hand, um dem Staat seine Ausgaben vorrechnen zu können. Hätte ich nur geahnt, daß den Männern des Bundesrates meine Bewirtung einen so schlechten Ruf einbringen würde, ich hätte auf das Essen verzichtet. Es scheint in dieser Republik Brauch zu sein, einem Gast, wenn er vom Tisch aufgestanden ist, nachzurechnen, was er gegessen und welche Kosten er verursacht hat. Das mag wohl republikanisch sein; besonders anständig finde ich es aber nicht. Ich habe sie nicht gebeten, mir ein Essen zu geben. Ich habe mich nicht an ihren Tisch gedrängt. Also kann ich erwarten, daß meine Wirte nachträglich nicht mit verdrießlichen Gesichtern herumlaufen. — Sie sind halt doch Käsemacher!

Von Genf aus kam ich in das Reich des Herrschers von Italien, nach Turin, in die ehemalige Hauptstadt seines kleinen Ländchens. Hier regierte der König [Victor Emanuel II.], bevor er sich durch Glück und Mithilfe anderer zum König eines großen Landes erheben konnte.

In dieses Land kommen jährlich ganze Wallfahrten von Ungläubigen, reisen hierher zu Abertausenden, um seine alten Städte mit ihren vielen berühmten Gemälden und Denkmälern aufzusuchen und die alten Kirchen zu bewundern. Rom, Florenz und Neapel sind unter diesen Wallfahrtsorten am beliebtesten. Ich hatte zuwenig Zeit, um in eine dieser Städte zu fahren. Turin, wo ich mich drei Tage lang aufhielt, ist eine neue Stadt mit vielen, reich angelegten Palästen.

Der König, der eigens aus seiner neuen Residenz zu mir gekommen war, ist eine eigentümliche Erscheinung. Ich habe einen solchen Kopf noch nie in meinem Leben gesehen. Auf einem festen Nacken sitzend, zeigt er zwei kugelgroße Augen und einen Schnurrbart, der als ein Riese unter seinesgleichen gelten kann. Dieser Schnurrbart ist wirklich ein wahres Kunstwerk von wunderlicher Kräuselarbeit, dessen Enden, schön aufgewickelt, einen beachtlichen Knäuel ergeben müßten. Dieser Bart gibt seinem Gesicht etwas Wildverwegenes. Aber im Gegensatz dazu blickt sein Auge gutmütig. Er ist nur solchen Männern nicht wohlgewogen, die schöne Frauen besitzen. Die Jagd ist sein Lieblingsvergnügen. Während er Wildschweine erlegt, überläßt er seinen Ministern die Treibjagd auf die Geistlichkeit.

Daran tut er gut. Denn schließlich hat er wenig dazu beigetragen, Rom und das Reich zu unterwerfen. Ohne fremde Hilfe säße er heute nicht auf dem Quirinal. Er ist nicht zum Eroberer geschaffen. Aber das Glück stand ihm zur Seite. Er konnte die Einigung Italiens betreiben, ohne daß er sich und seine Leute besonders anzustrengen brauchte. 1866 wurde sein Heer von den Truppen Österreichs geschlagen[1], er erhielt dafür aber Venedig, nicht anders als er 1859[2] Mailand, die schöne Stadt mit dem weißen Dom, in der ich diese Zeilen schreibe, bekam, nachdem er die Franzosen für sich hatte kämpfen lassen. 1870 verjagte er dann die Soldaten des zum Gott avancierten Papstes[3] aus Rom in einem nur bescheidenen Handgemenge. Wie dieser Mann Regent von Italien wurde, ist eine gar glückhafte Episode, wie sie nur wenigen Fürsten der Ungläubigen widerfahren ist.

Er soll aber beileibe nicht hochmütig sein, dieser König mit dem gekräuselten Ungetüm über den Lippen. Das Volk liebt ihn seiner einfachen, ungekünstelten, ja fast derben Art wegen und betrachtet ihn gerade deshalb als einen echten Landesvater. Er ist kein Freund militärischen Prunks und politischen Protzertums, haßt allen formalen Kram und das wenig ersprießliche Geschwätz der Staatsmänner und der Frauen in gehobenen Kreisen. Etwas Zärtlichkeit oder ein scherzendes Wort mit einer hübschen Frau, aber ohne jede Etikette, ist ihm sympathischer als Revuen, Staatsempfänge und Hofbälle.

Es ist diesem bewundernswerten Mann nicht im Traum eingefallen, mir seine Soldaten vorzuführen. Dafür bin ich ihm von Herzen dankbar. Von ihrer Qualität bin ich überzeugt, wenn sie auch Venedig und Rom ohne große Anstrengung eingenommen haben und gegen die Heere der Großmächte sicher nicht so erfolgreich kämpfen könnten. Er ist der zwangloseste unter allen Herrschern, die ich bis heute bei den Völkern der Ungläubigen angetroffen habe. Ich beobachtete ihn bei der festlichen Tafel, die er mir gab. Nur mit Mühe und Überwindung hielt er sich an die Formen, die das Essen an allen Höfen der Ungläubigen zu einer ungemütlichen Prozedur machen. Ich hatte das Gefühl, er wartete nur darauf, daß ich meinen Rock ablegen würde, um sich selbst die Hemdsärmel hochkrempeln zu können.

Er erkundigte sich recht eingehend nach meinen bisherigen Reiseeindrücken und ließ mich durch Hadschi Mirza Hussein-Khan viele Einzelheiten über Begegnungen mit anderen Fürsten berichten. Wahrscheinlich plant er selbst einige Staatsbesuche. Das Angebot eines Jagdausfluges, das mir der König machte, konnte ich nicht annehmen, da ich zu abgespannt war. Der König schien mir deswegen gar nicht böse zu sein. Er ist wohl selbst ein Freund der Ruhe und Bequemlichkeit. Sehr tief läßt der Beiname »König Ehrenmann« schließen, den ihm sein Volk gegeben hat. Wenn man das Wort »Ehrenmann« so stark betont, kann man daraus die Vermutung ableiten, daß seine Anhänger in den zahlreichen Ländern, die jetzt zu einem Reich zusammengeschlossen sind, keine allzu großen »Ehrenmänner« gewesen sein können.

Für die Stadt Mailand hatte ich mir keine besonderen Pläne vorgenommen. Hier wollte ich nur übernachten. Trotzdem haben mich zwei Dinge tief beeindruckt. Da war zunächst die »Galerie«, dieser schönste Basar, den ich je im Leben gesehen habe. Dann machte ich dem Dom aus weißem Marmor einen Besuch.

In Österreich

(Laxenburg — Wien)

Laxenburg, 31. Juli 1873

Seit gestern abend sitze ich nun unter den Ungläubigen von Österreich. Nachdem ich gestern in Wien mit großem Tumult empfangen worden war, bin ich jetzt in diesem lauschigen, von Parks umgebenen Sommerschloß des Kaisers, eine Stunde von der Hauptstadt des Reiches entfernt.

Meine gesegnete Konstitution war, seit ich die Hauptstadt der Franzosen verlassen hatte, einer Reihe von Strapazen ausgesetzt, so daß ich nun mit dankbarer Freude diese wonnige Ruhe in mich aufnehme. Da hetzten sie mich auf ihren Eisenbahnen durch weite Landstriche, von der kleinen Republik in den Bergen in das große Land der Italiener und von dort wieder hierher. Ich kann es diesen Ungläubigen einfach nicht beibringen, was Ruhe und bequemes Leben heißt. Dafür haben sie schlechthin keinen Sinn. In ihren Körpern und in ihren Hirnen arbeitet der Dampf wie in ihren »Reisemaschinen«.

Stundenlang war ich von Mailand in das Land der ungläubigen Österreicher gefahren worden [1]. An der Grenze der österreichischen Monarchie stellte sich mir der vom Kaiser zum Ehrengeleit abkommandierte General vor.

Das ist nun schon der sechste Mann eines Fürstenhofes, der mich seit meinem Eintreffen in Rußland in den verschiedenen Reichen der Ungläubigen in Empfang nimmt. Trotzdem kann ich über diese Männer immer noch nicht sagen, was sie voneinander unterscheiden würde und was dem einen oder anderen ein besonderes Gepräge geben könnte. Bis auf die Farbe ihrer Uniformen sind sie sich alle gleich. Sie bewegen sich alle in genau vorgeschriebener Haltung. Sie machen die gleichen Verbeugungen und scheinen für ihre Schritte und Ehrenbezeigungen den gleichen Zollstock zu verwenden. Und, was sie ebenfalls nicht unterscheidet, sie langweilen mich in gleichem Maße.

Für den österreichischen Begleiter schien die Welt untergehen zu wollen, als ich beim Eintreffen in einer Stadt, die Innsbruck heißt, den Wunsch äußerte, da zu übernachten. Das stand nicht in seinem Protokoll. Er suchte nach allen möglichen Ausreden. So habe er den Befehl, mich zu einer bestimmten Stunde an einer festgelegten Station abzuliefern, in der erst ein längerer Aufenthalt vorgesehen sei. Meine Absicht ließe sich nicht mit dem Fahrplan der Eisenbahn in Übereinstimmung bringen. Hier, in Innsbruck, habe man kein Quartier vorbereitet. Und so rang er, der sture Höfling, um die Einhaltung seines Programms.

Er sollte aber den Willen des Königs der Könige kennenlernen — ich blieb und streckte mich auf dem Boden meines Wagens zur Ruhe hin. Das war mein Programm! Ich schlief herrlich.

Nach fünf Stunden hatte ich mich prächtig ausgeruht. Ich ließ den General rufen und erklärte ihm, daß er mich jetzt weiterbringen könne. — Es war ein schönes, von hohen Bergen eingesäumtes Land, das wir dann lange Zeit durchfuhren. Immer wieder stellte ich fest, daß es hier viele Priester geben müsse. Sie standen in ihren langen, schwarzen Röcken und großen, runden

Nasreddin Schah bei
der Weltausstellung in Wien.

Hüten auf allen Stationen, fast mehr Seelenhirten als Schafe. Der mich begleitende General machte ein komisches Gesicht, als ich ihn durch Malcolm-Khan fragen ließ, ob nicht etwa auch die beiden Männer vorne auf der Lokomotive Geistliche seien.

In Salzburg, einer Stadt, die wie auf einer großen Wiese zu liegen scheint, war ein im Zeremoniell festgelegter Aufenthalt mit allem lautstarken Zubehör, Musik, Geschrei, Empfang, Begrüßung, Ehren-Kompanie und bengalischem Feuer. Ich kümmerte mich recht wenig um das Zeug, zog mich vielmehr für diesen Tag in meine Gemächer zurück und genoß die Ruhe.

Am folgenden Morgen ging es dann weiter, bis wir nach mehrstündiger Fahrt die Hauptstadt erreichten. Meine Feder sträubt sich schon bald, von all dem Klamauk beim Empfang zu schreiben, der mich immer wieder umgibt. Was könnte man mir schon an Überraschungen bieten, nachdem mich nun schon drei Monate lang das Geschrei der Ungläubigen von allen Seiten umbrandet.

Ich bin dem Kaiser von Österreich zu aufrichtigem Dank verpflichtet, daß er mich hierher ins Grüne geschickt hat, abseits von der unersättlichen Neugier und dem lärmenden Getöse der Riesenstadt, die sich wie Paris weit und breit ausdehnt.

Bei meiner Ankunft gab es hier zweimal Lärm, zunächst auf dem Bahnhof in Wien und dann draußen in Laxenburg. Der Kaiser [Franz Joseph I.] kam mir bei der Begrüßung mit aller Herzlichkeit entgegen. Gesichtsausdruck und Worte waren freundlich und ehrlich. Er ist ein Mann in meinen Jahren, doch hat ihm die Sorge rund ums Haupt schon einige graue Haare hervorgelockt. Der kleine Kronprinz ist ein frischer, prächtiger Junge, voll verstecktem kindlichem Übermut in den hellen Augen.

Auch hier ließ es sich nicht vermeiden, daß ich eine Reihe von Bekanntschaften machen mußte, die mir aber recht gleichgültig sind. Seit Petersburg hatte ich nicht mehr so viele Vorstellungen erlebt. Prinzen hat dieser Hof von Österreich noch weit mehr als der russische und deutsche. Ich mußte mich erst wieder an königliche Prinzen gewöhnen. Im Land der Käsemacher hatte es keine gegeben. Und in Italien wurden mir nur zwei präsentiert, deren Schönheit aber nicht von »Gottes Gnaden« zu stammen schien. Hier aber gab es sie in Hülle und Fülle.

Ich lernte sie alle kennen, das heißt, wir nickten uns alle gegenseitig zu. Aber selbst dies nahm eine lange Zeit in Anspruch. Dann kam der ganze Schwarm rund um den kaiserlichen Hof zur Empfangsparade, die Minister, einige Generäle, mehrere Männer in schwarzem, geschwänztem Festanzug. Hadschi Mirza Hussein-Khan, mein Ministerpräsident, und Malcolm-Khan konnten sich über Beschäftigungslosigkeit ihrer Zungen nicht beschweren. Sie mußten mir dauernd übersetzen, was man mir sagte — und man sagte mir sehr viel —, und alles wiedergeben, was ich darauf antwortete.

Auch meine Minister und Prinzen wurden vorgestellt. Ich mußte alle ihre Namen nennen. Es ist nun das achte Mal, daß ich sie der staunenden Ungläubigen-Welt präsentierte — im Land der Käsemacher hatte man sich wenig um sie gekümmert —, Europa sollte sie doch allmählich zur Genüge kennen. Es wäre auch gar keine Gefahr, wenn so einer von diesen Prinzen und Höflingen der Ungläubigen meinen Abdul Samid-Mirza mit Jahja-Khan und Muhammad Rachim-Khan mit Mirza Murad verwechseln würde. Aber sie sind bei allen Höfen der Ungläubigen von einer mir unbegreiflichen Genauigkeit in diesen Dingen. Mich wundert nur, daß ich ihnen nicht auch meinen Pfeifenstopfer und Oberteppichausklopfer vorstellen muß. Wie haben es doch diese meine Diener gut! Schon ganz einfach aus dem Grund, daß sie nicht zu wissen brauchen, wer dieser oder jener fremde Mann ist, der sich so lächelnd und freundlich vor mir aufbaut und von mir ebenso freundlich angelächelt sein will. Nun, wir werden auch das überstehen. Immerhin waren dies jetzt die letzten Empfangsqualen. Ich ertrug sie deshalb mit Gelassenheit. Nach zwei Stunden war auch das vorbei, und ich war mit mir allein in diesem Sommerschloß des Kaisers, umgeben von Bäumen und Büschen, in denen die Nachtigallen schlugen. Ich kräuselte die Wolken aus meiner Tabakspfeife von der breiten Terrasse aus in die weiche Nachtluft, und mein Ohr war entzückt, nach so vielen inhaltslosen Worten der Hofgesellschaft die süßen, vollen Schläge der Nachtigall zu hören.

Ich hatte den festen Entschluß gefaßt, diesen Tag ganz in Ruhe zu verbringen und den herrlichen Sommersitz mit keinem Schritt zu verlassen. Da hatte ich aber meine Rechnung der Bequemlichkeit ohne den Wirt, den Kaiser, gemacht. Ihn mußte man ja in seinem Sommerschloß Schönbrunn besuchen. So fuhr ich also bei ihm vor. Schloß und Park sind groß und weit, voll schattiger Alleen und gepflegter Baumgruppen, hochgelegener Aussichtspunkte und üppiger Blumenanlagen, dazu Fontänen und Grotten. Ich mußte sofort an Versailles denken, dabei jedoch die 750 tobenden Volksvertreter von der Schönheit jenes Schlosses abziehen.

Der Kaiser empfing mich mit herzlicher Miene, die von Güte und Freundlichkeit sprach. Seine vielen netten Worte ließ ich ihm durch Hadschi Mirza Hussein-Khan in gleicher Weise erwidern. Er fragte mich, ob ich denn nach so langer Zeit im Ausland nicht Sehnsucht nach meinem Iran hätte. Ein kräftiges »Ja, beim Propheten!« sagte ihm wohl deutlich genug, wie es um mich stand.

Eine Viertelstunde später saßen wir wieder im Wagen und rollten durch die herrlichen Alleen an einem anderen Sommerschloß des Kaisers vorbei zu unserem schönen, ruhigen Laxenburg zurück. Dort ließ ich mich bald auf meinem Diwan nieder und rauchte eine Wasserpfeife. Als ich den für mich abgeordneten Dolmetscher und Gasteiger um Auskünfte über dieses Reich bat, erfuhr ich auch, daß Gasteiger gerade aus jenem Land stammte, das mir auf der Durchreise durch die vielen Priester aufgefallen war.

Überall in ihren Ländern haben die Ungläubigen andere Absonderlichkeiten. Hier ist wieder so eine. Da besteht doch dieses Reich aus zwei Hälften, die beide schon seit sechs Jahren ihre eigenen Regierungen haben. Jede dieser Reichshälften hat ihren eigenen Ministerpräsidenten, ihren Finanzminister, ihren Justizminister, ihren Handelsminister und so weiter. Zusammen haben die beiden Teile den Außenminister, einen besonderen, gemeinsamen Finanzminister und den Kriegsminister. Die Minister der einen Hälfte wohnen in Wien, die der anderen in Budapest. Der Kaiser selbst hält sich mal hier und mal dort auf. Der liebe Monarch hat also zwei »Augen des Reiches«, zwei »Polizeichefs des Reiches«; denn jede Hälfte hat auch einen Innenminister, zwei »Zungen der Regierung«, zwei »Fackeln des Reiches«, drei »Säckel der Krone«, also von jeder Ministersorte doppelte Ausführung, während ich schon mit dem einen von jeder Kategorie hinlänglich versorgt bin.

Zwanzig Minister bilden seinen Rat. Man stelle sich vor: Zwanzig Männern muß er zuhören, sein Ohr bald nach Wien, bald nach Budapest halten. Diese zwanzig Männer müssen ungewöhnlich, ganz aus der Minister- und Menschenart geschlagen sein, wenn sie immer klug sein und klug reden sollen. Zur Zeit, als mein Leibarzt Doktor Pollak aus dieser Ungläubigenstadt zu mir kam — ich freue mich, diesen ehrlichen, vorzüglichen Mann hier wieder zu treffen — und in Teheran meinen gesegneten Körper zu betreuen hatte, muß es diesen Ministerrat von zwanzig Männern noch nicht gegeben haben, sonst hätte er mir wohl von dieser Einrichtung erzählt[2]. Merkwürdig, wie vieles in den Ländern der Ungläubigen, dürfte wohl die Tatsache sein, daß, wie man mir erzählte, es gerade durch die Schaffung dieses Massenministeriums im Reich erst richtig klappt. Hüben und drüben haben sie auch zwei Ratskammern, eine aus dem Volk und eine aus dem Adel, gewählt, die der Regierung zur Seite stehen. Jetzt sollen Ordnung und Friede und ein ganz neuer Ausdruck der Macht über das ganze Reich gekommen sein. Der Kaiser, den man zuvor angefeindet hatte, sei nun in beiden Reichshälften beliebt.

Mehr beraten als der österreichische Kaiser ist unter den Herrschern der Ungläubigen sicherlich kein anderer. Wenn nämlich in jedem Ministerium nur zwei kluge Köpfe sitzen, so hat das Reich wohl genug an tüchtigen Ratgebern. Für meinen Kopf wäre dieser Staatswagen mit zwanzig Rädern unheilvoll; ich habe an meinem mit seinen neun Rädern vollauf genug.

Heute hatte ich bei mir den Außenminister Andrassy [Julius Graf] zu Gast. Er ist ein Mann voller Leben und sprühenden Geistes, ein prächtiger Kopf mit jenen Fähigkeiten und einem Aussehen, wie wir es bei uns kennen. Setzte man ihm die Lammfellmütze auf das schwarze, dichte Haar, er könnte recht gut einen iranischen Derwisch abgeben. Es war ein Genuß, seinen Worten zuzuhören, auch wenn man ihn nicht immer verstand. Er hat so wenig Gezwungenes, Höfisches an sich, das man bei so vielen Ministern der Ungläubigen feststellen muß. Sein Auge ist dauernd unterwegs. Er gefiel mir so gut, daß ich ihn länger bei mir behielt, als ich dies sonst mit fremden Ministern zu tun pflege. Ich zeichnete ihn auch insofern vor meinen Großen und Ministern aus, als ich ihn einlud, sich zu mir auf den Teppich zu setzen. Er zögerte auch gar nicht lange und schlug die Beine so geschickt zusammen, wie ich es noch nie bei einem Ungläubigen gesehen habe. Geradezu anmutig saß er neben mir. Dann zog ich meine kleine Dose mit den »Frohsinnspillen« aus der Tasche meiner Jacke hervor. Ich nahm selbst eine Pille und reichte ihm die goldene Büchse hin.

Er aber blickte fragend um sich.

»Opium, Opium«, erklärte ihm mein Ministerpräsident.

Außenminister Andrassy schien aber immer noch nicht geneigt, auch eine Pille zu nehmen.

»Das sind Pillen des seligen Gefühls. Nimm ruhig eine«, ließ ich ihm sagen.

Andrassy lächelte verbindlich und meinte: »Ich danke sehr, aber ich spüre noch keine Leibschmerzen.«

Wie köstlich ich diese Antwort fand, nachdem sie mir Hadschi Mirza Hussein-Khan in unsere Sprache übersetzt hatte! Er hat noch keine Leibschmerzen — einfach komisch! Sie nehmen hier Opium nur dann, wenn sie Beschwerden haben. Dabei hatte ich geglaubt, seine gute Laune, an der ich Gefallen gefunden hatte, sei bei ihm eine Folge dieser »Pillen des seligen Gefühls«. Er nimmt aber niemals Opium, wie er mir versicherte, auch nicht Haschisch. Ich ließ Außenminister Andrassy nicht eher weg, bevor er mir nicht versprochen hatte, bald wiederzukommen und mit mir die Wasserpfeife zu rauchen.

Als er gegangen war, hörte ich zu meinem Erstaunen, daß eben dieser Mann einmal dem Galgen so nahe war, wie er jetzt am Thron seines Kaisers steht. Gasteiger versicherte mir, daß man Andrassy 1848 als Aufrührer zum Tode verurteilt habe. Er sei jedoch nicht gewillt gewesen, seinen Kopf zu opfern, und habe sich lange Zeit in Frankreich aufgehalten. Erst die 1867 erfolgte Aussöhnung des Kaisers mit seinem Heimatland Ungarn habe ihm wieder den Weg nach Hause und schließlich zum Ministersessel gebahnt. Das nenne ich einen Aufstieg: vom Richtplatz zum Minister! Es wäre um dieses prachtvolle Haupt auch jammerschade gewesen; denn es tut heute dem Reich zweifellos weit bessere Dienste, als es vor 24 Jahren der Fall gewesen wäre, wo man es ihm abgedrosselt hätte.

Ich muß da immer wieder Vergleiche mit meiner eigenen Situation anstellen. Auch mir wäre mancher gute Minister erhalten geblieben, hätte ich ihm nicht im ersten Zorn und als Folge von verleumderischen Einflüssen voreilig den Kopf abschlagen lassen. Während ich dies zugebe, mahnt mich der Todesschatten des Ministers Nizam an diese Tatsache.

Laxenburg, 1. August 1873

Dieses Wien scheint ein Asyl für alle Herrscher ohne Land zu sein. Der König von Hannover, der sein Land an den deutschen Kaiser verloren hat [1866], glaubte so freundlich sein zu müssen, mich von seiner Existenz zu unterrichten, indem er mir seinen Sohn, den sogenannten Kronprinzen, zu Besuch schickte. Dieser junge Prinz hat nichts anderes zu tun, als darauf zu warten, daß sich die Dinge im Deutschen Reich wieder einmal ändern werden. Diese Wartezeit füllt er mit Besuchen und anderer Betätigung aus. So kam er also auch zu mir. Für einen Prinzen ohne Land sieht er gar nicht schlecht aus. Nachdem ich ihn mir ein paar Minuten lang betrachtet hatte, um mir einmal einen Eindruck von einem verjagten Prinzen zu machen, konnte er wieder gehen. Zu reden gab es nicht viel zwischen uns beiden; denn nach dem Wetter hatte ich schon gefragt, und sonst wird auch er nichts von Bedeutung auf dem Herzen gehabt haben.

Warum mag er überhaupt vorgesprochen haben? Doch sicher, weil sich seine Familie noch zu den Herrscherhäusern gerechnet wissen will und jede Möglichkeit ergreift, um sich noch in ihrer Würde zu zeigen. Hat doch sein Vater, wie man mir berichtete, noch so eine Art Ministerium um sich herum. Und diese Minister müssen ihm täglich Bericht erstatten, was sich in seinem Land, wo schon seit Jahren niemand mehr auf ihn hört, ereignet. Ein recht spaßiges Königsspiel. Es soll hier noch mehr von diesen verjagten Herrschern und Prinzen geben. Sie scheinen sich in ihrer Asylrolle sehr wohl zu fühlen. Wenn es ihnen nur nicht einfällt, mir ihre Besuche abzustatten. Ich habe auf meiner Reise mit den Männern der tatsächlich regierenden Häuser schon genug zu tun und möchte auf diese Exmonarchen gerne verzichten.

Der russische Botschafter Nowikoff sprach heute ebenfalls vor. Er überbrachte mir die Nachricht, daß ein Prinz seines Zaren in Wien angekommen sei und mir in den nächsten Tagen seine Aufwartung machen möchte. Wieder so eine Vorstellung. Neues aus Chiwa habe er nicht zu berichten. General Kaufmann richte sich dort häuslich ein. Das kann ich mir lebhaft vorstellen. Der Botschafter beglückwünschte mich zu meinem Übereinkommen mit Reuter. Er hätte, wie Hadschi Mirza Hussein-Khan aus seinen Worten heraushörte, zu gern wissen mögen, welche politischen Gespräche wir in England geführt haben. Vielleicht wußte er wohl schon einiges; denn der russische Hof hat schlaue Informanten in allen Ländern. Das ist bereits überall hinlänglich bekannt.

Kaum daß Nowikoff die Tür hinter sich geschlossen hatte, meldete sich schon der Botschafter der Türkei an. Auch er ist ein Moslem wie seine Kollegen in Petersburg, Berlin, London und Paris, und er hat wie sie schon zuviel Ungläubigenart angenommen. Daß der Fußboden die Bestimmung habe, sich darauf vor mir niederzuwerfen oder sich zumindest als Zeichen der Ergebenheit beim Eintritt und Erscheinen vor meinem hohen Antlitz den Unterschenkel mit der rechten Hand zu reiben, scheint der Mann längst vergessen zu haben oder nicht mehr kennen zu wollen. Er ist ein würdiger Kollege des Botschafters in Petersburg. Das ärgerte mich, so daß ich beschloß, diesen vergeßlichen Mann auch zu ärgern.

»Was gibt es an Neuigkeiten in der Türkei?« fragte ich ihn in seiner Sprache.

»Großherr«, antwortete er, »nichts!«

»Nichts?« meinte ich, »gar nichts? Denke nur nach!«

Er überlegte angestrengt, sagte aber dann: »Großherr, aus der Türkei ist wirklich nichts von Bedeutung zu berichten.«

»Das ist doch wohl nicht möglich«, bemerkte ich etwas zynisch, »in der Türkei ist doch sonst jeden Tag etwas los. Zumindest gibt es da ein neues Ministerium oder einen neuen Ministerpräsidenten.«

Der Mann wußte vor lauter Verlegenheit nichts darauf zu antworten. Vielleicht war es auch ein bedeutungsvolles Schweigen. Ich setzte meinem Triumph die Krone auf:

»Die Türkei wird wohl bald keinen Minister mehr aus dem eigenen Land bekommen. Ich bin aber gar nicht so und biete ihr an, sich bei mir Minister auszuleihen. Ihr könnt jederzeit mit meiner Unterstützung rechnen.«

Der Mann schwieg wieder. Er machte nur das hilflose Zeichen der Ohnmacht. Begreiflicherweise war er froh, als ich ihm das Zeichen gab, sich entfernen zu dürfen.

Zum Mittagessen war ich im Schloß Schönbrunn.

Bei so vielen Prinzen und Fürsten, die der Hof des Kaisers von Österreich aufzuweisen hat, dazu noch die große Schar von Ministern, ist ein solches Galadiner reich besetzt. Unter den Ministern zeigte man mir auch einige Wissenschaftler, so den Justizminister I und den Minister ohne Portefeuille, zwei Männer, denen man ihre Intelligenz schon äußerlich ansah. Auch der Finanzminister Nummer zwei — den der Nummer eins hatte ich schon am Vortag gesehen — aß mit uns. Es ist wohl am vernünftigsten, wenn man sich die Minister numeriert, die es hier im Reich gibt. Die von hier bezeichne ich mit eins, die von drüben mit zwei.

Hier am Tisch des Kaisers habe ich zum erstenmal in meinem Leben Bier getrunken. Dies ist wohl kein Getränk, das es wert wäre, sich damit zu betrinken. Wozu also, frage ich mich, trinken es dann überhaupt die Ungläubigen? Und sie trinken es in großen Mengen, ja, verschicken es sogar noch in andere Länder. Das mag mir niemand einreden wollen, daß es ihre Dichter zu schönen Versen anregt. Ich möchte mal einen Bier-Hafis sehen.

Laxenburg, 2. August 1873

Heute hat man mich in den Riesenbasar geführt, den man Weltausstellung nennt. Dort hat man ein gewaltiges Haus errichtet, mächtige Hallen aufgebaut und mit den Waren aller Völker dieser Erde gefüllt. Kaufleute aus allen Ländern haben hierher die Produkte ihrer Hände und Maschinen geschickt, um einen Spiegel ihrer Arbeit zeigen zu können. So ist daraus ein ungewöhnlich gigantisches Basarungeheuer geworden. Was immer Menschen und Maschinen herstellen, findet man hier vom kleinsten und einfachsten Stück Tuch bis zu den prächtigen Kaschmir-Teppichen, vom groben Sack bis zum feinsten Gewebe von Iran, von der Teekanne bis zum Kesselungetüm der Dampfmaschine, vom winzigen Messer aus englischen Werkstätten bis zu den Gußstahlriesen der Firma Krupp. Alles, was die Erde hervorbringt und was das Leben angenehm macht, was genialen Erfindern überall Berühmtheit eingebracht hat — hier ist alles zusammengetragen worden, alles für alle, die es in dieser großen Vielfalt sehen möchten.

Es ist eine gewaltige Anlage, das muß man anerkennend sagen. Aber es wird, wie ich mir berichten ließ, das Reich siebzehn Millionen kosten und für die Befriedigung der Eitelkeit einer Stadt, wie mir scheint, doch viel zuviel. Was haben diese Ungläubigen-Städte für kostspielige Vergnügungen! Auch die Ausstellung ist ein Vergnügen, ein teures. Man spricht von Wien sechs Monate lang, alle Welt reist nach Wien, alle Welt preist Wien — nur so kann ich mir erklären, daß dieser Spaß siebzehn Millionen wert sein kann. Sonst würde man nicht eine solche Menge guten Geldes dafür opfern.

In diesem Ausstellungsungetüm herrscht ein unentwirrbares Treiben. Tausendfaches Stimmengewirr trommelt auf das Ohr, Abertausende von Füßen lärmen auf den Bretterböden. Unzählige Hämmer arbeiten, unzählige Essen glühen, unzählige Musikkästen plärren. Ich begreife diejenigen nicht, die es in diesem brodelnden Gewirr von geisterhaft laufenden Maschinen und hetzenden Menschen länger als eine Stunde aushalten. Das ist etwas für die dicken Nerven der Deutschen und Engländer, aber nichts für Leute meiner Art.

Ich ging einmal durch die endlos scheinenden Hallen und ließ meine Blicke über die Unmengen von Ausstellungsstücken gleiten. Bei einigen mir unbekannten Dingen und Kostbarkeiten verhielt ich kurz. So bei den Marmordenkmälern der Italiener, die in glänzendem Stein die »Zierde« des schönen Weibes so plastisch darstellen. Ich interessierte mich natürlich auch für die verschiedensten Gold- und Edelsteinarbeiten der Ungläubigen, unter denen ich viel entdeckte, was mir begehrenswert erschien. Da zeigt ein reicher Engländer der ganzen Welt den Schmuck seiner Frau, sieben verschiedene Geschmeide für Kopf, Hals und Brust, von feurigen Brillanten, von Rubinen, Smaragden, Saphiren und Türkisen strotzend. Der große Stein in diesem Diamantenschmuck kann der schönsten Frau neuen Zauber schenken. Zwar ist er lange nicht so groß wie der Daria en-Nur meines Armbands, aber trotzdem möchte ich ihn gerne zusätzlich besitzen. Diese Diamantenlady wird den Geldbeutel ihres Mannes ganz schön aussaugen. Sie soll aber von ausgesuchter Schönheit sein — nun gut, dann wären ihre Reize mit meinem Daria en-Nur und dem großen Rubin meines Pfauenthrones nicht zu teuer bezahlt. Wenn mir diese Frau nach Teheran folgen würde — natürlich mit ihrem ganzen Schmuck —, so wäre das ein großes Glück für meinen Harem und für meine Schatzkammer. Doch wo kann man sie finden? Ich werde einmal Reuter fragen.

Aber ich sah noch andere Steine, schöne Perlen und Türkise, die sicher jeder gern besessen hätte. Dann gingen wir ins Freigelände, wo eine Menge von abendländischen und orientalischen Pavillons, Moscheen, Minaretts und Kiosken aufgebaut war. Die Abordnung meines Landes Iran empfing mich dort, unter ihr auch der Arzt Pollak, und geleitete mich in den schönen Spiegelsaal, der einen kleinen Blick in meinen Palast in Teheran vermittelte und mich mit wohltuender Erinnerung erfüllte. Da hatte man auch ein großes Bild von mir aufgestellt, das man eigens für unseren Pavillon hatte malen lassen. Diese Maler hier müssen tüchtige Leute sein. Meinem Hofmaler in Teheran muß ich stundenlang Modell sitzen, damit er den Schnurrbart meines gesegneten Gesichts auch gut kopieren kann, während ich ihn das übrige Bild allein malen lasse. Dieser Maler von Wien aber hat meinen Schnurrbart ausgezeichnet getroffen, ohne ihn je in Natur gesehen zu haben. Ein trefflicher Schnurrbartmaler, dieser Mann; er soll auch den Löwen- und Sonnenorden von mir dafür bekommen. Gute Schnurrbartmaler sind in Iran eine Seltenheit. Wenn er Lust hat, soll dieser Mann in meinem Palast Hofmaler werden.

Nachdem mich meine Leute in unserem Pavillon noch mit Süßigkeiten und türkischem Gefrorenem bewirtet hatten, verließ ich diese riesige Weltausstellung mit müden Augen und müden Sinnen, aber auch körperlich abgespannt, nachdem sich mir dauernd ein ganzer Pulk von Menschen hinterhergeschleppt hatte. Unter diesem Schwarm befanden sich auch sehr viele Frauen und sogar recht hübsche!

Die Frauen dieser Ungläubigenstadt Wien besitzen den von unserem Dichter Hafis so herrlich besungenen lusttrunkenen Blick, dem ich bei den Frauen von Petersburg, Berlin, London und selbst in der vielgerühmten Hauptstadt der Franzosen sehr selten begegnet bin. Und diese Wienerinnen verwahren ihre Liebespfeile im Kopf nicht wie in einem festverschlossenen Köcher. Sie schießen sie vielmehr fortwährend ab. Heute war ich das Ziel ihrer verheißungsvollen Blicke, und ich wurde auch getroffen und verwundet. Die beiden Doktoren Tholazan und Pollak sind ausgezeichnete Ärzte. Aber gegen diese Verletzungen sind sie machtlos.

Die Frauen, sowohl von weißem, verlockendem Fleisch wie auch jene aus schönem Marmor, und die Diamanten waren für mich die unvergeßlichen Eindrücke in dem Riesenlager des großen, grünen Buschgeländes, das sie Prater nennen. Hätte ich die übrigen Ausstellungsstücke nicht gesehen, wäre ich trotzdem der König der Könige geblieben.

Man hat auf meinem Programm festgelegt, daß ich diese Ausstellung noch einmal besuchen solle. Ich verspüre nicht die geringste Lust dazu, es sei denn, man ließe mich mit den Frauen und den Edelsteinen allein. Da dies aber nicht zu bewerkstelligen sein dürfte, so werde ich wohl meinen persischen Pavillon und er mich nicht mehr zu Gesicht bekommen, was immer auch die Leute, die ihn mir errichtet haben, dazu sagen mögen. Mein Bild mit dem herrlichen Schnurrbart lasse ich mir jedoch hierher ins Sommerschloß bringen.

Laxenburg, 3. August 1873

Ach, wie ist es mir hier so wohl ums Herz! Ich habe dem Zeremonienmeister dieses Hofes schon einige Punkte seines für mich bestimmten Vergnügungsprogramms geschenkt, da es mir ja doch nur eine Last ist. Sie sind hier darüber auch gar nicht so verstimmt. Denn offensichtlich lieben sie das angenehme Leben mit untergeschlagenen Beinen, bei Tabak oder Wasserpfeife und einem guten Schluck.

Heute erst habe ich dem guten Mann vom Hof bewiesen, daß es sich hier besser als bei jenem großen Wettrennen sitzt, zu dem er mich führen sollte. Man hatte sich wohl gedacht, daß ich diesen Ungläubigen beim Reiten zusehen sollte. Was die sich denken! Reiten kann doch nur der Perser! Fünfjährige Kinder sind in Iran bessere Beherrscher des Zügels, als es hier mancher Stallmeister von sich glaubt. Von den Kadscharenfürsten ganz zu schweigen. Mein großer Ahnherr, Agha Muhammad, durchjagte einmal in fünf Tagen eine Strecke, die ein Karawanenreiter nicht in dreißig Tagen zurückgelegt hätte. Und ich sollte in die

Stadt fahren, um ausgerechnet diese Ungläubigen um die Wette reiten zu sehen?

Ich bestieg lieber mein Pferd Nerian zu einem Ritt durch Park und Umgebung. Dieses Sommerschloß von Laxenburg ist ein reizendes Plätzchen. Ehrwürdige, alte Bäume in langen Reihen, die man durchschreitet und aus denen die Vogelwelt vielstimmig grüßt, die weite Decke eines gepflegten Rasens, spiegelblanke Wasserflächen, auf denen sich Enten und Schwäne tummeln — ich bin schon mehrfach darauf mit einem Boot umhergefahren. Auch die alte Burg da oben, wo die eisernen Männer und Frauen des Herrscherhauses ihr stilles Familienleben genießen, ist es wert, besichtigt zu werden.

Weniger angenehm empfinde ich die Empfänge der Botschafter, die nach meiner Rückkehr vom Ausritt angemeldet wurden. Das war wieder so ein Männerverein, der mich nicht im geringsten interessierte, den ich aber dennoch anhören mußte. Ich habe doch schon an einigen Höfen der Ungläubigen das zweifelhafte Vergnügen genossen, das Korps der Berufsmüßiggänger, die sich Diplomaten nennen und dabei nichts anderes sind, als was wir bei uns in Iran »Mäuse des Staatsschatzes« zu nennen pflegen, in ausreichendem Maße zu sehen und zu sprechen. Aber eine solche Menge, wie sie heute bei mir auftauchte, habe ich weder in Paris noch in London oder in Berlin auf einmal versammelt gesehen. Der gute Außenminister Andrassy und mein Ministerpräsident waren ununterbrochen beschäftigt, sich mit dieser Schar in der üblichen Form zu unterhalten.

Ich möchte fast meinen, die Jungfrau Europa hat, seit ich von Paris über die Schweiz und Italien hierher gefahren bin, vielköpfigen Nachwuchs bekommen. Sogar die Wilden von Amerika scheinen hier in Wien ihre

Repräsentanten zu haben. Man stellte mir Vertreter von Costa Rica, Brasilien, San Domingo und wer weiß, von woher noch, vor. Ich hatte meine liebe Not mit all diesen Ländern. Zu gern hätte ich erfahren mögen, wo sie denn eigentlich liegen. Aber keiner von den Männern hatte eine Karte in der Tasche, um mir die Stelle zu zeigen, wo sein Herrscher und sein Land beheimatet sind. Vor meiner nächsten Reise zu den Ungläubigen werde ich mich eingehend mit Erdkunde befassen. Ich möchte fast vermuten, daß so einige dieser Leute mich ganz schön hinters Licht führen, indem sie sich Gesandte von Ländern nennen, die in Wirklichkeit gar nicht existieren.

Um mich von objektiver Seite informieren zu lassen, wie sich das mit diesen Botschaftern verhält, ließ ich heute einen Mann zu mir kommen, der hier in Wien die konsularischen und Handelsinteressen von Iran vertritt. Er heißt Goldberger und war in Rock und Lammfellmütze, übrigens eine spaßige Aufmachung für diesen Ungläubigen, schon einige Male bei mir erschienen.

Ich ließ ihn fragen, ob er wisse, was dieses Costa Rica sei und wo man es finden könne.

Er besann sich nicht lange und sagte, er werde Costa Rica beschaffen; sicher werde es in der Apotheke zu kaufen sein.

Costa Rica in der Apotheke! Ich, mein Ministerpräsident und Gasteiger, der bei diesem Gespräch dolmetschte, fielen vor Lachen fast um. Das war ohne Zweifel der beste Mann, an den wir uns hatten wenden können. Er glaubte, den Staat, dessen Gesandter mir heute vorgestellt worden war, in einer Apotheke kaufen zu können. Zum Schreien.

Laxenburg, 4. August 1873

Noch an keinem Hof der Ungläubigen, den ich bis heute besucht habe, nahm ich an einer Jagd teil. In Petersburg war das Wetter schlecht, in Berlin hinderte mich die Erkrankung des Kaisers daran, in London war ich übermüdet. Aber jetzt sollte ich als Gast des Kaisers von Österreich endlich in den Genuß einer Jagd kommen. Nun, ob es hier ein Genuß werden würde, schien mir fraglich. Trotzdem folgte ich der Einladung. Ich sagte schon aus Dankbarkeit für die Rücksichtnahme zu, die man an diesem Hof auf mich und mein Ruhebedürfnis genommen hatte, aber auch weil man mich hatte wissen lassen, daß die Jagd für den Kaiser eine liebe Passion bedeute.

Gestern war es nun soweit. Ich hatte alle meine Leute mitgenommen. Wir hatten unsere kostbarsten Gewänder angelegt. Mein erster Leibjäger trug meine mit Diamanten besetzte Damaszenerflinte, andere schleppten englische Gewehre hinter mir her. Die Ungläubigen vom Hof rissen die Augen auf, als wir auftauchten. Ihre Augen schienen vom Reichtum meiner Jagdausrüstung und den blitzenden Steinen meiner Waffen geblendet zu sein. Was würden sie erst sagen, wenn sie mich in Teheran zu den Revieren von Ray oder in das Tal von Dschedscharud aufbrechen sehen würden, wohin mich meine Läufer und Leibjäger, die Minister, die Prinzen und der ganze Hofstaat begleiten?

Die Herrscher der Ungläubigen legen, wie ich feststellte, bei Jagden keinen gesteigerten Wert auf großes Hofgefolge, auf Aufwand und Pracht, weder an Waffen noch an Gewändern. Zwar ist der Kaiser von Österreich, wie man mir sagte, ein Freund von Prunk, aber weil er die Jagd leidenschaftlich liebt, betreibt er sie als Jagd und nicht als Hoffest. So gelegentlich lädt er den einen oder anderen seiner Minister ein, so sie nicht zu den im Waidwerk nur wenig erfahrenen Wissenschaftlern gehören, manchmal auch einen Angehörigen des kaiserlichen Hofes und einzelne Vertreter des Hochadels der Monarchie. Solche Jagdgäste führt er dann für einen oder zwei Tage ins Hochgebirge, in die wirklich erstklassigen Hochwälder, die schon nahe der Hauptstadt beginnen. Da schießt er dann wild drauflos, stellt stundenlang den Gemsen und Auerhähnen nach, ohne von großem Gefolge umgeben zu sein und ohne auf irgendwelches Zeremoniell zu achten. Und er ist, wie ich ja nun selbst sah, ein ausgezeichneter Jäger, vor dessen Kugel ein Tier vergeblich zu flüchten versucht, wenn er es mal aufs Korn genommen hat.

Wir jagten in einem großen Wildpark, der sich in der Nähe des prachtvollen Sommerschlosses Schönbrunn meilenweit erstreckt. Der Kaiser, der nur selten von meiner Seite wich, war mit der Jagd richtig aufgelebt, wie ich ihn in den letzten Tagen nicht erlebt hatte. Er erkundigte sich eingehend nach meinen Jagden und den bei uns vorkommenden Tieren, die wir in unseren Wäldern jagen. Ihn hatte direkt ein Fieber erfaßt, als ich ihm von unseren Löwen, Tigern, Schakalen, Leoparden und Bären berichtete und wie wir oft wochenlang auf solchen Wildjagden unterwegs sind und dabei in Zelten so etwas wie ein Nomadenleben führen. In seinen Augen spiegelten sich die Leidenschaft des Jägers und das Verlangen, an derartigen Jagden beteiligt zu sein. Lebhaft sprach er darüber und bedauerte es sehr, mir in seinem Reich nicht mit solchen königlichen Tieren dienen zu können, die ich aus dem Orient gewohnt bin. Ich glaubte ihm sein Bedauern und war überzeugt, daß er der richtige Jäger für die Bären und Wölfe wäre, die sich in der Nähe von Teheran herumtreiben. Stellt er doch schon niedrigem Tierzeug des Waldes und des Feldes, wie Hasen oder Rebhühnern, mit einer Passion nach, die zweifellos eines größeren und edleren Wildes würdig wäre.

»Wenn Eure Majestät nur einmal nach Teheran kommen wollten«, ließ ich ihm dolmetschen. Es tat ihm leid, mir nicht auf der Stelle eine Zusage geben zu können. Da spürte ich, daß sein Interesse für die wilden Tiere größer als für das Land Iran war.

Auch die Höflinge des Kaisers sind ausgezeichnete Jäger. Mich berührte das Kleinvieh weniger. Ich griff gelegentlich zur Flinte, um doch mal einen Schuß zu tun — aber ich traf nichts. Wahrscheinlich läßt sich dieses Wild in den Wäldern der Ungläubigen von einem Moslem, und wäre er auch ein aufgeklärter Schiit, wie ich es bin, nicht gern erlegen. Ein armes Häschen rettete dann doch noch die Ehre meines schlechten Schützentages.

Ich staunte aber nicht wenig, als trotzdem einer meiner Leibjäger nach der Rückkehr ins Schloß eine Tasche voller Rebhühner in mein Zimmer brachte, die ich alle geschossen haben sollte. Der gute Kerl scheint sich sogar hier im Wildpark der Ungläubigen an die Sitte in unserer Heimat erinnert zu haben. Dort gilt nämlich der König der Könige als unfehlbarer Jäger, dem man sogar das Wild nach Hause bringen muß, das seine Büchse nicht getroffen hat. Sicher hat der Bursche schnell etwas auf dem Markt eingekauft. Diese Aufmerksamkeit hat ihm ein gnädiges Lächeln und einige Tumans eingebracht. Die Rebhühner schickte ich den Ministern, die nicht mit zur Jagd ausgezogen waren.

Mir ist aufgefallen, daß uns nicht ein einziger Dichter zur Jagd begleitet hat. Lassen sich die Herrscher in den Ländern der Ungläubigen bei ihren Jagden denn keine Verse vortragen? Bei meinen Jagden müssen der oberste Hofdichter und auch noch andere Poeten anwesend sein, um mir in den Ruhepausen ihre neuesten Werke zu rezitieren. Der Kaiser scheint überhaupt keinen Hofdichter zu haben. Ich habe auf meiner Reise bisher nur einen bei der englischen Königin entdeckt.

Am Abend führte man mich in das Theater des Kaisers. Das ist ein Palast, wie ich ihn in solchen Dimensionen und Ausstattungen noch nicht gesehen habe. Er ist weit größer als die Theaterhäuser in Petersburg, London, Paris und auch Berlin, prunkvoll eingerichtet, in Gold und feinen Stoffen, mit Gemälden und Stuckarbeiten dekoriert, eine wahrhaft königliche Stätte des Vergnügens. Ich möchte nicht wissen, was das ganze Haus für Geld verschlungen hat. Durch dieses herrliche Gebäude wogte eine festliche Menge. Die Männer trugen farbige, gut sitzende Uniformen und Anzüge. Viele der Frauen besaßen wieder jenen wonnevollen, lusttrunkenen Blick, den unser großer Dichter Hafis besungen hat und den außer den Töchtern meines Landes unter den Ungläubigen nur noch die Frauen dieses Reiches zeigen.

Wieder quälte man mich mit einem langatmigen Theaterstück auf der Bühne, wie es schon in anderen Ländern der Ungläubigen mancher Abendschrecken für mich gewesen war. Als ich bemerkt hatte, daß sich nichts darunter befand, was einen besonderen Genuß für mein Auge bedeutet hätte, gab ich mich unter Mithilfe von Lorgnette und Opernglas recht intensiv mit den weiblichen Insassen der Logen ab. Das tat meinen Blicken weit wohler als die langweiligen Sprünge, die ein paar blonde Tänzerinnen allein oder zu mehreren unter mir aufführten.

Ich kann befreit aufatmen. Dies war nun das letzte Theater-Martyrium, das man mir in den Ländern der Ungläubigen bereitete. Woher sie nur die hartnäckige Vorstellung haben, daß ich ein Liebhaber solcher Spiele sei? Dieser Irrglaube verfolgte sie von einem Fürstenhof zum anderen. Ich werde es noch durch ein offizielles Rundschreiben an alle befreundeten Höfe bekanntgeben lassen, daß ich kein Ballettfreund bin!

Laxenburg, 5. August 1873

Nun habe ich auch die Frau des Kaisers von Österreich zu Gesicht bekommen. Sie ist auf jeden Fall die schönste Herrscherin von all den Frauen an den europäischen Höfen, denen ich bisher begegnet bin. Sie hat eine wunderschöne, weiße Haut und die Gestalt einer Zypresse, eine Majestät vom Scheitel einer prächtigen Haarfülle bis zur Sohle. Zur vollendeten Schönheit nach unseren heimischen Begriffen fehlen der hohen Frau nur die Mondaugen. Sie hinterläßt aber auch ohne sie einen nachhaltigen Eindruck.

Ob ihr Gesicht lebendig oder träge ist, darüber gehen allerdings am Hof und in der Stadt die Meinungen weit auseinander. In den wenigen Augenblicken meines Gesprächs mit ihr konnte ich diese Frage natürlich nicht beantworten. Sie lächelte mich sehr anmutig an. Das reichte mir aber aus.

Ich verlange von einer Frau zunächst eine Freude für mein Auge. Wozu sollte ich auch von jemandem mehr fordern, mit dem ich mich nur von Zeit zu Zeit beschäftige? Wie wenige Menschen an diesen Höfen der Ungläubigen haben eine ähnliche Vorstellung wie ich! Wie mag es nur kommen, daß diese kaiserliche Frau keine guten Kontakte zu den Leuten dieser einen Hälfte des großen Reiches, in der ich mich eben aufhalte, verspürt? Wie ich höre, liebt sie das Volk nicht und wird auch nicht von ihm geliebt. Sie machen ihr ganz ungerechtfertigte Vorwürfe. Angeblich ist ihnen diese Frau zu stolz. Sie soll nicht genügend Anteil an Freuden und Leiden des Volkes nehmen. Sie ziehe sich zu sehr zurück, zeige sich nicht oft genug bei öffentlichen Festlichkeiten und kümmere sich zuwenig um ihre Aufgaben als Kaiserin.

Wieder diese typische Art der Ungläubigen! Wieder das Ansinnen an die Frau, sich mit Dingen der Öffentlichkeit zu befassen. Sie sind geradezu versessen darauf, daß sich die Frau in alles mischen soll. Anstatt froh zu sein, daß die Frau des Kaisers schön zu Hause in ihren angenehm ausgestatteten Gemächern bleibt und die politischen Kreise nicht beeinflußt, machen sie über diese Zurückhaltung ein vergrämtes Gesicht. Anstatt sich zu freuen, daß diese Frau nicht mit den Interessen des Volkes spielt, sondern sich für andere Dinge entschieden hat, mit denen sie sich wahrscheinlich besser unterhält, erregen sie sich über ihre Zurückgezogenheit. Sie beschäftigt sich viel mit ihren schönen Lieblingshunden, und das ist ihnen hier nicht recht. Mir kommt es vor, als wünschten sie es gerade, daß sie täglich nach den großen und gelehrten Geistern des Kaisers rufen möge, um mit ihnen wichtige Probleme, deren Beratung gerade auf der Tagesordnung des Ministerrats steht, in ihrer Weise zu lösen. Sie sitzt an einem Tischchen und erfreut sich am Zitherspiel — ist das nicht besser, als wenn sie sich an die Ministertische setzen und sich den Männern mit ihrer Meinung aufdrängen würde, wie dies Frauen anderer Herrscher gern praktizieren? Sie unterhält sich mit ihren Hofdamen oft über die bekannten Schauspieler und Schauspielerinnen des Theaters — ist das nicht viel vernünftiger, als wenn sie Staatsintrigen anzetteln würde, wie dies andere Frauen ihres Ranges so sehr lieben? Sie umgibt sich mit Männern und Frauen, die ihr schöne Literatur vorlesen — ist das nicht besser als mit Vertretern der Geistlichkeit, die in Kulturpolitik machen möchten?

Ich kann nur feststellen, daß sie eine Frau ist, die für einen Fürsten des Morgenlands wie geschaffen erscheint. Diese Ungläubigen aber verlangen von einer Frau auf dem Thron, trotz vielen Unglücks, das ihnen Frauen in solchen Positionen schon zugefügt haben, noch immer Dinge, die ihnen keinesfalls zustehen. Die Frau gehört hinter die Mauern des Harems; die Frau des Kaisers von Österreich befolgt dieses Gebot und erntet dafür von ihrem Volk nur Undank. Die Frau soll ihre Finger aus öffentlichen Anliegen lassen, sich nicht mit Politik und Staatsgeschäften abgeben; die Frau des Kaisers richtet sich danach und wird deswegen angefeindet. Der Frau soll man wie einem Kind nur ungefährliches Spielzeug in die Hand geben; die Frau des Kaisers spielt nur mit solchem und wird übel beleumdet. Die Frau des Kaisers, so erzählte man mir, sei mit den vielen Reformen, die in dieser Monarchie notwendig geworden seien, nicht zufrieden. Und wenn sie es nicht ist? Was ist schon dabei? Wen stört es, wenn es einer Frau nicht paßt, was die Männer tun? Brauchen sie ihre Zustimmung, ihr wohlwollendes Einverständnis? Auf keinen Fall; denn sonst stünde es schlecht um die Beschlüsse der Männer.

Auch wenn die Frau unzufrieden ist, was tut es schon? Wenn sie sich nur auf ihre Unzufriedenheit beschränkt und den Frieden nicht stört, reicht das nicht aus? Man muß sie ja nicht gleich mit Gewalt zur Ruhe bringen. Es ist äußerst unklug, einer Frau die Launen zu nehmen, und erst recht einer solchen Frau. Soll sie doch ihre Stimmungen behalten, solange sie diese nicht zum Nachteil des Landes mißbraucht. Als wenn noch niemand davon gehört hätte, daß Launen die Zierde einer schönen Frau im Harem sind. Man soll sie nur dort schalten und walten lassen. Und die Frau des Kaisers von Österreich schaltet und waltet, wie ich gehört habe, mit ihren Launen nur zwischen den Wänden ihrer Gemächer im Schloß. Die Völker der Ungläubigen scheinen aber gerade jene Frauen zu verehren, die sich viel, zuviel in Staatsdinge einmischen, sich mit ihrem Prunk bei jeder Gelegenheit an die Staatskutsche hängen, ihre königliche Schleppe bei allen Festen herzeigen und sich für alle Dinge interessieren, von denen sie nicht mehr als die hohe Frau des Kaisers verstehen, die aber gerade davon nichts verstehen möchte und ihre Ruhe haben will.

Wäre diese Frau selbst Regentin dieser Monarchie, dann hätten solche Vorwürfe, die man ihr hier macht, wohl mehr Berechtigung. Sie ist aber nur die Ehefrau des Kaisers und will von anderen Dingen als ihren Kindern, Hunden, Pferden und ihrem Zitherspiel nichts wissen. Meiner Meinung nach tut sie gut daran. In Iran wüßte man eine solche Frau am Thron des Reiches wohl zu schätzen. Das ganze Volk hätte nur den Wunsch, daß es ihr nie schlecht ergehen möge. Hier aber, unter den Ungläubigen dieses Landes, begegnet man dem stillen, häuslichen Walten der Frau des Kaisers nur mit Unwillen und Mißgunst. Soll doch diese Ungläubigen verstehen, wer will! Und gerade aus den Gründen, mit denen man sie hier anfeindet, gefällt mir diese Frau. Das wäre eine Frau für mich!

Wenn es schicklich wäre, würde ich es ihr deutlich sagen lassen.

Laxenburg, 6. August 1873

Mit Doktor Pollak, der als Vorgänger Tholazans meine gesegnete Gesundheit so gut überwachte, eine Stunde lang geplaudert. Ich erkundigte mich bei ihm vertraulich, was es mit der bösen Seuche auf sich habe, von der genwärtig in Wien so viel die Rede sei.

Zwar hatte mich der ehrliche Mann, der mit den Quacksalbern, die sich auch Ärzte nennen, gar nichts gemein hat, schon vor meiner Ankunft in ausführlicher Weise über die hier herrschenden hygienischen Verhältnisse aufgeklärt und zu beruhigen verstanden. Seinem Bericht hat man es hier zu verdanken, daß ich überhaupt gekommen bin. Trotzdem schien es mir doch ratsam, mich persönlich bei ihm zu erkundigen, nachdem mir hier das viele Gerede über die Cholera zu Ohren gekommen war.

Nun kann ich aber beruhigt sein. Nach all dem, was er mir sagte, bestehe keine Gefahr für mich. Wäre da oben noch ein Funke Angst gewesen, so hätte ihn Pollak bereits mit dieser Behauptung zerstreut: »Majestät, du bist in der Geschichte noch zu unerfahren, um zu wissen, daß die Cholera mit ihrer schmutzigen Hand noch nie den gesegneten Leib eines Königs berührt hat.« Wie vertrauensvoll das klingt! Der Arzt hat recht, die üble Krankheit meidet, soweit mir bekannt ist, für gewöhnlich die gekrönten Häupter. Trotzdem sollte man nicht zu leichtfertig sein. Nachdem zur Zeit mit Kronen bedenkenlos umgegangen wird, könnte die Cholera am Ende auch vor einem Herrscher keinen Respekt mehr haben und ihn sich als ihr Opfer aussuchen. Wollen wir hoffen, daß ihr nicht dieser Gedanke kommt, bevor ich die Hauptstadt von Österreich verlassen habe.

Heute habe ich einer Fotografin die Gunst gewährt, von mir ein Bild zu machen. Doktor Pollak hat sie mir sehr empfohlen und behauptet, daß sie von jedem berühmten Mann, der nach Wien kommt, ein Porträt anfertige. Gut, sollen sie einmal ein ordentliches Bild vom König der Könige haben! Im erhebenden Bewußtsein, den Ungläubigen einen großen Gefallen zu erweisen, indem ich ihnen zu einem gelungenen Konterfei des Schah-in-Schah verhelfen und in ihrer Erinnerung in gutem fotografischem Andenken bleiben könnte, nahm ich vor dem in grellem Sonnenschein aufgestellten Kasten Platz.

Auch von meiner Seite her waren außergewöhnliche Vorbereitungen für diesen königlichen Akt getroffen worden, die gleich ein großes Staunen auslösen sollten. Allah hatte mich mit einem neuen, genialen Gedanken begnadet, mit einer Idee, die dem Abbild des Königs der Könige überraschenden und würdigen Ausdruck verleihen dürfte. Ich hatte nämlich beschlossen, auf der Fotografie mit einem außergewöhnlichen Schnurrbart zu erscheinen: Auf der einen Seite war er nach unten gesenkt, auf der anderen Seite nach oben gestreckt.

Man kann sich vorstellen, welche Gesichter meine Minister und Prinzen machten, als sie den plötzlichen

Systemwechsel in meiner Schnurrbart-Toilette entdeckten. Sie schienen alle von der Kühnheit meiner Idee überrascht zu sein und priesen sie als ein Zeichen meines Geistes. Ich hätte ihnen auch geraten, sich kein anderes Urteil zu erlauben. Nur auf Doktor Pollaks Gesicht glaubte ich ein ironisches Lächeln zu bemerken, das nicht nach uneingeschränkter Zustimmung aussah.

So fragte ich ihn: »Nun, was sagt denn mein alter, treuer Diener zu dieser neuen Schnurrbart-Mode?«

»Majestät«, antwortete Pollak, »was soll ich sagen? Das ist nun mal dein Schnurrbart, und so hoch ist keiner unter uns geboren, daß er dir über die neuen Wege, die du mit dieser Schnurrbartstellung gehen willst, irgendwelche Vorschriften machen könnte.«

Dieser Fuchs — wie er sich wieder herausgeredet hat. So blieb es also bei dem »neuen Weg", wie es Pollak genannt hatte. Von den Spitzen meines gesegneten Schurrbarts wurde also die eine in die Höhe gedreht, während sich die andere herabsenkte. Ich war mir des außerordentlichen Eindrucks, den auf diese Weise mein Kopf machen würde, so sicher wie der künftigen Aufnahme in Mohammeds Paradies. Und in dieser Gewißheit hielt ich die verlangte Wartezeit vor dem Kasten gelassen aus. Ein paar Minuten, und die Platte hatte den Kopf des Königs der Könige mit der genialen Schnurrbartmode auf ihrer gläsernen Fläche festgehalten.

Die Fotografin sagte abschließend erleichtert: »Majestät, die Sonne hat sich brav gehalten. Das Bild ist sicher sehr schön geworden.«

»Die Sonne hat sich brav gehalten« — sie wage es einmal, dies nicht zu tun, wenn sich ihr hoher Herr fotografieren läßt!

Daß es mir doch einfach nicht glücken will, von irgendeinem Menschen zu erfahren, was der »Krach« ist. Sie reden hier davon fast so oft und so viel wie von der Cholera. Meine Minister wissen natürlich nichts. Der General Gasteiger erklärte mir, der »Krach« sei eine Papierseuche. Sieh mal an! Da gibt es also neben der Viehseuche, dem Rotz, der Cholera und der Traubenkrankheit auch noch eine Papierkrankheit? Wirklich ganz neu.

Doktor Pollak, bei dem ich mich erkundigte, sagte mir: »Majestät, frage doch deinen hiesigen Generalkonsul, der dir sicher am besten sagen kann, was der Krach ist.«

Als ich daraufhin Generalkonsul Goldberger auf dieses Thema ansprach, meinte er mit trauriger Miene: »Majestät, man spricht nicht gern davon!«

»Warum spricht man nicht gern davon? Hast du etwa auch schon die Papierseuche in deinem Haus?«

Goldberger gab mir keine Antwort, rieb sich den Unterschenkel mit der rechten Hand und schlich von dannen. Bin mal gespannt, ob ich wohl noch erfahren werde, was das ist, der Krach.

Niemand von all denen, die doch Bescheid wissen müßten, wollte mir etwas erzählen. So faßte ich den Entschluß, bei der heutigen Hoftafel den Kaiser selbst, der sich doch um alles kümmern muß, was in Wien und im ganzen Reich seine Untertanen berührt, zu fragen, was der Krach sei. Ich tat dies auch.

Der Kaiser lächelte auf meine Frage und meinte: »Majestät, das wird Ihnen mein Adjutant, Graf Bellegarde, oder mein Obersthofmeister, Fürst Hohenlohe, besser als ich sagen können.«

Bei eben dieser Hoftafel machte ich die Bekanntschaft

des Prinzen Heinrich. Wie Gasteiger erzählte, sei dieser einfache, unauffällige Mann noch bis vor wenigen Wochen in der Ungnade des Kaisers gewesen. Er habe jahrelang im Exil in der Schweiz gelebt. Dies alles nur, weil er sich eine Schauspielerin aus dem Volk zur Ehefrau genommen habe. So etwas gehört wohl zur »Aufgeklärtheit« der Ungläubigen und ihrer Fürstenhöfe. In Iran kennt man solche Vorurteile nicht. Ich bin schließlich der König der Könige und habe mir eine Tänzerin der Königinmutter — Allah habe sie selig in seinem Paradies! — zum Weibe geholt. Schließlich befindet sich unter meinen weiteren Frauen die Tochter einer Amme! Ist mir dadurch von meiner Kadscharenwürde auch nur ein klein wenig verloren gegangen? Aber bestimmt nicht! Ich habe unter den Frauen aus dem Volk immer noch mehr körperliche Schönheit, mehr wonnevollen Blick, wie ihn Hafis vom Weibe verlangt, und mehr Klugheit gefunden als unter den Frauen des hohen Adels. Ich sehe auch gar nicht ein, warum ein Prinz ausgerechnet die Tochter eines Fürstenhofes heiraten solle, wenn er zu einer schönen und geliebten aus dem Volk Zuneigung gefaßt hat. Die Herkunft ist doch nicht eine Quelle der Schönheit einer Frau? Wonnevollen Blick muß eine Frau haben, und dann kann sie meinetwegen direkt von einem Pfeifenstopfer oder einem Teppichausklopfer stammen! Und doch wird sie es wert sein, die Frau eines Prinzen zu werden.

Wie mir Gasteiger sagt, veröffentlichen hier die Zeitungsschreiber in den vielen Blättern, die sie täglich herausgeben, eine unglaubliche Menge von Unsinn und Unwahrheit, wie über mein gesegnetes Dasein seit Petersburg nicht zusammengelogen worden ist. Die einen von diesen Kerlen wollen wissen, daß ich eine Tänzerin aus der französischen Hauptstadt Paris in meinem Gefolge habe. Diese Frau soll sich als Page verkleidet haben, um weniger aufzufallen. Andere wieder sehen, wie sich angeblich jeden Abend zwei verschleierte Frauen zu mir ins Schloß schleichen. Die dritten sind ganz sicher, daß ich an einer Tochter dieses Ortes Laxenburg Gefallen gefunden habe und sie mit mir in meinen Harem nach Iran nehmen werde.

Dieses völlig verrückte Zeug fließt den Zeitungsschreibern so einfach aus der Feder, als sei es tatsächlich wahr. Und die Ungläubigen von Wien nehmen diese Märchen für bare Münze? Gasteiger behauptet es, und er wird doch seine Landsleute kennen. Ich aber kann mich nur maßlos wundern, daß man von oben her zusieht, wie diese Journalisten so ohne weiteres falsche Nachrichten über Personen und Sachen verbreiten. Der Doppelsinn unseres Wortes Tschap, das sowohl Druckschrift wie auch Lüge bedeutet, trifft bei einigen Zeitungen der Ungläubigen aber haargenau zu. Gasteiger meint, sie besäßen ein Sprichwort: »Er lügt wie gedruckt.« Bei Allah, das stimmt! Das Lügen macht man diesen Zeitungsschreibern denn doch etwas zu leicht, meine ich. In Iran schneidet man Leuten, die falsche Nachrichten öffentlich verbreiten, bei jeder Lüge ein Stückchen ihres Ohrläppchens ab. Wenn man diese Strafe bei den Ungläubigen der österreichischen Hauptstadt einführen würde, so bin ich sicher, die gescheiten Herren der Zeitungen, die so viele alberne Weibermärchen von mir erzählen und ihre Blätter mit langen und dummen Lügen über mein Leben und Lieben vollschmieren, würden wohl keine Läppchen mehr an ihren Ohren haben.

Ich will dem guten Minister Andrassy die Einführung

dieser sehr wirksamen Strafe empfehlen. Wird sie einmal angewendet, so werden die Zeitungsmenschen ihre lügnerische Zunge im Zaum halten — schon ihren Ohren zuliebe.

Laxenburg, 7. August 1873

Die letzten Tage waren wieder mit harter Arbeit für mich ausgefüllt. Festessen bei Tag, Festessen bei Nacht, Truppenparade und was man sich sonst mir zu Ehren noch für Dinge ausgedacht hat, mit denen ich schon bis zum Hals überfüttert bin. Ein Trost gab mir Mut, dies alles durchzustehen: der Gedanke, daß ich zum letztenmal diese anstrengenden Vergnügungsgewalttaten an den Fürstenhöfen der Ungläubigen mitmachen mußte.

Die Festessen an diesem österreichischen Kaiserhof haben eine gute Seite: Sie dauern nicht so lange, wie ich es von anderen her gewohnt bin. So muten sie meinem Sitzfleisch doch etwas weniger zu. Der Kaiser liebt das schnelle Essen. Wie bei allen seinen Freuden ist er auch bei Tisch sehr mäßig und bereitet der Tafel ein früheres Ende, als es manchem Höfling lieb ist.

Im Gegensatz zu diesem raschen Ablauf seines Mahles ist er bei anderen Dingen jedoch viel verhaltener, so etwa bei einem Manöver. Hier übt er Gewissenhaftigkeit und fast eine Art Andacht. Ich nahm natürlich wieder an einem solchen teil. Diese Truppenschau war sehr farbenprächtig und eindrucksvoll und stand der Vorführung des Marschalls Mac Mahon nur wenig nach. Mit großer Genugtuung registrierte ich, daß man hier aber keinen so großen Lärm, keine affektierten Begrüßungszeremonien bei jeder vorbeidefilierenden Einheit macht.

Die Zeit, von der mir Doktor Pollak erzählte, daß

in diesem Reich der Mann nichts galt, wenn er keinen zweifarbigen Rock auf dem Leib trug, scheint nun vorbei zu sein. Das viele Soldatenspielen ist der Monarchie bisher nicht gut bekommen. Die Sonderstellung des Soldaten hat für den einfachen Mann, aber auch für den General aufgehört. Die Arbeit mit dem Säbel hat an Wert verloren. Sie ernährt sicherlich ihren Mann, wie andere die Feder, der Pflug oder die Elle ernährt. Einst hatte sie eben den Wunsch nach Sonderfreuden aufkommen lassen. Das ist nun vorüber. Dieses Land und sein Volk haben aus den harten Schlägen des letzten Krieges gegen die Preußen ihren Nutzen der Vernunft gezogen.

Bei der Parade wurden mir kein »glorreich Besiegter« wie Mac Mahon und keine heldischen Kürassiere vorgeführt. Die Armee schmückt sich nicht auch noch mit der Niederlage, die sie erlitten hat. Auch von einer Revanche-Trommel ist hier nirgends etwas zu hören. Die Soldaten hinterlassen einen tapferen Eindruck; die Reiter sehen gut, fast elegant aus. Der Kaiser und die Prinzen des Hofes, allen voran Prinz Albrecht, können mit dem Heer sehr geschickt umgehen, weil sie wohl ein inneres Verhältnis dazu haben und nicht in großsprecherischer Manier davon prahlen, wie es etwa der Herr Buffet getan hat.

Der Oberbefehlshaber der Artillerie, Wilhelm, der meine Vorliebe für diese Waffengattung irgendwo erfahren hat, erklärte mir die Einrichtungen seiner Truppen. Er war sehr überrascht, als ich ihn fragte, ob der Kaiser nicht selbst manchmal bei einem Scharfschießen das Geschütz richte. Das scheint hier nicht Brauch zu sein. Der König der Könige, sagte ich dem Artilleriechef, richte und schieße in Teheran eine Kanone sehr oft mit seiner gesegneten Hand. Es macht mir ein großes Vergnügen, ärgert aber meinen Befehlshaber, weil er mir nach jedem geglückten Schuß, den ich abgebe, ein Geschenk von 50 Tumans machen muß. Ein guter Tag auf dem Artillerie-Schießplatz kommt meinen Befehlshaber manchmal teuer zu stehen.

Ich werde ganz arm an Orden in meine Heimat zurückkehren. Hier hat man meinem schon in Frankreich so begehrten Löwen- und Sonnenorden völlig den Garaus gemacht. Das war schon ein Sturmangriff, zu dem sie hier auf meine Ehrenzeichen bliesen. Zwar konnte ich ihn teilweise abwehren, aber er kostete mich doch eine große Anzahl von »Verlusten«. Immerhin fühlten sich die Männer, deren Bitten ich schließlich nachgab, durch die Überreichung des Löwen- und Sonnenordens besonders hoch geehrt.

Einer von diesen Glücklichen, der iranische Konsul Goldberger, bot mir gestern noch eine komische Szene. Er kam, wieder gut iranisch gekleidet, um sich für die Auszeichnung zu bedanken, rieb sich vorschriftsmäßig den Unterschenkel mit der Rechten und wollte zu allem Überfluß noch etwas auf persisch sagen. Was ich ihn auch immer fragte, er antwortete darauf abwechselnd: »Bale kurbam schäwäm« (»Ich will dein Opfer sein«) oder »Ga churdäm« (»Ich esse Kot«).

Einmal, als mir schien, daß er vom Weingenuß sehr angeregt sei, fragte ich ihn, ob er gut zu Mittag gegessen habe. Der gute Mann tat mir seiner Mahlzeit wegen aufrichtig leid; denn er antwortete: »Ich esse Kot.«

»Und dann hast du wohl Wein getrunken?« fragte ich weiter.

Er meinte nur: »Ja, ich will dein Opfer sein!«

Er muß diese beiden Redensarten wohl von jemandem aufgeschnappt haben, ohne zu wissen, was sie bedeuten. Ein recht komischer und erheiternder Mensch, dieser Goldberger. Mein Dolmetscher erzählte mir noch einen Spaß von ihm. Als der liebe Konsul gestern mit mir sprach und mir berichtete, daß vor Jahren eine Tochter des Prinzen Albrecht durch einen Unfall ums Leben gekommen sei, da sagte ich in unseren heimischen Worten das Wort der Klage: »Ai wai.« Ich stellte fest, daß er darüber betroffen zu sein schien. Später sagte mir mein Dolmetscher, daß sich der Generalkonsul ihm gegenüber mit Verwunderung darüber ausgelassen habe, wie gut ich auch die Sprache der Juden beherrschte. Die Juden unter den Deutschen rufen nämlich auch »Ai wai«, wenn sie etwas schmerzt.

Wie in der französischen Hauptstadt habe ich auch hier eine Reihe köstlicher Bittsteller kennengelernt. Da lagen mir mehrere Gesuche besorgter Mütter vor, die allen Ernstes um die Aufnahme ihrer Töchter in meinen Harem nachsuchten. Mehrere solcher Bitten ließen mich vermuten, daß die ungläubigen Frauen ihre Töchter bei den Männern des Landes nicht so leicht anbringen. Ich habe schon in London vernommen, daß die Hauptstadt der Engländer voll alter Jungfern stecke, und auch hier scheint die Heiratsunlust der jungen Ungläubigen ein Grund großer Klagen und Muttersorgen zu sein. Und da soll ich wieder in die Bresche springen und aushelfen, nachdem ich doch nur siebzehn offizielle Frauen in meinem Harem habe! Bei Allah, ein recht spaßiges Ansinnen, dessen komischer Beigeschmack nicht einmal dadurch gemildert wird, daß den Bittgesuchen gleich entsprechende Fotografien der Schönen beigelegt wurden.

In der Nähe der Stadt Isfahan in meinem schönen

Iran steht ein Minarett, das Kuni-birindschi heißt. Dorthin wallfahrten die alternden Töchter und Witwen des Landes, die gar zu gern einen Mann hätten und nicht viel Zeit warten möchten. Jenes Minarett hat zwölf Stufen. Auf jeder knacken nun die Wallfahrerinnen eine Nuß mit jenem edlen Körperteil, den ihnen die Natur eigentlich nicht zum Nüsseknacken geschenkt hat. Und die Leute sind überzeugt, daß diese Frauen nach solch harter Arbeit auch tatsächlich einen Mann bekämen. Wie wäre es, wenn man hier in dieser Ungläubigenstadt und auch in London einen derartigen Wallfahrtsort für Mädchen mit Torschlußpanik einrichten würde? Nüsse und auch den Körperteil, beides von Bedeutung für das Unternehmen, besitzen doch die ungläubigen Frauen?

Sie sollten ruhig einmal den Versuch wagen. Er ist zumindest besser als Resignation.

Laxenburg, 7. August 1873

Auch hier haben es die Juden für notwendig erachtet, mir eine Delegation auf den gesegneten Hals zu schikken. Das verdanke ich bestimmt jenen französischen Juden. Ein wahres Glück für mich, daß ich in keiner Ungläubigenstadt mehr einen längeren Aufenthalt nehme; die Juden würden mir überall ihre Abordnungen senden, die ja doch alle das nämliche unnötige Zeug daherredeten. Ich kann Allah aufrichtig danken, daß dieser Unfug nicht schon in Petersburg begonnen hat.

Auch hier schwatzten mir wieder lebhaft gestikulierende Männer vor, daß ich doch bei Reformen in meinem Reich ihre Brüder in Iran nicht vergessen möchte. Ich würde nur zu gerne wissen, was sie die Reformen in meinem Land angehen. Sie haben ihr Gerede und die Terminologie ihres Ersuchens aus der französischen Hauptstadt bezogen. Mein Ministerpräsident warf ihnen ein paar nichtssagende und nichtsversprechende Phrasen zu. Ob ihnen dies recht war, weiß ich nicht; auf jeden Fall gingen sie. Ich habe das Gefühl, daß sie überhaupt nur gekommen sind, um mich einmal von Angesicht zu Angesicht zu sehen. Unter ihnen befand sich kein Minister wie in der Delegation der französischen Juden, aber immerhin ein Mann, der, wie ich höre, eine nicht unbedeutende Rolle im Reichsrat spielt und seine Ansprache in einem wohlgefälligen Französisch zu halten wußte — der Professor Kuranda. Der Mann soll eine schriftstellerische Koryphäe sein; sein Ruf reicht bis zu den Juden der fernsten Länder und — seine Nase auch. Ich muß mir nach meiner Ankunft in Teheran sofort ein paar meiner jüdischen Untertanen kommen lassen und diesen guten Leuten erzählen, wie wenig sympathisch das Äußere ihrer Glaubensgenossen in den Hauptstädten der Ungläubigen ist. Mein ehemaliger Leibarzt Pollak sagte mir, die Juden hätten hier schöne Weiber, berühmt ihrer Körperzierden und des wonnevollen Blicks ihrer Augen wegen. Hätten sie mir doch eine Delegation solcher Judenfrauen geschickt!

Aus mehreren Gesprächen mit Doktor Pollak habe ich hier so manche interessante Dinge erfahren können. Er spricht heute das Persische fast besser als früher; möglicherweise hat er viel daran gearbeitet. Es ist mir bekannt, daß er für die Repräsentation Irans da draußen in dem riesigen Völkerbasar in Wort und Schrift sehr Gutes geleistet hat. Dafür will ich ihn auch belohnen. Er soll Geld haben; denn ich weiß, daß es ihm weit lieber als Orden ist.

Doktor Pollak hat allerdings auch, was mir schon in Teheran bekannt war, manche Bücher gegen mich und mein Reich geschrieben. Als ich ihn deswegen hier zur Rede stellte, fiel es ihm nicht ein, diese Tatsache abzuleugnen.

»Die Wahrheit dient immer nur dem Guten«, antwortete er mir darauf.

»Besonders für ihren Schreiber, wenn sein Kopf nicht erreichbar ist«, sagte ich ihm lächelnd. Ich bin aber überzeugt, Doktor Pollak wäre auch bei einer entsprechenden Menge von Tumans nicht bereit gewesen, das Gegenteil seiner Meinung niederzuschreiben. Deshalb achte ich sein Wort, wenn es mir auch nicht schmeichelt. So schied ich von dem guten, ehrlichen Mann ohne Groll im Herzen. Ich bedauere nur, daß er es nicht einmal zum Leibarzt des Kaisers von Österreich gebracht hat und nicht einmal zum General ernannt worden ist, wie er es in Iran war.

Der heutige letzte Abend im Sommerschloß Schönbrunn war noch einmal recht angenehm. Am Galasouper nahm auch die Frau des Herrschers teil. Sie ist, es muß bei der schon einmal getroffenen Behauptung bleiben, mit ihren vielfältigen Reizen ein Genuß für das Auge. An diesem mit Frauenschönheit nicht sonderlich gesegneten Hof ist ihre Erscheinung ein Labsal. Es tut mir sehr leid, erst so spät ihre Bekanntschaft gemacht zu haben. Ich drückte dies auch dem neben mir an der Tafel sitzenden Kaiser aus. Ich glaube, daß er sich über diese meine Feststellung gefreut hat.

Nach dem Souper gab es unten im schönen Schloßgarten prasselndes Feuerwerk und bengalische Beleuchtung. Durch die schönen Blumenanlagen bewegten sich Männer, Frauen und Kinder, bei ihrem Lustwandeln von dauernder Musik begleitet. Wir waren auf den Balkon hinausgetreten, wobei mir der Außenminister Andrassy willkommene Gesellschaft leistete. Ihm gehört meine besondere Zuniegung. Sicher wird er es gespürt haben; denn er wollte mich überreden, dem zweiten Teil der österreichischen Monarchie, der ja sein Heimatland ist, unbedingt einen Besuch abzustatten. Mit einer bemerkenswerten Überzeugungskraft, die mein Reisemarschall wirklich nicht besitzt, wollte er mir die Vorteile ausmalen, die sein Vorschlag für mich bedeuten würden. So sollte ich bei einer Fahrt über Budapest der zweiten Reichshälfte einen Besuch machen, um dann die Donau entlang durch das Eiserne Tor nach Konstantinopel zu kommen, anstatt noch einmal den Weg über Italien zu nehmen, auf dem ich hierhergekommen sei. Meine Route war aber schon festgelegt, und schließlich sollte es mit den Besuchen bei den Ungläubigen doch auch einmal zu Ende gehen.

So hatte die ganze Beredsamkeit des Außenministers Andrassy letztlich doch keinen Erfolg bei mir. Wie hat sich der liebe Mann doch alle erdenkliche Mühe gegeben, um mir eine Reise zu seinen Landsleuten schmackhaft zu machen! Er lockte mich mit dem Hinweis, daß es in seiner Heimat nachweislich die schönsten Frauen gebe. Ich widerstand und erklärte ihm, daß ich schon genug ungläubige Frauen gesehen hätte. Er wies dann darauf hin, daß Ungarn die besten Melonen hervorbringe. Der kluge Minister wußte um meine Vorliebe für feine Melonen und rechnete sich eine Chance aus, mich von dieser Seite aus packen und mir an Ort und Stelle jene Melonen servieren zu können. Aber erneut widerstand ich. Da nun die Heimat des Außenministers allem Anschein nach außer exquisiten Frauen und Melonen keine anderen Schönheiten zu bieten haben dürfte, griff er in seinen politischen Sack und zog da den Sultan von Konstantinopel, Abdul Aziz, zu seiner Hilfe heraus. Denn dieser Mann vom Bosporus hatte ja auch die zweite Hälfte der österreichisch-ungarischen Monarchie besucht. Aber da täuscht sich der gute Andrassy! Der König der Könige hat es nicht nötig, dem Abdul Aziz etwas nachzumachen. Da wäre ich schon eher der guten Melonen wegen nach Budapest gefahren als aufgrund der Tatsache, daß dort auch der Padischah von Konstantinopel gewesen ist. Ich konnte mich allen sorgfältig ausgesuchten Methoden der Einladung des Ministers widersetzen, so daß es beim Weg über Brindisi bleiben wird. Und bereits morgen werde ich, nachdem vom Kaiser, seiner Gemahlin und seinen Leuten Abschied genommen ist, diesen Weg schleunigst einschlagen.

Brindisi, 12. August 1873

Das sind die letzten Zeilen auf dem Boden eines Landes der Ungläubigen. Das Schiff, das mich in einigen Stunden aufnehmen wird, soll mich zur Hauptstadt der Türkei, Stambul, bringen, wo ich der Gast des Sultans Abdul Aziz sein werde. Dies aber nur für ein paar Tage; denn mich treiben die Sehnsucht und die Intrigen meiner Minister und Prinzen so rasch wie möglich in die liebe Heimat zurück, wo ich meine Sehnsucht zufriedenstellen und den Intriganten zeigen will, wer der Herr ist, so zeigen will, wie ich es in den Ländern der Ungläubigen nicht tun konnte. Sie haben so einiges auf dem Kerbholz; denn seit diese heiteren Tage von Wien angebrochen sind, bekämpfen sich meine Leute gegenseitig mit Verleumdungen und Anklagen.

Über dem Haupt meines Ministerpräsidenten Hadschi Mirza Hussein-Khan dunkelt eine drohende königliche Gewitterwolke; sie wird sich wohl in Teheran entladen. Es besteht der Verdacht, daß der Ministerpräsident als Gegenleistung für den Zuschlag der Eisenbahnkonzession und der verschiedenen anderen Abmachungen von Reuter einen großen Bestechungsprofit kassiert. Ich bestreite nicht, daß er gut daran getan hat, etwas zu nehmen; aber ich kreide ihm an, daß er vergessen hat zu geben. Das jedoch ist ein Verbrechen. Es soll ihn teuer zu stehen kommen, wenn ich demnächst wieder iranischen Boden betreten haben werde. Sollte sich der Verdacht bestätigen, so kann er sein Ministerpräsidentenamt, vielleicht auch noch etwas anderes abschreiben.

Wenn der gewitzte Mann nur nicht, wie Rachim-Khan und Jahja-Khan behaupten, seinen Profit in der Bank von England sicher deponiert hat!

Meine Liebe und mein Zorn drängen gleichermaßen ungestüm in die Heimat zurück. Allah verleihe mir das nötige Maß an Geduld und Gleichmut, damit ich die restlichen Tage der Trennung noch unbeschadet ertragen kann!

Die Flagge Irans flattert am Mast, die Kanonen brüllen zum Abschied, ich gehe an Bord des Schiffes. Möge mir das Meer so wohlgesinnt sein, wie es die Ungläubigen und ihre Herrscher waren, denen ich an dieser Stelle einen letzten Gruß zum Abschied entbiete.

Zur Zeit Nasreddins, aus der diese Zeichnung stammt, war Teheran noch ein wenig bekannter Ort.

Im Jahre 1896 fiel Schah Nasreddin einem Attentat zum Opfer. Tausende begleiteten den Toten zur Moschee.

Anmerkungen

In Rußland:

[1]) Auch Enseli, die heutige Hafenstadt Bandar Pahlawi, rund 40 km nördlich von Rescht.

[2]) Imam ist der Titel eines hohen islamischen Würdenträgers.

[3]) Über dem Löwen im Wappen des iranischen Herrschers ist die Sonne als altes persisches Symbol des Gottes Ahura Mazda abgebildet, eine Fortführung des in achämenidischen Flachreliefs dargestellten Vorbilds des himmlischen Lichts, auf einen alten mesopotanischen Ursprung zurückgehend.

[4]) Damalige persische Währung. Noch heute spricht man allgemein vom Tuman, der zehn Rials (fünfzig Pfennigen) entspricht, aber nicht mehr als Münze oder Geldschein im Umlauf ist. Damaliger Kurs: 1 Tuman = 8,20 Mark.

[5]) Stadt im Elbursgebirge, rund 40 km nördlich des Damavend, 18 km südlich des Kaspischen Meeres.

[6]) Eine der bedeutendsten Städte nördlich des Elbursgebirges im Delta des Sefid Rud.

[7]) Kleinstadt in der Nähe von Qum, dem Wallfahrtsort südlich von Teheran, in der damals viele dunkle Elemente zu Hause waren.

[8]) Prügelstrafe, besonders: Züchtigung durch Schläge auf die Fußsohlen.

[9]) Persische Redensart der Unterwerfung.

[10]) Gemeint ist damit der Schah selbst.

[11]) Der Schah selbst spricht immer von »Leuten der Feder«.

[12]) Im Rahmen des russischen Vordringens nach Süden und Südosten in der zweiten Hälfte des 19. Jahrhunderts

wurde 1873 auch das Chanat Chiwa südlich des Aralsees erobert.

[13]) Islamische Geistliche, besonders des niederen Standes.

[14]) Drei-Kaiser-Bündnis (1872) mit Deutschland und Österreich.

[15]) 1890 Kündigung des Bismarckschen Rückversicherungsvertrags, 1892 russisch-französisches Bündnis.

[16]) Dänemark, deutsch-dänischer Krieg.

[17]) Persischer Begriff für »aufgeregt sein«, hier etwa »entzündet sein«.

Bei den Deutschen:

[1]) Tänze wurden im Orient nur von Sklaven durchgeführt.

[2]) Der »Deutsch-Französische Krieg« von 1870/71 machte auf den Orient großen Eindruck, als das bis dahin unbekannte Preußen-Deutschland das mächtige Frankreich bezwang.

[3]) Die Perser bekennen sich zur schiitischen Glaubensrichtung des Islams. Die Schia = Trennung wird hier von Nasreddin auf den Protestantismus angewandt, um die »Trennung« von der ursprünglichen christlichen Religion zu verdeutlichen.

[4]) Die persischen Gärten waren schon im Altertum berühmt. Aber noch heute bereitet das Klima der Baumpflege große Schwierigkeiten.

[5]) Zur Zeit Nasreddins war Iran in 23 Provinzen eingeteilt, an deren Spitze als religiöses Oberhaupt ein Imam stand, etwa vergleichbar mit einem Bischof der katholischen Kirche.

[6]) Henna — rote Farbe, die heute noch im Orient viel benutzt wird, besonders zum Färben von Haaren, Haut, Finger- und Fußnägeln, wird aus dem Hennastrauch, einem Nachtkerzengewächs, gewonnen.

[7]) Baron Julius von Reuter, mit dem Nasreddin einen Vertrag über Eisenbahnbau und Anlegung von Telefon- und Telegrafenlinien geschlossen hatte.

In England:

[1]) Ali, Prophet des Islam, Vetter und Schwiegersohn Mohammeds, wird von den Schiiten besonders verehrt. Seine Frau, Mohammeds Tochter Fatima, ist in Qum, südlich von Teheran, beigesetzt.

[2]) Der Scheich ul-Islam, der oberste Priester der Schiiten, hatte seinen Sitz lange Zeit in Täbris.

[3]) Mirza hat im Persischen eine doppelte Bedeutung: Vor dem Eigen- oder Vornamen heißt es Gelehrter, Dichter, Professor, nach dem Namen jedoch Prinz; ein adeliger Dichter ist also ein doppelter Mirza.

[4]) Persischer Ausdruck für einen lebhaften Geist.

[5]) Die orientalischen Basare haben zwar keinen so starken »Gesamt-Lärm«, sind jedoch an den einzelnen Verkaufsständen nicht minder lebhaft.

[6]) 1857 Krieg um Afghanistan.

[7]) Zwei berühmte Städte mit schiitischen Heiligtümern.

Durch die Schweiz und durch Italien:

[1]) Niederlagen bei Custozza und in der Seeschlacht bei Lissa.

[2]) Schlachten von Magenta und Solferino.

[3]) Aufhebung des Kirchenstaates, päpstliches Dogma »Pastor aeternus« für Entscheidungen ex cathedra auf dem I. Vatikanischen Konzil 1869—70.

In Österreich:

[1]) Zu jener Zeit war die Querverbindung aus der Schweiz über den Arlberg noch nicht fertig. Die von Nasreddin eingeschlagene Fahrtroute von Mailand über Brescia, Bozen, Brenner, Innsbruck, Salzburg nach Wien war die günstigste Verbindung.

[2]) Ungarn wurde mit seinen Nebenländern 1867 als besondere Reichshälfte anerkannt und hatte seither einen eigenen Ministerrat und Reichstag.

Glossar

Erläuterungen einiger, vor allem orientalischer Begriffe

Allah	(arab. ilahun) Gott, bereits eine vorislamische Gottheit, von Mohammed zum einzigen Gott seines Glaubens erhoben.
Babi - Baba'i	religiöse Sekte Irans im vergangenen Jahrhundert, siehe das Kapitel »Verbündete – Beschützer – Gegner« der Einleitung.
Chislehurst	Exil Napoleons III. und seiner Gemahlin Eugenie in England.
Darius	(pers. Daryawausch) der Erste, der Große, nach Kyros, dem Begründer der Achämenidendynastie, bedeutendster Herrscher des Persischen Weltreichs, das er von Indien bis nach Nordgriechenland erweiterte. Unter seiner Regierung die Niederlage der Perser bei Marathon (490 v. Chr.)
Denkmäler	das (angebliche) Verbot des Koran, Lebewesen im

Bild darzustellen, machte die Aufstellung von Denkmälern im Orient bis in die Gegenwart unmöglich. Im Iran wurden die ersten Denkmäler auf öffentlichen Plätzen unter dem Vater des Schahs Riza Pahlawi errichtet.

Emir	arab. Titel für einen hohen Staatsbeamten, meistens im Ministerrang, ebenso wie Vezier. Bei Nasreddin hauptsächlich auf seinen Ministerpräsidenten, Ali Mirza Hussein-Khan, angewandt.
Firdausi	(»Der Paradiesische«) Künstlername für Abul-Kasim Mansur, 932–1020, größter persischer Epiker, Hauptwerk »Schahname«, Buch der Könige.
Freitagsgebet	In den islamischen Ländern ist der Freitag, entsprechend dem Sonntag in den christlichen Ländern, der Ruhetag der Woche. Das Freitagsgebet wird vom höchsten Priester, früher sogar vom Kalifen bzw. Sultan selbst, in der Moschee gebetet.

Gulisten	»Der Rosengarten«, mit dem »Bustan«, dem »Lustgarten«, das Hauptwerk des persischen Dichters Saadi (Zeitgenosse von Hafis, beide beigesetzt in Schiras), das er mit 80 Jahren schrieb.
Hafis	bedeutendster persischer Dichter (um 1320–1389), viele geistliche und Naturlieder, in Europa besonders durch Goethes »Westöstlichen Diwan« bekannt geworden.
Imam	Muslimischer Würdenträger. Der Islam kennt keine den christlichen Religionen ähnlichen Priester. Seine »Geistlichen« sind Koran-Theologen, denen der Imam übergeordnet ist. Eine der Aufgaben ist das Freitagsgebet in der Moschee.
Izzid Abdul Samid-Mirza	Stiefbruder, nicht leiblicher Bruder Nasreddins.
Khan	türkisch-mongolischer Begriff für Fürst, wird dem Namen nachgestellt.
Koran	das heilige Buch des Islams, enthält in 114 Suren die Offenbarungen Mo-

hammeds, deutsch »Die Lesung«, um 650 unter dem Kalifen Otman zusammengestellt.

Lammfellmütze — Kopfbedeckung der Kadscharen, zum Teil noch unter Schah Riza Pahlawi getragen.

Mullah — Islamischer, bes. schiitischer »Geistlicher« niederen Ranges. Im Iran der jüngsten Zeit besonders politisch aktiv.

Padischah — Titel persischer und afghanischer Herrscher, aber auch des türkischen Sultans.

Saadi — Abu Abd A'llah Muscharrifu'd-Din ibn Muslibu'd-Din (1213/19 – 9. 12. 1292), persischer Dichter, Klassiker der persischen Literatur: »Bustan = Duftgarten«, »Gullistan = Rosengarten«.

Schah-in-Schah — Titel der persischen Herrscher, »König der Könige«.

Schiiten — von arab. »Schia«, Partei, Trennung; Anhänger des Propheten Ali, die nur ihn und seine Nachkommen als Kalifen anerkannten,

	im Gegensatz zu den Sunniten; die Perser bekennen sich größtenteils zum schiitischen Islam.
Sunniten	von arab. »Sunna«, Sammlung der Aussprüche und Vorschriften Mohammeds; die meisten Muslim sind Sunniten.
Transkription	in der Umschrift arabischer und persischer Namen wurde meistens die im Westen gebräuchlichste Form gewählt, z. B. Kadschare, anstatt qajar.
Ungläubiger	(arab. »Giaur«) Bezeichnung für die sich nicht zum Islam Bekennenden, hauptsächlich für die Christen.
Xerxes	Sohn Darius' I., bekannt durch seinen Angriff auf Griechenland, der nach den Thermophylen und der Eroberung Athens zur Vernichtung der persischen Flotte bei Salamis führte (480 v. Chr.).

Zeittafel

Politische Situation in Persien und zur Zeit der Nasreddin-Reise in Europa.

PERSIEN	Um 1800 erstreckt sich das persische Hoheitsgebiet im Osten bis zum Pamir und im Norden über Turkestan, den Aralsee und bis zum Nordteil des Kaspischen Meeres; im Nordwesten reicht es über den Kaukasus hinaus bis zur Halbinsel Kertsch. Feth Ali Schah (1797–1839) erleidet Niederlagen gegen Rußland und muß im Frieden von Turkmentschei erste Gebiete abtreten (Aserbeidschan). Unter Nasreddin Schah (1846–96) weiteres Vordringen Rußlands bis zu den Grenzen des modernen Iran.
RUSSLAND	1861: Aufhebung der Leibeigenschaft für 40 Millionen Bauern. 1870: Städteordnung: Selbstverwaltung durch gewählte Stadträte aus dem Bürgertum. 1871: In der Pontus-Konferenz in London erhält Rußland mit Unterstützung Bismarcks das Recht der freien Durchfahrt durch die Meerengen.

	1874: Einführung der allgemeinen Wehrpflicht.
DEUTSCHLAND	(DEUTSCHES REICH) Nach dem Deutsch-Französischen Krieg mit 1871 Gründung des (zweiten) deutschen Kaiserreiches (18. Januar, Proklamation Wilhelms I. im Spiegelsaal von Versailles) sichert Bismarck das »saturierte« Deutsche Reich durch Defensiv- und Bündnispolitik. 1872: Dreikaiser-Bund: Deutsches Reich – Österreich – Rußland.
ENGLAND	1848–86 Viktorianische Ära Britisches Sendungsbewußtsein: Thomas Carlyle (1795–1881) begründet die britische Weltmission durch die Auserwähltheit der Nation; Sir Charles Dilke (1843–1911) schafft 1868 das Bild vom »Greater Britain« in einer »immer englischer werdenden Welt«.
FRANKREICH	Die Dritte Republik (1870–1914) 1871 (März–Mai): Aufstand der Pariser Kommune, ihre Machtergreifung wird in der »Blutigen Woche« von Mac Mahon niedergeschlagen, dabei 30 000 Tote. 1871–73: Präsident Thiers erreicht nach Abzahlung der Kriegsentschädigung den Abzug der deutschen Besatzung. 1873–79: Marschall Mac Mahon

	wird Präsident. Mit 353:352 Stimmen wird eine monarchistische Restauration abgelehnt.
ITALIEN	1867: Dritter Marsch Garibaldis auf Rom. 1870: Verkündigung des Dogmas von der Unfehlbarkeit des Papstes in Glaubensfragen. 1870: Besetzung des Kirchenstaates durch Gen. Cadorna. Rom wird Hauptstadt Italiens.
ÖSTERREICH	Zunehmender Nationalitätenstreit, 1867–78: Liberale Ära. 1869: Allgemeine Wehrpflicht. 1871: »Fundamental-Artikel« = Ablehnung eines Antrags des böhmischen Landtags für eine autonome Verfassung.